*Für all jene, zu denen ich schon*
*auf Seminaren, Konferenzen und durch Bücher*
*über Führungsverantwortung gesprochen habe.*

*Und für Sie. Denn Sie sind daran interessiert,*
*eine noch bessere Führungspersönlichkeit zu werden.*
*Aller Erfolg steht und fällt mit der Übernahme*
*von Führungsverantwortung.*

BRUNNEN *training

GABAL management

John C. Maxwell

# LEADERSHIP

*Die 21 wichtigsten Führungsprinzipien*

BRUNNEN VERLAG GIESSEN / BASEL
GABAL VERLAG OFFENBACH

Erschienen 1998 unter dem Titel *The 21 Irrefutable Laws of Leadership*. Follow them and people will follow you bei Thomas Nelson, Inc, USA


Aus dem Amerikanischen von Cornelia Reimer und Birgit Ziemann
Lektorat: Ralf Tibusek

*Band 3 der Editon ACF*
Die Edition ACF wird herausgegeben von der Akademie für christliche Führungskräfte, Furtwänglerstr. 10, 51643 Gummersbach
Tel. (02261) 807227
www.acf.de

2. Auflage 2003

Umschlaggestaltung: Ralf Simon
Satz: DTP Brunnen
Herstellung: Ebner & Spiegel, Ulm
ISBN 3-7655-1801-8 (Brunnen)
ISBN 3-89749-226-1 (Gabal)

# Inhalt

# Vorwort

Sie sind gerade dabei, sich mit diesem Buch zu beschäftigen. Entweder ist es Ihr erstes Buch über Führungsverantwortung in Ihrer Bibliothek oder das fünfzigste. Sie können die hier beschriebenen, lebensverändernden Prinzipien für sich selbst, für Ihre Familie oder im Geschäftsleben anwenden. Es ist kein theoretisches, im Elfenbeinturm geschriebenes Buch, sondern es resultiert aus persönlichen Erfahrungen. Die Lebenserfahrungen von John Maxwell und den Menschen, die er in seinem Buch erwähnt, spielen eine wichtige Rolle und bilden die Grundlage für dieses Buch.

Das Buch *Leadership* enthält lebenversprühende, klar definierte und zeitlose Aussagen. Für jeden, der mehr als nur eine durchschnittliche Führungskraft sein will, sind sie absolut das Richtige. Die genannten Prinzipien können überall angewandt werden – zu Hause, im Beruf, im Freizeitbereich –, halt immer da, wo Führungsverantwortung gefragt ist.

In jedem Kapitel stellt John Maxwell eine weitere Kernaussage der Führungsverantwortung vor. Er nennt Wege des Erfolgs, aber auch des Misserfolgs, die man einfach nachvollziehen kann. Jedes dieser Prinzipien ist durchführbar. Wenn Sie dazu bereit sind, ist es möglich, alle 21 Prinzipien nicht nur zu lernen, sondern in die Tat umzusetzen.

Die Erfahrungen zum Thema Führungsverantwortung in eine solch schlichte, gut nachvollziehbare Form zu bringen, ist eine wirklich anerkennenswerte Leistung. Schnell werden Sie merken, wie oft Sie Maxwells Prinzipien im Alltag anwenden werden. Voller Überzeugung empfehle ich daher das Buch *Leadership*. Es ist hilfreich, leicht zu lesen, tiefgründig und eindeutig formuliert. Es basiert auf Hoffnung, Zielsetzung, Einsatzbereitschaft – halt auf allen wesentlichen Grundeinstellungen für Verantwortungsträger in Führungspositionen. Sie sind immer klar und einfach beschrieben, um wirklich jedem in Führungsverantwortung die notwendige Hilfestellung zu geben, seine Position ganz auszufüllen.

Wenn Sie noch wenig Erfahrungen in Ihrer Führungsfunktion haben, bietet *Leadership* eine schnelle Starthilfe in Ihre berufliche Karriere. Sind Sie eine erfahrene Führungskraft, werden Sie motiviert, Ihre gute Arbeit noch besser zu machen. Das Buch *Leadership* ist einfach sehr gut.

*Zig Ziglar*

Vor uns liegt eines der außergewöhnlichsten Bücher für Führungskräfte.

Während der letzten Jahre hat das Thema Leadership immer mehr an Bedeutung zugenommen. Viele von uns arbeiten in Profit- und Non-Profit-Organisationen. Maxwell sagt es treffend: „Es ist heute nicht mehr möglich, nur durch die Position, die man inne hat, zu leiten, sondern es braucht eine natürliche Inspiration und Fähigkeit zu leiten." Dieses Buch ist eine fantastische Motivation für alle, die sich weiterentwickeln möchten. John Maxwell gehört seit Jahren zu meinen Lieblingsautoren zum Thema Leadership. Er hat mir geholfen, meine Effizienz zu steigern und gibt mir Sicherheit, in einer sich schnell wandelnden Zeit aktuell zu bleiben.

Die Prinzipien zum Thema Führung, die Maxwell in diesem Buch aufzeigt, basieren auf klaren ethischen Werten, die nicht nur den Verantwortungsträgern helfen, sondern auch ein Arbeitsklima schaffen, das von Vertrauen und Wertschätzung geprägt ist.

*Heinz W. Strupler*
Direktor IGW-International
www.igw.edu

# Einleitung

Vor kurzem wurde ich in der Pause eines Seminars von einem Mann Ende Fünfzig angesprochen – ich hatte ihn in den vergangen Jahren bereits mehrfach getroffen. Er nahm meine Hand, schüttelte sie heftig und sagte: „Ihre Seminare über Führungsverantwortung haben mein Leben verändert. Aber ich wünschte, ich hätte schon vor zwanzig Jahren von Ihnen gehört."

„Das wäre nicht möglich gewesen", antwortete ich lächelnd.

„Wieso sind Sie da so sicher?", fragte er. „Ich hätte viel mehr erreichen können. Wenn ich vor zwanzig Jahren schon von diesen Führungsprinzipien gewusst hätte, wäre ich jetzt in einer ganz anderen Situation. Diese Prinzipien haben mich kreativ gemacht. Ich weiß jetzt, dass ich noch einiges über Führungsverantwortung zu lernen habe. Und endlich sehe ich Möglichkeiten, meine gesteckten Ziele zu erreichen. Hätte ich damit schon vor zwanzig Jahren angefangen, ich hätte vielleicht die Dinge erreicht, von denen ich immer nur geträumt habe."

„Vielleicht hätten Sie das", antwortete ich. „Aber vor zwanzig Jahren war *ich* noch nicht so weit, um Vorträge zu halten. Meine Prinzipien resultieren aus meinen Lebenserfahrungen, und ich habe sie erst alle durchleben müssen."

Ich bin nun einundfünfzig Jahre alt, und jetzt schreibe ich. Mehr als dreißig Jahre Erfahrung in Führungspositionen fließen in meine Bücher und Vorträge ein. Vier Unternehmen habe ich gegründet. Viel Zeit und Energie habe ich darauf verwendet, um herauszufinden, wie man das eigene Leben und das anderer positiv verändern kann. Natürlich habe ich eine Menge Fehler gemacht, bestimmt mehr als die meisten Leute, die ich kenne. Jeder Erfolg, aber auch jeder Misserfolg wurde zu einer unschätzbaren Unterrichtsstunde, die mir zeigte, was Leitung bedeutet. Auf meinen Reisen, in Gesprächen wurde ich ständig gebeten, die Grundlagen der Führungsverantwortung schriftlich festzuhalten: „Können Sie nicht alles, was Sie bisher über Führungsverantwortung gelehrt haben, auf eine kleine Liste aufschreiben? Wäre das nicht möglich?"

*Leadership* ist meine Antwort auf die so häufig gestellte Frage! In die einundzwanzig Prinzipien, die ich hier aufgestellt habe, ist meine ganze bisherige Lebenserfahrung eingeflossen. Und ich habe mich mit aller Kraft bemüht, alles so einfach und klar wie möglich zu formulieren, damit man sie mit Spaß lesen kann.

Wenn ich irgendetwas gelernt habe in den letzten Jahren, dann dies: Führungsverantwortung sollte man ausüben, egal wo man auch ist oder was man vorhat. Die Zeiten ändern sich. Die technische Entwicklung schreitet fort. Eine Kultur ist anders als die andere. Aber die Grundaussagen der Prinzipien über Führungsverantwortung bleiben gleich. Egal ob man sich die Menschen aus der Antike, die Hebräer des Alten Testaments, die Armeen der letzten zwei Jahrhunderte, die Verantwortungsträger des modernen Europas, die Pfarrer der örtlichen Gemeinden oder die Geschäftsleute unseres globalen Wirtschaftssystems anschaut: Diese Prinzipien halten dem Test stand, sie sind unverrückbar.

Bevor Sie in den folgenden Kapiteln zu lesen beginnen, möchte ich Ihnen vier Hinweise mit auf den Weg geben:

**1. Alle 21 Prinzipien sind erlernbar.** Einige sind leichter verständlich und anwendbarer als andere, aber alle sind erfolgreich in der Praxis erprobt!

**2. Die Prinzipien können auch einzeln stehen.** Jedes Prinzip passt zu den anderen, gilt aber auch für sich allein.

**3. Die Prinzipien führen zu Konsequenzen.** Wenn Sie mit ihnen arbeiten, wird man Ihrer Führung vertrauen. Wer sie ignoriert oder karikiert, wird niemals echte Führungsverantwortung ausüben.

**4. Diese Prinzipien sind die Grundlage der Führungsfähigkeit.** Lernen und praktizieren Sie die Prinzipien, und Ihr ganzes Leben wird sich verändern.

Entweder sind Sie ein Mitarbeiter, dem es deutlich wird, was Führungsfähigkeit bedeutet. Oder Sie sind ein Naturtalent, haben vieles schon intuitiv angewendet und können sich jetzt noch steigern. Beim Lesen werden Sie feststellen, dass diese Prinzipien sehr praxisbezogen sind. Einige Prinzipien werden persönliche Schwachpunkte aufzeigen, die Ihnen bisher entgangen sind. Aber die meisten möchten begreiflich machen, wie man eine erfolgreiche Führungskraft werden kann. Jedes Prinzip ist eine Art Werkzeug, das bereit liegt, um Dinge zu erfassen, und Hilfe bietet, die eigenen Träume zu verwirklichen und andere Menschen zu fördern. Studieren Sie alles ganz genau und Sie sind dabei, eine noch fähigere Führungskraft zu werden. Machen Sie diese Prinzipien zu ihren eigenen, und man wird Ihrer Leitungsfähigkeit vertrauen.

So, nun lassen Sie uns gemeinsam die Werkzeugkiste öffnen.

# 1

# Das Prinzip des Deckels

*Führungsfähigkeit bestimmt das Leistungsniveau eines Menschen*

Kennen Sie „das Prinzip des Deckels"? Es ist ein wirklich erstaunliches Führungsprinzip, das alle Lebensbereiche beeinflusst. Das Prinzip des Deckels ist eigentlich ganz simpel und bedeutet: Führungsfähigkeit ist der Deckel, der die Wirksamkeit eines Menschen bestimmt. Je geringer die Kompetenz einer Person zum Führen ist, desto tiefer sitzt der Deckel auf ihrer Leistungsfähigkeit. Je ausgeprägter die Führungsfähigkeit, desto größer ist die Effektivität. Liegt Ihre persönliche Führungsfähigkeit auf einer Skala von 1 bis 10 beispielsweise bei 8, dann kann Ihre Leistung nie höher als 7 sein. Beträgt Ihre Führungskompetenz nur 4, dann liegt Ihre Effektivität nie höher als 3. Ihre Führungsqualität, Ihr Leadership wird immer Ihre Effektivität und potenzielle Wirkung auf Ihre Organisation bestimmen.

Eine bekannte Geschichte beleuchtet das Prinzip des Deckels eindrucksvoll. 1930 zogen zwei junge Brüder auf der Suche nach dem Amerikanischen Traum quer über den Kontinent nach Kalifornien. Dick und Maurice sahen mit ihrem gerade errungenen Schulabschluss zu Hause in New Hampshire kaum die Möglichkeit, irgendwie voran zu kommen. Also marschierten sie direkt nach Hollywood und fanden Arbeit in den Filmstudios.

Mit viel Unternehmungsgeist eröffneten sie kurze Zeit später ein Kino im acht Kilometer entfernten Glendale. Doch trotz großem persönlichen Einsatz kamen die Brüder nicht auf den sprichwörtlichen grünen Zweig. Die hundert Dollar Monatsmiete für das Kino spielten die Kinobesitzer in den vier Jahren seines Bestehens nur selten ein.

## Auf der Suche nach einer Idee

Die Brüder waren mit dieser Situation natürlich unzufrieden. Konsequent hielten sie daher Ausschau nach besseren Geschäftsmöglichkeiten. 1937 fanden sie schließlich etwas, das funktionierte. Sie eröffneten ein kleines Drive-In-Restaurant im südkalifornischen Pasadena. Hier war das Auto längst nicht nur Gebrauchsgegenstand, sondern auch Mittel zur Freizeitgestaltung.

Drive-In-Restaurants waren eine Entdeckung der frühen Dreißiger Jahre und erfreuten sich zunehmender Beliebtheit. Statt einem klassischen Restaurantbesuch fuhren die Kunden auf dem Parkplatz vor, gaben aus dem Wagenfenster heraus ihre Bestellung auf und erhielten ihr Essen auf einem Tablett an den Wagen gebracht. Man speiste vornehm: Die Mahlzeit wurde auf dem Porzellanteller serviert, das Getränk im Glas, das Besteck war hochwertig – eine Idee, die ganz der immer schneller agierenden Gesellschaft mit ihrer verstärkten Mobilität und dem neuen Konsumverhalten entsprach.

Das winzige Drive-In-Restaurant von Maurice und Dick kam so gut an, dass sie 1940 ihr Geschäft in die bessere Lage von San Bernardino verlegen konnten, einer schnell wachsenden Arbeiterstadt in der Nähe von Los Angeles. Hier bauten sie etwas größer und erweiterten die Speisekarte – bisher Hot Dogs, Pommes frites und Milkshakes – um Grillteller, Fleischtoast, Hamburger und anderes. Der Erfolg war durchschlagend. Ihr Jahresumsatz erreichte 200 000 US $ und ihr Gewinn nach Steuern betrug jährlich 25 000 US $ pro Nase. Genug, um die beiden an die Finanzspitze ihrer Stadt zu bringen.

1948 sagte ihnen ihre Intuition, dass die Zeiten sich ändern. Mutig führten sie grundlegende Neuerungen in ihrem Restaurant-Betrieb ein: Sie stellten die Parkplatzbedienung ein und gaben das Essen direkt an der Theke an die Kunden weiter. Nicht nur beim Personal sparten sie ein. Sie verkleinerten ebenfalls wieder die Speisekarte und setzten ganz groß auf Hamburger. Die bis dato üblichen Teller, Gläser und das Edelstahlbesteck wurden abgeschafft. Statt dessen führten sie Pappgeschirr und Plastikgabeln ein. Die niedrigeren Kosten gaben sie direkt an ihre Kunden weiter.

Ebenfalls entwickelten sie das so genannte SchnellServiceSystem: Die Küche wurde zu einer Art Fließbandbetrieb. Jede Bestellung sollte in höchstens 30 Sekunden ausgeführt sein. Und das gelang. Mitte der fünfziger Jahre erreichte ihr Jahresumsatz die Marke von 350 000 US $, wobei Maurice und Dick sich jährlich 100 000 $ Gewinn teilten.

Wer diese Brüder waren? Damals konnte man das schnell sehen, wenn man zur Kreuzung der Vierzehnten mit der E-Straße in San Bernardino gefahren wäre. Über dem kleinen achteckigen Gebäude hing ein Neonschild mit der schlichten Aufschrift McDonald's Hamburgers. Maurice und Dick McDonald knackten den großen amerikanischen Jackpot. Der Rest ist, wie man sagt, Geschichte, oder?

Falsch! Die McDonalds selbst sind nie erfolgreicher geworden, weil ihre schwach ausgeprägte Führungskompetenz der Deckel auf ihrer Erfolgsfähigkeit war.

## Die Geschichte hinter der Erfolgsgeschichte

Wahr ist, dass die Brüder McDonald finanziell ihr Schäfchen im Trockenen hatten. Sie führten einen der lukrativsten Restaurantbetriebe im ganzen Land und hatten das Gefühl, dass sie gar nicht so viel Geld ausgeben konnten, wie sie verdienten. Sie hatten ein völlig neues System der Kundenversorgung erfunden, und im Kundendienst und in der Küchenorganisation waren sie einfach exzellent.

Bald war ihr Erfolg in einschlägigen Restaurationskreisen so bekannt, dass man ihnen von überall her Briefe schrieb und Besuche abstattete, um mehr über ihre Methoden zu lernen. Bis zu dreihundert Anrufe und Briefe erhielten sie im Monat.

Das wiederum brachte die Brüder auf die Idee, das McDonalds-Konzept zu vermarkten. Neu war der Gedanke, Restaurants unter Lizenz zu führen, nicht. Ähnliches gab es schon seit Jahrzehnten. Den Brüdern McDonald schien es jedenfalls ein guter Weg Geld zu verdienen, ohne selbst ein weiteres Restaurant zu eröffnen. Davon fühlten sie sich schlicht überfordert.

1952 starteten sie ihr neues Vorhaben, scheiterten aber kläglich. Und das aus einem ganz einfachen Grund: Ihnen fehlte die Gabe zu leiten, um das Ganze auch effektiv zu gestalten. Maurice und Dick waren gute Restaurantbesitzer. Sie waren kundenorientiert, konnten ihr System effizient machen, die Kosten reduzieren und die Gewinne steigern. Sie waren ausgezeichnete Manager, aber keine Führungskraft. Ihre Denkweise deckelte sie in dem, was sie alles tun und werden konnten. Auf der Höhe eines ersten Erfolgs klebten Maurice und Dick unter dem Deckel ihrer eingeschränkten Führungsfähigkeit.

## Zwei Manager suchen eine Führungskraft

1954 taten sich die Brüder mit einem Mann namens Ray Kroc zusammen, einer klassischen Führungskraft. Kroc hatte Jahre zuvor ein kleines Geschäft gegründet und verkaufte Milkshake-Maschinen. Die McDonalds kannte er bereits – ihr Restaurant war ein guter Kunde. Jedesmal, wenn er ihren Laden besuchte, sah er vor seinem geistigen Auge das darin verborgene Potential: Eine Restaurantkette, die über das ganze Land verbreitet ist. Bald traf er eine Vereinbarung mit Maurice und Dick und gründete die McDonald's System GmbH (später McDonald's Corporation genannt).

Als erstes erstand Kroc selbst eine Lizenz. Sein Restaurant sollte als Modell und Prototyp für andere Franchise-Unternehmen dienen. Dann stellte er ein Mitarbeiter-Team zusammen und baute eine schlagkräftige Organisation auf, um McDonald's zu einer nationalen Größe zu machen. Er rekrutierte die scharfsinnigsten Leute, die er finden konnte – und als seine Mannschaft an Größe und Begabung zunahm, fanden seine Leute weitere Angestellte mit Führungsfähigkeiten.

In den ersten Jahren brachte Kroc manches Opfer. Trotz seines Alters – er war Mitte Fünfzig – fuhr er Überstunden wie zuvor nur in seiner Anfangszeit im eigenen Betrieb vor dreißig Jahren. Viele private Aktivitäten schränkte er ein wie zum Beispiel seine Mitgliedschaft im Golfclub, was sein Handicap um zehn Schläge verschlechterte. In den ersten acht Jahren bei McDonald's bezog er kein Gehalt. Und nicht nur das – er lieh sich sogar Geld von der Bank und aus seiner Lebensversicherung, um für das Gehalt einiger Führungskräfte, die er gerne im Team haben wollte, Sorge zu tragen.

*Je höher man klettern will, desto mehr braucht man Führungsfähigkeit. Je größer Ihre Wirkung auf andere sein soll, desto größer muss Ihr Einfluss auf sie sein.*

Diese Einsatzbereitschaft und seine Führungskompetenz machten sich bezahlt. 1961 kaufte Kroc für 2,7 Millionen Dollar die Exklusivrechte für McDonald's von den Brüdern und verwandelte das Unternehmen in eine amerikanische Institution und eine globale Größe. Der „Deckel" in Ray Krocs Leben und Führungskompetenz saß offensichtlich viel höher als bei seinen Vorgängern.

Zwischen 1952 und 1954, als Maurice und Dick McDonald ihr Schnellservicesystem unter Lizenz bringen wollten, konnten sie ihr Konzept nur an fünfzehn Interessenten verkaufen – bloß zehn Lizenznehmer eröffneten dann tatsächlich ein Restaurant. Und selbst in diesem kleinen Unternehmen bedeuteten ihre begrenzte Führungskompetenz und Vision ein Hindernis. Als beispielsweise ihr erster Lizenznehmer, Neil Fox aus Phoenix/Arizona, den Brüdern mitteilte, dass er sein Restaurant auch „McDonald's" nennen wollte, antwortete Dick: „Warum das denn, um Himmels willen? McDonald's kennt doch in Phoenix niemand."

Dagegen saß Ray Krocs Führungsdeckel himmelhoch. Zwischen 1955 und 1959 eröffnete er 100 Restaurants dieser Art. Weitere vier Jahre später gab es bereits 500 McDonald's-Filialen. Heute besitzt das Unternehmen mehr als 21 000 Filialen in nicht weniger als 100 Ländern. Die Unfähigkeit zum Leiten – oder besser gesagt die fehlende Führungskompetenz – war der Deckel auf der Effektivität der Brüder McDonald.

## Erfolg ohne Führungsfähigkeit

Ich glaube, dass so ziemlich jeder Mensch Erfolg haben kann. Doch ich glaube auch, dass persönlicher Erfolg ohne Führungsfähigkeit nur zu einem schlechteren Ergebnis führt, als eigentlich möglich wäre. Ohne gute Menschenführung erreichen wir nur einen Bruchteil von dem, was wir mit gelungener Menschenführung erreichen. Je höher man klettern will, desto mehr braucht man die Fähigkeit zum Leiten. Je größer Ihre Wirkung auf andere sein soll, desto größer muss Ihr Einfluss auf sie sein. Was immer Sie erreichen werden – es ist abhängig von Ihrer Kompetenz, andere zu führen.

Lassen Sie mich das mit einem Diagramm darstellen. Sagen wir, Ihr Erfolgslevel liegt (auf einer Skala von 1 bis 10) bei 8. Das ist ziemlich gut. Ich denke, man könnte das schätzungsweise von den Brüdern McDonald sagen. Aber sagen wir auch, dass Ihre Führungsfähigkeit bloß etwa 1 beträgt. Dann sieht Ihr Effektivitätslevel folgendermaßen aus:

**Erfolg ohne Führung**

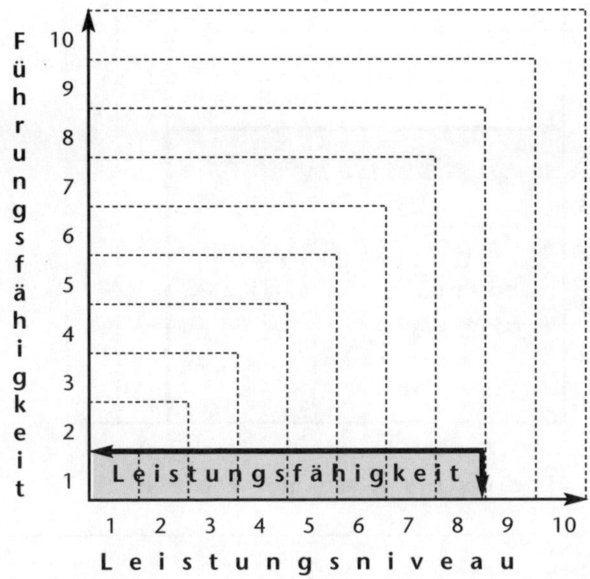


Es gibt jetzt mehrere Möglichkeiten, Ihr Effektivitätslevel zu erhöhen. Sie könnten schwer daran arbeiten, Ihr Leistungsniveau zu steigern – um es also auf 10 zu schaffen. Es ist möglich, dass Sie das hinkriegen, obwohl das Prinzip der Abnehmenden Gewinne besagt, dass diese Anstrengung für die letzten 2 Punkte mehr Energie benötigt, als Sie für die ersten acht Punkte brauchten. Wenn man wirklich bis zum Umfallen aktiv ist, kann man jene 25 Prozent mehr Erfolg vielleicht erreichen.

Doch es gibt eine andere Möglichkeit: Statt härter zu arbeiten, kann man seine Führungskompetenz ausbauen. Mit der Zeit machen Sie aus sich eine Führungspersönlichkeit und Ihre Führungskompetenz steigt auf, sagen wir mal: 6. Im Bild sieht das Ergebnis dann so aus:

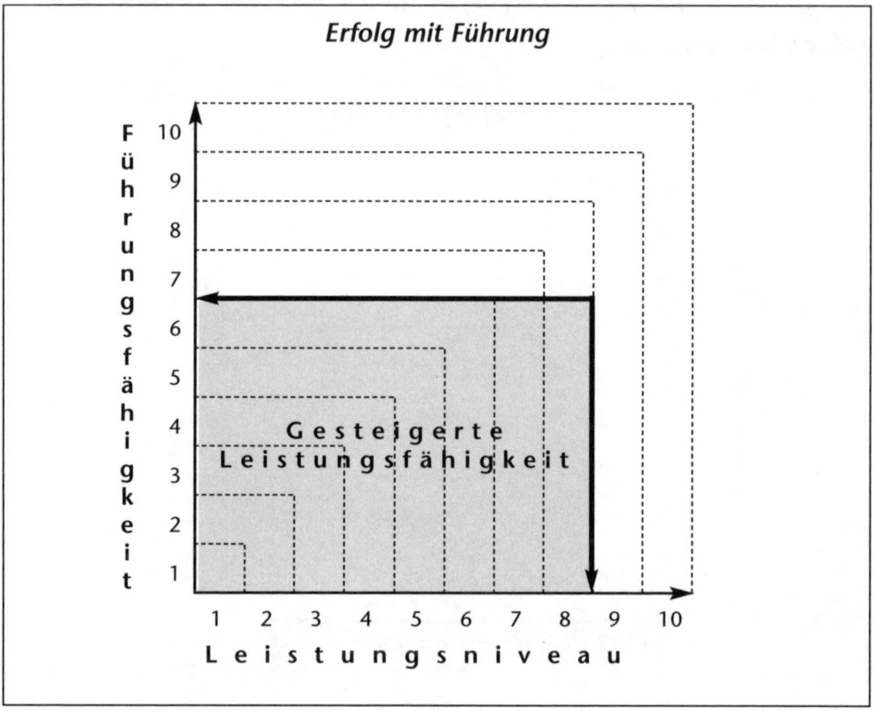


Durch den Ausbau Ihrer Führungskompetenz – ohne jede Steigerung des persönlichen Leistungsniveaus – können Sie Ihre ursprüngliche Effektivität um 500 Prozent steigern! Erhöhen Sie Ihr Leitungstalent gar auf 8, was Ihrem Leistungsniveau entspräche, können Sie Ihre Effektivität um 700 Prozent steigern! Führungsfähigkeit hat vielfache Auswirkungen. Ich habe ihre Folgen immer wieder in allen möglichen Unternehmen und gemeinnützigen Einrichtungen beobachtet. Deshalb halte ich seit über zwanzig Jahren Vorträge zum Thema Führungsqualität.

*Wer die Richtung einer Organisation ändern will, muss ihre Führung ändern. Persönliche und unternehmerische Effektivität verläuft proportional zur Führungsstärke.*

Die Führungskompetenz ist immer der Deckel auf persönlicher und unternehmerischer Effektivität. Ist die Führung stark und sicher, sitzt der Deckel hoch. Ist das nicht der Fall, hat die Organisation ihre Grenzen. Deshalb halten Unternehmen in Krisenzeiten oft Ausschau nach neuen Führungskräften. Geht ein Land durch Schwierigkeiten, wählt die Bevölkerung eine neue Regierung. Hat ein Unternehmen abnehmende Gewinne, engagiert man einen neuen Topmanager. Strampelt sich eine Kirchengemeinde ab, hält sie Ausschau nach einem neuen Pastor. Fährt eine Fußballmannschaft nicht die erwarteten Siege ein, sucht der Verein einen neuen Trainer.

Die Beziehung zwischen Führung und Effektivität wird gerade beim Sport ganz deutlich. Schaut man sich zum Beispiel im Leistungsbereich agierende Sportvereine an, kommt es dort selten rein auf das Talent der Athleten an. Fast jede Mannschaft hat zum Beispiel hochkarätige Spieler. Der Unterschied liegt in der Führungsqualität des Trainers (und vielleicht einiger weiterer Schlüsselpersonen). Um die Effektivität einer Mannschaft zu ändern, erhöhe man die Führungsfähigkeit des Trainers. Das ist das Prinzip des Deckels.

Kaum eine amerikanische Footballmannschaft hat solch eine Erfolgsgeschichte wie das Team des Notre Dame College. Keine Mannschaft hat mehr Meisterschaftspokale im Schrank und niemand hat öfter gewonnen.

In den frühen achtziger Jahren berief das College Gerry Faust zum Football-Trainer. Bevor Faust nach Notre Dame kam, hatte er einen einzigartigen Rekord aufgestellt. Sein High School-Team war seit sieben Jahren ungeschlagen und holte sechs Landestitel in Ohio. Vier von ihm trainierte Jahrgangsmannschaften galten jeweils als die besten US-Teams ihrer Altersklasse.

Doch als er am Notre Dame College einstieg, entdeckten die Leute bald seine Grenzen. Als Coach und Stratege arbeitete er gut, doch ihm fehlte die Fähigkeit, Spieler auf College-Niveau zu führen. Fünf Jahre nacheinander platzierte er die Mannschaft von Notre Dame auf dem drittschlechtesten Platz in ihrer mehr als hundertjährigen Geschichte. Faust ist ein klassisches Fallbeispiel für das Prinzip vom Deckel.

*Überall kann man kluge, begabte, erfolgreiche Menschen finden, doch sie kommen eben nur so weit, wie es ihre Führungskompetenz zulässt.*

Überall findet man kluge, begabte, erfolgreiche Menschen, die eben nur so weit kommen, wie ihre Führungskompetenz sie trägt bzw. begrenzt. Als Ende der siebziger Jahre die Computerfirma Apple gegründet wurde, stand der kluge Kopf von Steve Wozniak dahinter. Sein Leitungstalent war ziemlich gedeckelt. Das galt jedoch nicht für seinen Partner Steve Jobs. Dessen Deckel saß so hoch, dass er eine Weltfirma aufbaute, die Milliarden umsetzte. Das sind die Auswirkungen dieses Prinzips.

Vor ein paar Jahren begegnete ich Don Stephenson, Vorsitzender der Global Hospitality Resources, Inc. in San Diego/Kalifornien, einer internationalen Consulting Firma. Beim Mittagessen erkundigte ich mich nach seiner Organisation. Heute betreibt er mehrheitlich Wirtschaftsberatung, doch früher übernahm seine Firma vor allem das Management von in finanziellen Schwierigkeiten steckenden Hotels und Kurkliniken.

Stephenson erläuterte, dass sie bei der Übernahme einer Organisation immer mit zwei Dingen beginnen: erstens schulen sie das Personal, den persönlichen Service am Kunden zu verbessern, und zweitens entlassen sie den Geschäftsführer oder Direktor. Als er mir das erzählte, war ich zuerst überrascht.

„Wird er immer entlassen?“, fragte ich, „wirklich jedes Mal?“

„Ja, jedes Mal“, antwortete er.

„Redet ihr nicht zuerst mit dem Mann – oder der Frau –, um ihn zu prüfen und seine Führungsqualitäten herauszufinden?“

„Nein“, erwiderte Don. „Falls der Geschäftsführer eine gute Führungskraft wäre, hätte die Organisation ja nicht solche Probleme.“

Da war es wieder – das Prinzip des Deckels. Um den höchsten Effektivitätsgrad zu erreichen, muss man erst den Deckel heben – so oder anders.

Doch die gute Nachricht ist: Man muss nicht immer den Leiter – Direktor/Geschäftsführer/Manager – entlassen. Genau wie ich betone, dass es einen Deckel gibt, genau so sage ich, dass man ihn anheben kann – aber das ist bereits das nächste Thema bei einem weiteren Führungsprinzip.

# 2

## Das Prinzip vom Einfluss

*Die Maßeinheit für Führungskompetenz ist Einfluss – nicht mehr und nicht weniger*

Wenn Sie keinen Einfluss haben, werden Sie *nie* andere leiten können. Wie also misst man Einfluss? Schauen Sie einmal auf das folgende Beispiel.

Im Spätsommer des Jahres 1997 wurde die Welt innerhalb von nur vierzehn Tagen durch zwei Ereignisse erschüttert: der tödliche Unfall von Prinzessin Diana und der Tod von Mutter Teresa. Auf den ersten Blick konnten diese beiden Frauen nicht unterschiedlicher sein. Die eine war eine große, gut aussehende, glanzvolle Prinzessin von England und verkehrte in den höchsten Gesellschaftskreisen. Die andere, Gewinnerin des Friedensnobelpreises, war eine kleine, ältere albanische Nonne, die den Ärmsten der Armen in Kalkutta diente.

Erstaunlich ist nun vor allem, dass diese beiden Frauen sehr ähnlich auf die Menschen wirkten: 1996 fragte die Londoner Zeitung *Daily Mail*, wer sich insgesamt wohl am meisten humanitär engagiert, Prinzessin Diana und Mutter Teresa belegten die ersten beiden Plätze. Das aber geschieht nur bei Menschen mit Einfluss. Wie konnte jemand wie Prinzessin Diana auf dieselbe Ebene gerückt werden wie Mutter Teresa? Die schlichte Antwort ist, dass Diana sehr eindrücklich das Prinzip vom Einfluss demonstrierte.

## Diana beschäftigte die Vorstellungskraft der Menschen

Als Diana 1981 Prinz Charles das Jawort gab, war sie spätestens in diesem Augenblick ein weltweites Gesprächsthema. Beinahe eine Milliarde Menschen verfolgten die Hochzeitszeremonie in der St. Paul Kathedrale vor dem Bildschirm. Und die meisten wollten wissen, wer diese Diana eigentlich ist. Alle Welt zeigte sich fasziniert von dieser Person, die einmal als Erzieherin gearbeitet hatte.

Anfangs schien sie sehr schüchtern und war sichtlich überfordert von der Medienaufmerksamkeit, die sie und ihr Gatte erhielten. Immer wieder gab es Berichte, dass Diana nicht allzu glücklich über die von ihr erwarteten königlichen Pflichten war. Mit der Zeit schlüpfte sie jedoch gut in ihre neue Rolle und repräsentierte bei entsprechenden Veranstaltungen in aller Welt die königliche Familie. Und bald fand sie ihre besondere Rolle. Sie versuchte Geld für humanitäre Zwecke aufzutreiben. Sie baute zahlreiche wichtige Beziehungen auf zu Politikern, Wohltätigkeitsorganisationen, zu Fernsehmoderatoren und Premierministern. Zuerst war sie eher eine Fürsprecherin und wichtiger Katalysator für bestimmte Stiftungen, doch mit der Zeit nahm ihr Einfluss zu – und auch ihr Durchsetzungsvermögen.

Diana interessierte immer mehr Menschen für solche Sozialprojekte wie Aids-Forschung, Leprastationen und ein weltweites Landminenverbot. Gerade beim Thema Landminen machte sie ihren Einfluss bei verschiedenen Regierungen geltend. Bei einem Besuch in den Vereinigten Staaten im Jahr ihres Todes traf sie mit Mitgliedern der Clinton-Regierung zusammen. Sie wollte die Amerikaner für die Unterstützung der Oslo-Konferenz zur Ächtung dieser Waffen gewinnen. Wenige Wochen später veränderte die Clinton-Administration tatsächlich ihre Position. Patrick Fuller vom Roten Kreuz meinte: „Die Aufmerksamkeit, die Prinzessin Diana auf dieses Thema lenkte, beeinflusste Clinton. Sie setzte das Thema auf die Tagesordnung der Welt, darüber gibt es keinen Zweifel.“

## Vom Werden einer Führungspersönlichkeit

Am Anfang gab Dianas Titel ihr die Plattform, um Menschen anzusprechen, doch schon bald entwickelte sie Persönlichkeit aus sich selbst heraus. Als sie 1996 von Prinz Charles geschieden wurde, verlor sie zwar ihren Titel, jedoch nichts von ihrem Einfluss auf andere. Ja, man könnte sogar sagen, dass die Allgemeinheit sich viel mehr für sie interessierte als für ihren Ex-Mann und seine Familie bei Hofe. Wie kam das? Diana hat eben intuitiv das Prinzip vom Einfluss umgesetzt.

*„Eine Führungspersönlichkeit ist dann vollkommen, wenn die Menschen ihr überall hin folgen, und sei es aus Neugier."*
*Colin Powell*

Die Beerdigung wurde live in fast 50 Länder übertragen. Etwa zweieinhalb Milliarden Menschen verfolgten die Übertragung – mehr als doppelt so viele wie bei Dianas Hochzeit.

Prinzessin Diana ist schon vielfach beschrieben worden. Aber ein Wort fiel dabei noch nie: *Führungspersönlichkeit*. Doch genau das war sie. Letztlich brachte sie durch ihren Einfluss die Dinge in Gang, und Einfluss nehmen heißt andere führen, nicht mehr und nicht weniger.

## Führen ist nicht ...

Leider gibt es viele falsche Führungskonzepte. Trägt jemand einen bestimmten Titel oder hat eine typische Leitungsfunktion inne, denkt man oft: diese Person ist eine Führungskraft. *Manchmal* trifft das auch zu. Aber ein Titel hat mit Führungsqualität an sich nichts zu tun. Ein echter Leiter kann nicht dazu abgestellt, bestimmt oder gemacht werden. Er wird es durch seinen Einfluss auf andere, und den kann man nicht befehlen. Das muss erworben werden. Ein Titel macht alles vielleicht ein bisschen einfacher – entweder um den Einfluss auf andere zu verstärken oder um ihn ganz zu verlieren.

Leider gibt es zahllose falsche Vorstellungen über Führungspersönlichkeiten. Fünf häufig genannte stelle ich hier dar:

### *1. „Manager sind Führungspersönlichkeiten"*

Häufig begegnet man der Vorstellung: „Führen und eine Sache managen meinen genau dasselbe." Bis vor wenigen Jahren fand man immer wieder Bücher zum Thema Führung – angeblich – die eigentlich von Management handelten. Die beiden Begriffe unterscheiden sich hauptsächlich darin, dass Führen im Prinzip andere zum Mitmachen bewegt und Organisieren vor allem ein System oder einen Prozess am Laufen hält. Von dem früheren *Chrysler*-Chef Lee Iacocca stammt die treffende Bemerkung: „Manchmal ist selbst der beste Manager wie jener kleine Junge mit dem großen Hund – er wartet, bis er sieht, wo der Hund hin will, und nimmt ihn dann dorthin mit."

Um jetzt festzustellen, ob jemand nicht nur organisieren, sondern auch führen kann, lässt man ihn am besten eine Verbesserung im System einführen. Manager können die Richtung beibehalten, vermögen sie jedoch nicht zu ändern. Um anderen Menschen ein neues Ziel zu setzen, braucht man Einfluss.

### *2. „Unternehmer sind Führungspersönlichkeiten"*

Auch die Ansicht ist häufig vertreten: „Alle Verkäufer und Unternehmer sind auch Führungspersönlichkeiten." Das stimmt jedoch nicht immer.

Vielleicht erinnern Sie sich an die Werbung von Ronco. Waren wie Veg-O-Matic oder Pocket Fisherman waren das geistige Produkt eines Unternehmers namens Ron Popeil. Als Verkäufer des Jahres machte er noch zahlreiche populärwissenschaftliche Werbespots beispielsweise für Haarwuchs-Spray oder Dörrapparate. Ron Popeil kann sicher als risikofreudig, innovativ und erfolgreich gelten, besonders wenn man ihn an seinen 300 Millionen Dollar Warenumsatz misst. Das alles macht ihn aber nicht zum Leiter. Die Leute kaufen vielleicht, was er anbietet, folgen ihm jedoch nicht auf Dauer. Sie lassen sich bestenfalls kurzfristig überreden, nicht aber langfristig beeinflussen.

### *3. „Intellektuelle sind Führungspersönlichkeiten"*

Von Francis Bacon stammt der Satz: „Wissen ist Macht." Wer glaubt, dass Macht im Zentrum des Führens steht, geht normalerweise auch davon aus, dass Menschen mit Wissen und Intelligenz auch Führungspersönlichkeiten sind. An unseren Universitäten gibt es zweifellos viele herausragende Wissenschaftler und Philosophen mit einer ungeheuren geistigen Kapazität. Dennoch ist die Führungskompetenz dort nicht stärker ausgeprägt als in anderen Berufsfeldern. Das heißt, dass Intelligenz nicht automatisch mit Führungskompetenz gleichgesetzt werden kann.

### *4. „Pioniere sind Führungspersönlichkeiten"*

Als weiteres Gerücht muss der Gedanke abgetan werden: „Alle wahren Pioniere sind zugleich Führungspersönlichkeiten." Der Erste zu sein bedeutet nicht unbedingt, dass man die Sache auch im Griff hat.

Zwar war der Neuseeländer Edmund Hillary der erste Mensch, der den Gipfel des Mount Everest erreichte. Seit diesem historischen Ereignis von 1953 sind ihm viele gefolgt. Das allein machte ihn jedoch nicht zum Herausragendsten aller Bergsteiger. Er führte jene Expedition noch nicht einmal an – das tat John Hunt. Spätere „Nachfolger" wie Reinhold Messmer beispielsweise sind viel berühmter geworden als er und haben auch andere von der Sache begeistert. Als Hillary 1958 dann als Mitglied der großen Antarktis-Expedition zum Südpol reiste, folgte er einem Expeditionsleiter namens Fuchs.

Um eine Führungspersönlichkeit zu sein genügt es nicht, vorneweg zu gehen. Man muss auch Leute hinter sich haben, die bewusst diese Führung wollen und die damit verbundene Vision umsetzen.

### *5. „Die Stellung macht den Leiter"*

Mit Führung wird allzu oft der Gedanke an eine bestimmte Position verknüpft. Die Wirklichkeit sieht aber anders aus. Sehr treffend beschrieb Stanley Huffty: „Nicht die Position macht die Führungspersönlichkeit aus, sondern die Führungspersönlichkeit bestimmt die Position."

Dazu braucht man sich nur ansehen, was mit einer Firma geschieht, wo der eigentliche Kopf geht. Bei der berühmten Werbeagentur Saatchi & Saatchi wurde 1994 der bisherige Direktor Maurice Saatchi vom Verwaltungsrat entlassen. Und was passierte? Mehrere Manager folgten ihm ebenso wie viele Großkunden wie der Süßwarenhersteller *Mars* und *British Airways*. Saatchis Einfluss war so groß, dass die Aktien der früheren Firma um 50% fielen.

*„Nicht die Position bestimmt die Führungspersönlichkeit, sondern die Führungspersönlichkeit bestimmt die Position."*
*Stanley Huffty*

So wirkt sich das Prinzip vom Einfluss aus. Maurice Saatchi hatte zwar seine leitende Position eingebüßt, setzte sich aber weiter als Führungspersönlichkeit durch.

## Wer ist der eigentliche Leiter?

Ich persönlich wurde auch mit dem Prinzip vom Einfluss konfrontiert. Nach der Ausbildung trat ich meine erste Stelle als Pastor einer kleinen Landgemeinde an. Hier begegnete mir das Prinzip des Einflusses auf ganz klassische Art. Als Pastor war ich eigentlich in der Position des Gemeindeleiters. Dazu war ich schließlich ausgebildet und ordiniert worden. Und von meinem Vater, der ebenfalls Pastor war, hatte ich viel abgeguckt. Das machte sich alles gut im Lebenslauf – doch zur Führungspersönlichkeit machte es mich nicht. Auf der ersten Vorstandssitzung fand ich schnell heraus, wer der eigentliche Leiter jener Gemeinde war (Näheres nachzulesen unter dem Prinzip der Eigentlichen Führungspersönlichkeit).

Als ich drei Jahre später meine nächste Stelle antrat, hatte ich das Prinzip vom Einfluss kapiert. Mir war jetzt klar, dass Einfluss gewinnen viel Zeit und Mühe erforderte, egal in welcher Organisation. Aber man kann sich das Recht erwerben, eine Führungspersönlichkeit zu werden.

## Führung ist ...

Führung bedeutet Einfluss – nicht mehr und nicht weniger. Wenn man Führungspersönlichkeiten studiert wie ich, entdeckt man ihren Einfluss in allen möglichen Alltagssituationen. Dazu folgendes Beispiel: 1997 zog ich nach Atlanta um. Im selben Jahr wurde Dan Reeves Trainer der *Atlanta Falcons*, ein Team in der National Football League (NFL). Ich freute mich darüber, denn Reeves gilt als ein erstklassiger Coach. Auch wenn er jetzt von den *New York Giants* kam, seinen guten Ruf hatte er bei den *Denver Broncos* aufgebaut. Zwischen 1981 bis 1992 nahm die Mannschaft drei Mal am großen Superbowl teil und er erhielt drei Mal den Titel des besten NFL-Coach des Jahres.

Trotz Reeves' Erfolg in Denver lief nicht immer alles glatt. Man hörte von Meinungsverschiedenheiten mit seinem Co-Trainer Shanahan und dem Spielmacher des Teams, dem Quarterback Elway. Wie kam es dazu? Anscheinend arbeiteten jene beiden öfter an ihrer eigenen Spielstrategie und ließen Reeves' Vorschläge außer Acht. Wie es aussah hatte Shanahan und nicht Dan Reeves den größeren Einfluss auf Quarterback und Team, auch wenn Titel und Stellung das anders darstellten, ja selbst wenn Reeves ein erstklassiger Coach war. Für Elway war Shanahan der entscheidende Leiter, und Führung besteht eben aus Einfluss.

Shanahan ging am Ende der Saison, kam 1995 aber als Erster Trainer wieder. Nun wurde er auch der Stellung nach, was er dem Einfluss zufolge längst schon war, nämlich Teamleiter. Und das machte sich bezahlt: 1998 führte er die *Denver Broncos* mit Quarterback John Elway zu ihrem ersten Superbowl-Sieg.

## Führung ohne Lenkung

Bewundernswert finde ich die Art von Leitung, wie mein guter Freund Bill Hybels sie als Pastor der *Willow Creek*-Gemeinde, der größten Kirchengemeinde in Nordamerika, ausübt. Seiner Ansicht nach muss eine Kirchengemeinde die intensivste Form von Führung überhaupt entwickeln. Viele Geschäftsleute unter meinen Bekannten reagieren verwundert bei diesem Satz, doch ich meine, dass er Recht hat. Ich sage Ihnen auch wieso.

In einer Organisation, die von freiwilligen Mitarbeitern getragen wird, kann das Denken in Titeln und Positionen gar nicht greifen. Denn wenn Leiter hier nicht lenken – oder Einfluss nehmen – können, haben sie verloren. In anderen Organisationsformen haben Leute mit Position durchaus auch Einfluss. Beim Militär können Anführer anderen gegenüber ihren Rang geltend machen oder, wenn das nicht gelingt, sie in den Bunker schicken. In der Geschäftswelt haben die Chefs es in der Hand, andere durch Gehalt, Prämien oder Vergünstigungen in ihre Richtung zu lenken. Die meisten Menschen sind recht willig, wenn es um ihren Lebensunterhalt geht ...

Doch in ehrenamtlichen Strukturen wie einer Kirchengemeinde funktioniert nur Führung in Reinform. Hier besitzen Leiter nur ihren Einfluss, den sie geltend machen können, sonst nichts. Dazu bemerkte Harry Overstreet einmal: „Man kann nur dadurch Einfluss auf andere ausüben, indem man sie zum Mitmachen bewegt." In ehrenamtlichen Strukturen kann man andere nicht zum Mitmachen zwingen. Wenn die Führungspersönlichkeit keine Führungspersönlichkeit ist, werden die Menschen nicht mitgehen.

*„Einfluss kann man auf andere nur dadurch ausüben, indem man sie zum Mitmachen bewegt."*
*Harry Overstreet*

Als ich diese Beobachtung neulich einer Gruppe von 150 Managern aus der Automobilindustrie weitergab, sah ich schier eine Menge Lichter im Saal aufgehen. Und nach folgendem Rat spürte ich förmlich eine Welle der Zustimmung: Als Geschäftsleute können Sie die Führungskompetenz Ihrer Mitarbeiter eigentlich nur dadurch herausfinden, dass Sie sie zum ehrenamtlichen Engagement ermutigen. Wenn diese Mitarbeiter dort – also etwa beim Roten Kreuz, einer Suppenküche für Obdachlose oder in ihrer Kirchengemeinde – andere zum Mitmachen bewegen können, dann wissen Sie, dass das Menschen mit Einfluss sind – und mit Führungskompetenz.

## Vom Befehlshaber zum Soldaten und dann zum Oberbefehlshaber

Ein kleines Erlebnis aus dem Leben von Abraham Lincoln illustriert klassisch das Prinzip vom Einfluss.

Viele Jahre bevor Lincoln Präsident der Vereinigten Staaten wurde, sammelte er während des Falkenkrieges eine Gruppe freiwilliger Soldaten um sich. Meist wurde derjenige, der eine Truppe Freiwilliger um sich scharte, zum Kommandeur der Truppe gemacht und erhielt einen militärischen Rang. Auf diese Weise bekam Lincoln den Rang als Hauptmann.

Aber Lincoln hatte keine Ahnung vom Soldatenleben. Er war nie zuvor beim Militär gewesen und das Wort Strategie kannte er nur vom Hörensagen. Selbst die simpelsten militärischen Befehle waren ihm nicht gegenwärtig. Als er einmal die Gruppe von 40 Mann in Marschkolonne quer über einen Acker führte, scheiterte er an einem Gatter, mit dem das angrenzende Feld eingezäunt war. Lincoln: „Ich konnte mich einfach nicht an den richtigen Befehl erinnern, wie man die Kompanie der Länge nach aufstellt. Als wir fast vor dem Zaun standen, rief ich schließlich: Kompanie wird für zwei Minuten entlassen und stellt sich auf der anderen Seite wieder auf."

*Wer meint zu leiten, ohne dass ihm jemand folgt, geht nur spazieren.*

Lincolns Einfluss in der Armee sank mit der Zeit. Während andere Offiziere befördert wurden, degradierte man Lincoln in gleicher Regelmäßigkeit. Weil der Hauptmann mit dem Prinzip vom Einfluss nicht zurecht kam, fand sich Abraham Lincoln am Ende des Krieges an dem ihm gemäßen Platz: als Gefreiter.

Zu seinem Glück und zum Wohl des ganzen Landes entwickelte Lincoln mit der Zeit mehr Einfluss. Nach einigen mittelmäßigen juristischen Aufgaben bei der Ausgestaltung der Verfassung von Illinois und als Abgeordneter im Kongress wurde sein Bemühen um Einfluss schließlich von Erfolg gekrönt.

Mein liebstes Sprichwort zum Thema Führung lautet: „Wer meint zu leiten, hat aber keinen, der ihm folgt, geht nur spazieren." Wenn

Sie andere nicht beeinflussen können, haben Sie keinen der mitgeht. Und wenn niemand mitgeht, sind Sie keine Führungspersönlichkeit. So einfach ist die Sache. Es ist das Prinzip vom Einfluss, nicht mehr und nicht weniger.

# 3

# Das Prinzip der Entwicklung

*Führungsqualität wird jeden Tag neu aufgebaut – nicht an einem Tag*

Im Januar 1995 starb Anne Schreiber im Alter von 101 Jahren. Lange Jahre lebte die alte Dame in einer winzigen, schäbigen Mietwohnung mitten in New York. Überall blätterte die Farbe von den Wänden, die alten Regale waren wackelig und unansehnlich – und das Ganze bei 400 Dollar Monatsmiete.

Anne Schreiber bezog seit 1943 eine kleine Rente und lebte ansonsten von der Sozialhilfe. Sie hatte als Rechnungsprüferin beim Finanzamt gearbeitet und nie viel Gehalt bekommen. Ja, sie war trotz ihrem College-Abschluss in Jura und hervorragenden Leistungen nie befördert worden, was nicht so sehr an ihr, sondern an der Behörde lag. Als sie mit 51 Jahren in Rente gehen musste, bekam sie nicht einmal 260 Dollar im Monat vom Staat.

„Man hat sie ziemlich ausgenutzt", meinte ein Kollege, der sie von Weihnachtsfeiern noch kannte. „Sie musste sich wirklich allein durchschlagen. Das war gar nicht leicht."

Anne Schreiber war überaus sparsam. Sie gab kaum Geld aus, weder für Kleider, noch für Möbel, und bezog nicht einmal eine Zeitung. Einmal die Woche ging sie zur Stadtbibliothek, um das *Wall Street Journal* zu lesen.

## Die Riesenüberraschung!

Groß war die Überraschung von Norman Lamm, Rektor einer privaten New Yorker Universität, als er von dieser kleinen alten Dame, die er überhaupt nicht kannte, beinah ihr gesamtes Vermögen überschrieben bekam.

„Als ich das Testament von Anne Schreiber sah – die hier nie studiert hat –, konnte ich es einfach nicht glauben“, erzählt Lamm.

Das der Universität vermachte Erbe belief sich auf 22 Millionen Dollar! Wie konnte eine derart bescheidene alleinstehende Frau in 50 Rentenjahren bloß solch ein achtstelliges Vermögen aufbauen?

Das Geheimnis lässt sich lüften. Bis Anne Schreiber 1943 in Pension ging, konnte sie 5 000 Dollar ansparen. Dieses Geld investierte sie in Aktien. Von deren Gewinn konnte sie bereits 1950 tausend Aktien der *Schering-Plough Corporation* erwerben, damals mit 10 000 US $ bewertet. Und dabei blieb sie, als deren Wert weiter anstieg. Heute haben sich ihre Originalaktien auf 128 000 vervielfältigt und sind 7,5 Millionen Dollar wert.

Anne Schreibers Geheimnis ist ganz einfach: Sie hat ihr Leben lang an ihrem Wertzuwachs gebaut. Nie spielte sie mit dem Gedanken: Jetzt wäre es an der Zeit, mal an die Auszahlung zu denken. Nein, sie plante wirklich langfristig, egal ob die Aktien gerade stiegen oder fielen. Wurden Dividenden ausgeschüttet – die zunehmend höher waren – investierte sie das Geld sofort wieder. Ihre ganze zweite Lebenshälfte war sie an der Börse aktiv. Während viele ältere Mitbürger sich Sorgen machen, dass sie mit der Zeit vielleicht nicht mehr genügend Geldmittel haben, wurde sie mit zunehmendem Alter immer reicher. Im Blick auf ihre Finanzen verstand Frau Schreiber das Prinzip von der (Fort)Entwicklung und wandte es erfolgreich an.

Führen ist wie investieren – der Wert nimmt zu.

Leiten ist gut mit den erfolgreichen Investitionen an der Börse zu vergleichen. Setzt man seine Hoffnung auf den schnellen Euro, wird man nicht viel gewinnen. Am erfolgreichsten sind die tagtäglichen Investitionen. Mein Freund Tag Short behauptet: „Das Geheimnis unseres Erfolgs liegt in unserer Tagesordnung.“ Wenn Sie ständig in Ihre persönliche Entwicklung von Führungskompetenz

*Leiten ist gut mit den erfolgreichen Investitionen an der Börse zu vergleichen. Setzt man seine Hoffnung auf den schnellen Euro, wird man nicht viel gewinnen.*

investieren und die „Ziele" anwachsen lassen, wird auch mit der Zeit ein Ergebnis sichtbar.

Bei Tagungen werde ich sehr häufig gefragt: „Werden Führungspersönlichkeiten denn geboren?" Darauf antworte ich gewöhnlich: „Ja natürlich. Oder ich müsste dem noch begegnen, der anders auf die Welt kam ..." Dann lachen wir gemeinsam und ich beantworte die eigentliche Frage – ob Leiten etwas ist, was man entweder kann oder nicht kann.

Obwohl es stimmt, dass manche Menschen mit natürlicher Führungsbegabung geboren werden, ist Leiten eigentlich ein Sammelsurium von Fähigkeiten. Fast alle können gelernt und verbessert werden! Nur geschieht das nicht über Nacht. Führen ist eine komplizierte, facettenreiche Angelegenheit: Respekt, Erfahrung, emotionale Kraft, Beziehungstalent, Disziplin, Vision, Schwung, gutes Timing und vieles andere. Viele dieser Faktoren sind offensichtlich unumgänglich. Deshalb brauchen gute Führungskräfte so viel Reife. Und daher fühle ich mich erst jetzt mit 51 Jahren so weit, dass ich die vielen Aspekte im Blick auf Führung einmal zusammenfassend darlegen kann.

## Führungspersönlichkeiten sind Lernende

In einer Studie über neunzig Top-Führungskräfte aus ganz unterschiedlichen Wirtschaftsbereichen beschreiben die Führungsexperten Warren Bennis und Burt Nanus den Zusammenhang zwischen Wachstum und Führung: „Der Unterschied zwischen Leitern und Nachfolgern besteht in der Kapazität, die eigenen Anlagen und Fertigkeiten zu entwickeln und zu verbessern."

Erfolgreiche Führungskräfte sind zum Lernen bereit – ihr Leben lang. Diese Bereitschaft ist das Resultat von Disziplin und Ausdauer: Jeden Tag will man den Fortschritt vom vorigen Tag weiter ausbauen.

## Führungswachstum in vier Phasen

Ob man nun viele natürliche Führungseigenschaften besitzt oder nicht – meist kann man seine Entwicklung und seinen Fortschritt an Hand folgender vier Phasen beobachten:

*Phase 1: Ich weiß nicht, was ich nicht weiß.*

Die meisten Menschen erkennen gar nicht, welch weitreichende Bedeutung das Thema Führung hat. Sie sind davon überzeugt, dass dieses Thema sowieso nur ein paar Top-Manager an irgendwelchen Konzernspitzen angeht und verpassen selbst tausend Gelegenheiten, Leiten zu lernen. Warum ist das so? Eine Antwort fand ich, als der Rektor einer Universität mir einmal mitteilte, dass immer nur eine Handvoll Studenten die Kursangebote zu Leitungsthemen wahrnahmen. Offensichtlich betrachteten sich nur wenige als Führungskraft. Wenn sie allerdings wüssten, dass Führen vor allem Einfluss nehmen meint und dass die meisten Menschen im Verlauf eines Tages mindestens vier Personen beeinflussen, würden sie vermutlich gerne viel mehr darüber lernen. Wenn man nicht weiß, *was* man nicht weiß, kann man leider auch nicht wachsen.

*Wenn man nicht weiß, was man nicht weiß, kann man leider auch nicht wachsen.*

*Phase 2: Ich weiß, was ich nicht weiß.*

In einer führenden Position passiert es zuweilen, dass man sich umschaut und niemanden entdeckt, der mitgeht. Erst dann wird uns klar, dass wir das *Führen lernen* müssen. Der englische Premierminister Benjamin Disraeli hat richtig beobachtet: „Selbsterkenntnis ist der erste Schritt zur Weisheit."

Mir ging das so 1969 in meiner ersten leitenden Position. Schon immer hatte ich Sportmannschaften betreut und war lange Zeit Schulsprecher gewesen. Also hielt ich mich bereits für einen Leitertyp. Die schreckliche Erkenntnis aber kam mit dem Versuch, Menschen im Leben „da draußen" zu führen. Da half mir nur, von anderen zu lernen und Ideen zu sammeln. In meiner Not schrieb ich unter anderem an die zehn besten Führungspersönlichkeiten in meiner Arbeitssparte und bot ihnen hundert Dollar für ein halbstündiges Gespräch (keine kleine Summe damals). Unseren Urlaub planten meine Frau und ich in den folgenden Jahren immer nach dem Wohnort jener Leute. Lebte also eine dieser Führungspersönlichkeiten an der Ostküste oder im Mittleren Westen, suchten wir grade dort unser Urlaubsquartier. Rückblickend haben sich diese Gespräche mehr als ausgezahlt, denn diese Menschen erzählten mir von ihren reflektierten Erfahrungen und vermittelten mir Einsichten, die ich, wenn überhaupt, nie so schnell erhalten hätte.

*Phase 3: Ich wachse und reife, dass erste Früchte ich zeige*

Wenn Sie Ihre fehlende Kompetenz erkennen und sich dann ein Tagespensum an persönlicher Weiterqualifikation im Führungsbereich auferlegen, werden Sie bald sehr interessante Dinge beobachten.

Während eines Leadershipseminars in Denver fiel Brian auf, ein eloquenter, intelligenter Neunzehnjähriger. Brian schrieb tagelang alles mit und sprach mich immer wieder in den Pausen an. Als ich das Prinzip der Entwicklung erläuterte, bat ich ihn, vor allen andern aufzustehen: „Brian, mich beeindruckt, mit welchem Engagement Sie hier lernen, die Dinge hinterfragen, einordnen und sich dabei entwickeln. Deshalb möchte ich Ihnen ein Geheimnis verraten, das Ihr Leben verändern kann."

Die gesamte Zuhörerschaft schien sich gespannt nach vorne zu beugen.

„In etwa zwanzig Jahren können Sie eine ganz große Führungspersönlichkeit sein. Deshalb möchte ich Ihnen Mut machen, immer ein Lernender in diesem Bereich zu bleiben. Lesen Sie Bücher, hören Sie regelmäßig Kassetten, besuchen Sie weiter Seminare. Und immer wenn Sie auf eine Goldader stoßen – eine Erkenntnis oder ein treffendes Zitat –, dann legen Sie es sich für die Zukunft bereit. Leicht wird es nicht werden", ergänzte ich. „Doch schon in fünf Jahren können Sie durch Ihren vermehrten Einfluss auf andere Fortschritte sehen. In zehn Jahren haben Sie dermaßen Kompetenz entwickelt, dass Sie Menschen sehr effektiv führen werden. Wenn Sie in diesem Sinne weiter an ihrer Persönlichkeitsentwicklung arbeiten, wird man Sie in zwanzig Jahren, im Alter von nur neununddreißig, wahrscheinlich bitten, anderen etwas über

*„Selbsterkenntnis ist der erste Schritt zur Weisheit."*
*Benjamin Disraeli*

Führung beizubringen. Man wird über Ihre Reife staunen und sich fragen: ‚Wie ist er in so kurzer Lebenszeit zu so viel Weisheit gelangt?'

Brian, Sie können eine prima Führungspersönlichkeit werden, aber nicht an einem Tag. Fangen Sie heute schon an, die Raten einzuzahlen."

**Die vier Phasen von Führungswachstum**

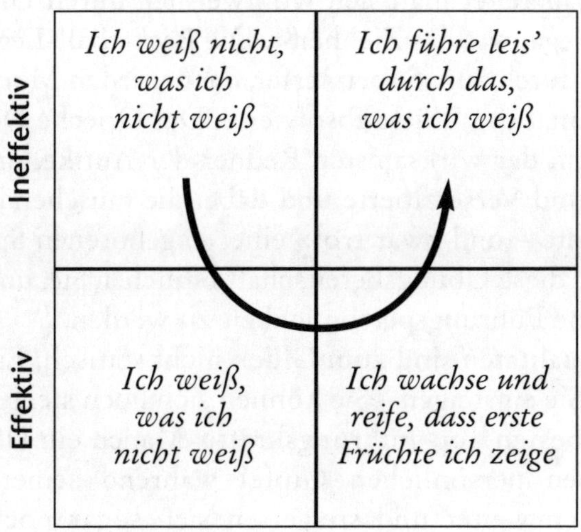


Was für Brian gilt, gilt auch für Sie. Fangen Sie heute damit an, Ihre Führungsqualitäten auszubauen. Dann werden Sie eines Tages die Auswirkungen des Prinzips der Entwicklung spüren.

*Phase 4: Ich führe leis' durch das, was ich weiß*

In Phase 3 können Sie als Führungskraft schon recht effektiv sein, werden aber vieles ganz bewusst durchdenken und steuern müssen. In

Phase 4 wird Ihr Führen jedoch nahezu wie ein Reflex laufen. Dann hat sich der Entwicklungsprozess wirklich bezahlt gemacht. Die Investitionen als Lernender muss man eben immer in Kauf nehmen.

## Heute lernen, morgen führen

Führungskompetenz wird tagtäglich ausgebaut – sie fällt niemandem überraschend zu. Das Prinzip der Entwicklung bestimmt hier die Realität. Benjamin Disraeli behauptet sogar: „Das Geheimnis des Erfolgs liegt darin, dass man vorbereitet ist auf die Chance, die kommt." Also bereitet man sich wohlweislich durch Disziplin und Ausdauer vor, egal wie das Ziel heißt. Die Basketball-Legende Larry Bird wurde dadurch zum Superwerfer, dass er jeden Morgen vor der Schule erst einmal 500 Würfe absolvierte. Der Grieche Demosthenes wurde zu einem der wirksamsten Redner der Antike, indem er mit Kieseln im Mund Verse zitierte und dabei die rauschenden Meereswellen übertönte – und zwar trotz einer angeborenen Sprachbehinderung. Genau diese Übungsbereitschaft brauchen Sie, um eine wirklich erfolgreiche Führungspersönlichkeit zu werden.

Führungsqualitäten sind zum Glück nicht statisch. Egal auf welchem Niveau Sie einsteigen – Sie können sich noch steigern. Das gilt selbst für die besten Top-Führungskräfte. Manch ein US-Präsident erreichte seinen persönlichen Gipfel während seiner Amtszeit, andere wuchsen weiter und steigerten sich sogar noch, wie beispielsweise Ex-Präsident Jimmy Carter. Dessen Qualitäten als Präsident wurden von manchen angezweifelt. Doch nach seiner Amtszeit übte Carter noch mehr Einfluss aus als zuvor. Sein hohes Maß an Integrität und der unermüdliche Einsatz im Dienst an Menschen im Namen verschiedenster humanitärer Organisationen hat seinen Einfluss ständig vergrößert. In Mali wurde er vor kurzem geadelt, weil er die Wurmkrankheit dort ausrotten half. Jimmy Carter ist heute weltweit so hoch geachtet wie kein anderer ehemaliger US-Präsident.

*„Das Geheimnis des Erfolgs liegt darin, dass man vorbereitet ist auf die Chance, die kommt."*
*Benjamin Disraeli*

## Sich hocharbeiten

Ein Sprichwort sagt: „Sieger werden nicht erst Champion im Ring – dort kommen sie nur groß raus."

Das ist absolut richtig. Den Werdegang eines Champions erkennt man oft bereits an seinem Tagesablauf. So konstatiert der frühere Weltmeister im Schwergewicht Joe Frazier: „Du kannst dir einen Kampfplan oder Lebensplan aufstellen. Aber wenn's dann los geht, läuft alles wie automatisch ab. Da zeigt sich eben, was vorher gelaufen ist. Wo man vielleicht vorher im Morgengrauen geschlurt hat, kommt dann total ans Licht in aller Öffentlichkeit." Die eigentlich etwas rüde Sportart Boxen ist deshalb ein guter Vergleich zur Entwicklung von Führungsqualitäten, weil das A und O dabei die tägliche Vorbereitung einnimmt. Selbst ein Naturtalent muss sich im Boxsport weiter entwickeln und diszipliniert trainieren, um erfolgreich zu werden.

Eine großartige Führungspersönlichkeit und Fan des Boxsports zugleich war Theodore Roosevelt. Eins seiner berühmtesten Zitate gebraucht ein Bild vom Boxen:

Nicht der Kritiker zählt, nicht der aufzählt, wie oft der Starke fiel oder wie man es hätte besser machen können. Man schaut auf den Mann in der Arena: sein Gesicht voller Staub und Schweiß und Blut, kraftvoll in jeder Bewegung, sein Versagen immer wieder schmerzlich; er kennt die große Begeisterung, das völlige Aufgehen in ein lohnenswertes Unternehmen. Am Ende erlebt er vielleicht gar den Triumph einer großen Leistung – oder schlimmstenfalls eine Niederlage –, doch das wenigstens nach einem Versuch, in den alles investiert wurde. Sein Platz ist nie bei den kalten, ängstlichen Seelen, die weder Sieg noch Niederlage am eignen Leib erfahren.

Roosevelt war selbst Boxer und ein ausgesprochener Tatmensch. Er war nicht nur eine effektive Führungspersönlichkeit, sondern auch der extravaganteste amerikanische Präsident. Der britische Historiker Hugh Brogan beschrieb ihn als „den fähigsten Mann im Weißen Haus seit (Abraham) Lincoln, den feurigsten seit ... Jackson und den gelehrtesten seit John Quincy Adams".

## Ein Tatmensch

Roosevelt, mit Spitznamen T.R., ist als ausgesprochener Tatmensch und als Verfechter eines dynamischen Lebensstils bekannt. Selbst im Weißen Haus betrieb er regelmäßig Sport wie Reiten, Boxen und Judo und unternahm ausgedehnte Wanderungen. Ein französischer Diplomat begleitete Roosevelt auf einer dieser Waldwanderungen. Als die beiden an einen tiefen Bach kamen, streifte T.R. einfach seine Kleider ab, um hinüber zu schwimmen. Von seinem Begleiter erwartete er dasselbe. Hindernisse waren für ihn schlichtweg zum Überwinden da.

Roosevelt kannte das Leben als Cowboy im Wilden Westen ebenso wie das Forscherleben in unbekannten Gebieten, das Dasein als Großwildjäger oder die raue Wirklichkeit als Kavallerist im Krieg gegen Spanien. Seine Einsatzbereitschaft und sein Durchhaltevermögen schienen grenzenlos. Als Kandidat für das Amt des Vizepräsidenten reiste er im Wahljahr 1900 für Präsident McKinley über 30 000 km und hielt 673 Reden. Und noch als Ex-Präsident war er aktiv: In Milwaukee bereitete er sich gerade auf eine Rede vor, als ein Attentäter auf ihn schoss. Mit einer Kugel in der Brust und einer gebrochenen Rippe bestand Roosevelt darauf, seine vorbereitete einstündige Rede zu halten, bevor er sich ins Krankenhaus bringen ließ.

## Aller Anfang ist schwer

Als Theodore Roosevelt seine Laufbahn begann, sah es überhaupt nicht danach aus, dass der schwächliche, dünne Junge einmal zu den zähesten Führern seines Landes gehören würde. Als Kind wohlhabender Eltern in Manhattan geboren, war der spätere Cowboy-Präsident zunächst einmal sehr dünn und litt an Asthma und Sehschwäche. Seine Eltern gingen nicht davon aus, dass er lange leben würde. Als er zwölf war, meinte sein Vater zu ihm: „Junge, du hast Köpfchen, aber ohne den Leib kann auch der Kopf nicht da hin, wo er will. Daran musst du arbeiten."

Und das tat T.R. dann auch – gemäß dem Prinzip der Entwicklung.

Er investierte *jeden Tag* die Zeit, Körper wie Geist zu trainieren, und hielt das sein Leben lang kontinuierlich bei. Später sagte Roosevelt einmal, dass er als Kind „nervös und ängstlich war. Doch las ich gerne von Leuten, die keine Angst kannten und sehr selbstständig waren, genau wie mein Vater. Ich wollte sehr gerne so sein wie sie." Als T.R. dann die Harvard Universität beendete, *war* er wie seine heimlichen Helden bereit, es mit der Welt der Politik aufzunehmen.

### Erfolg kommt nicht über Nacht

Doch auch Roosevelt fiel der Erfolg nicht über Nacht zu. Vom Polizeikommissar in New York arbeitete er sich über mehrere Stationen bis zum Präsidenten der Vereinigten Staaten hoch – und verstand sich dabei als ein beständig Lernender. Er arbeitete an seiner Persönlichkeit und wurde immer mehr zu einer starken Führungspersönlichkeit, ganz nach dem Prinzip der Entwicklung.

Roosevelt Leistungen sind wirklich bemerkenswert. Unter seiner Führung wurden die USA zu einer Weltmacht. Eine schlagkräftige Marine entstand. Er veranlasste den Bau des Panamakanals. Er führte die Friedensverhandlungen zwischen Russland und Japan und erhielt dafür den Friedensnobelpreis. Als man nach Präsident McKinleys Tod in Frage stellte, ob Vizepräsident Roosevelt die Regierung übernehmen dürfe, wurde er bei den vorgezogenen Wahlen mit der bis dahin größten Mehrheit für einen Präsidenten ins Amt gewählt.

Immer ein Mann der Tat, reiste Roosevelt nach seiner Amtszeit 1909 gleich nach Afrika, wo er eine wissenschaftliche Expedition anführte. 1913 leitete er eine Forschergruppe zu einem noch unerforschten Fluss in Brasilien, was er später so interpretierte: „Das war *die* Gelegenheit, noch einmal ein Junge zu werden – das konnte ich mir nicht entgehen lassen. Ich habe so viel dabei gelernt." Damals war er fünfundfünfzig Jahre alt.

Der Tod überraschte ihn am 6. Januar 1919 in seinem Bett. US-Vizepräsident Marshall kommentierte damals: „Der Tod musste schon im Schlaf kommen, denn sonst hätte ein Roosevelt garantiert um sein Leben gekämpft.“

Als man T.R. vom Bett nahm, fand man unter seinem Kissen ein Buch. Bis zum letzten Atemzug lernte Roosevelt noch und arbeitete an sich. Nach wie vor praktizierte er das Prinzip der Entwicklung.

Wenn Sie eine Führungspersönlichkeit sein wollen, lautet die gute Nachricht, dass Sie das schaffen können. Jeder hat das Potenzial dazu, nur reift das nicht über Nacht. Man darf eben keinesfalls das Prinzip der Entwicklung übersehen, denn an seiner Persönlichkeit sollte man sein ganzes Leben arbeiten.

# 4

# Das Prinzip des Lenkens

*Steuern können viele das Schiff, aber nur der Kapitän steckt den Kurs ab*

Im Jahr 1911 starteten zwei Expeditionen auf eine anspruchsvolle Mission. Mit unterschiedlicher Strategie und auf verschiedenen Routen hatten die beiden Expeditionen doch dasselbe Ziel: als erster den Südpol zu erreichen. Ihre Unternehmung ist ein lebensgefährliches Beispiel für das Prinzip des Lenkens.

Roald Amundsen leitete die erste Gruppe. Der Norweger wollte ursprünglich gar nicht in die Antarktis. Während seiner Vorbereitungen für die Eroberung des *Nord*pols kam ihm Robert Peary zuvor. Amundsen änderte die Richtung und wandte sich dem andern Ende der Erde zu. Norden oder Süden war ihm gleich – Hauptsache sein Plan stimmte.

## Amundsen steckte den Kurs sorgfältig ab

Amundsen plante die Expedition sorgfältig. Er studierte intensiv, wie sich die Eskimos und erfahrene andere Forscher in der Arktis verhielten. Nach Abwägen aller Informationen beschloss er, die gesamte Ausrüstung und die Vorräte mit Hundeschlitten zu transportieren. Entsprechend wählte er die besten Schiläufer und Hundeführer für sein Team aus. Die Strategie war einfach: Die Hunde sollten den größten Teil der Arbeit tun, während man in Etappen von sechs Stunden täglich etwa 20 bis 30 Kilometer vorankam. Dadurch hatten die beteiligten Menschen und Hunde genügend Ruhe, um am nächsten Tag wieder weiter zu ziehen.

Mit akribischer Genauigkeit ging Amundsen vorab jedes Detail an. Entlang der geplanten Strecke deponierte er Vorräte. Auf diese Weise würde die Forschergruppe nicht alle Dinge von Anfang an mit sich schleppen müssen. Außerdem bekamen seine Leute die bestmögliche Ausrüstung. Amundsen bedachte jeden Schritt und jede mögliche Situation vorab und plante zahllose Eventualitäten mit ein. Und das machte sich bezahlt. Das Schlimmste, was ihnen auf der ganzen Expedition in die Kälte passierte, war eine Zahnentzündung ...

## Scott missachtete das Prinzip vom Lenken

Die andere Forschergruppe leitete Robert F. Scott, ein britischer Offizier. Der Engländer hatte bereits Antarktis-Erfahrung. Seine Expedition organisierte er völlig anders als Amundsen. Statt auf Hundeschlitten setzte Scott auf Ponys und Motorschlitten. Doch die Schlittenmotoren versagten bereits nach fünf Tagen. Die Ponys hielten die Eiseskälte nicht aus und mussten schon vor der Überquerung des Transantarktischen Gebirges getötet werden. Nun war es an den Teammitgliedern selbst, die 90 kg schweren Schlitten zu ziehen – eine immens große körperliche Belastung.

Der Ausrüstung der Teilnehmer hatte Scott wenig Beachtung geschenkt. Erst unterwegs stellte sich heraus, dass ihre Bekleidung so schlecht gearbeitet war, dass alle Männer Frostbeulen bekamen. Ein Expeditionsteilnehmer brauchte morgens eine ganze Stunde, bis er seine Stiefel über die angeschwollenen brandigen Füße gezogen bekam. Und alle wurden schneeblind, da die von Scott besorgten Schutzbrillen ungeeignete waren. Außerdem verbrauchte das Team erheblich mehr Getränke und Nahrungsmittel als Scott berechnet hatte. Durch den knapp berechneten Brennstoff konnte nicht genug Schnee geschmolzen werden. Alle litten an Wassermangel. Das lag nicht zuletzt an den unzureichend ausgestatteten Vorratsdepots, die nicht nur schlecht gekennzeichnet waren, sondern auch zu weit auseinander lagen. Was die Lage noch schlimmer machte, war Scotts spontaner Entschluss, noch einen fünften Mann mitzunehmen, obwohl die Vorräte nur für vier reichten.

Als die erschöpfte Truppe schließlich in zehn Wochen fast 1300 mörderische Kilometer hinter sich gebracht hatte und am 17. Januar 1912 am Südpol ankam, wehte ihnen dort die norwegische Flagge entgegen. Ein von Amundsen hinterlegter Brief eröffnete ihnen, dass dessen erfolgreicheres Team bereits vor vier Wochen angekommen war!

### Wer nicht das Prinzip vom Lenken befolgt ...

So schwierig die Expedition zum Pol auch war – das Schlimmste stand dem Team um Robert Scott noch bevor. Der Rückweg war entsetzlich. Scott und seine Leute litten an Hunger und Skorbut. Doch Scott, unfähig eine Sache zu Ende zu denken, blieb unerbittlich. Trotz Nahrungs- und Zeitnot bestand er darauf, dass sie unterwegs fast 15 kg schwere Gesteinsproben zuluden – noch mehr Gewicht für die ausgelaugten Männer!

Sie kamen immer langsamer voran. Ein erster Teilnehmer gab sich auf und versank völlig in Lethargie und Depressionen und starb bald. Ein anderer namens Lawrence Oates war ebenfalls in sehr schlechter Verfassung. Der ehemalige Offizier, ursprünglich für die Versorgung der Ponys zuständig, hatte so schwere Erfrierungen, dass er kaum noch gehen konnte. Man vermutet, dass er sich absichtlich in einen Schneesturm hinaus begab, damit das Team keine Rücksicht mehr nehmen müsse und bessere Überlebenschancen hätte. Bevor er das Zelt verließ, hatte er den anderen mitgeteilt: „Ich gehe mal nach draußen. Kann vielleicht etwas dauern."

*Da Robert Falcon Scott nicht das Prinzip des Lenkens befolgen konnte, ist er mit seinen Leuten daran gescheitert.*

Scott und die beiden Überlebenden schafften es nur noch ein wenig weiter nach Norden. Dann ging auch ihre Kraft zu Ende. Der Rückweg dauerte mittlerweile schon über acht Wochen und sie waren immer noch 250 Kilometer vom Basislager entfernt. Dort fanden sie schließlich ihr Ende. Ihre Geschichte ist nur durch die gefundenen Tagebücher bekannt. Scotts letzte Worte lauten ungefähr so: „Wir werden wie Gentlemen sterben. Das wird allen zeigen, dass der große Mut und die Fähigkeit zur Ausdauer noch nicht aus der menschlichen Rasse ausgestorben sind.“ Scott hatte Mut, aber keine Führungsqualitäten. Da er nicht das Prinzip des Lenkens befolgen konnte, ist er mit seinen Leuten daran gescheitert.

Wer jemand folgt, braucht eine Führungspersönlichkeit, die das Ziel effektiv ansteuern kann. Spätestens wenn es dabei um Leben und Tod geht, wird dies schmerzhaft deutlich. Doch selbst in weniger kritischen Situationen sind diese Umsicht wie Übersicht einfach notwendig. Tatsache ist, dass fast jeder ein Schiff steuern kann, doch nur ein Kapitän den Kurs absteckt. Das meint das Prinzip des Lenkens.

## Ein Kapitän sieht voraus

Der Direktor von *General Electric*, Jack Welch, behauptet: „Ein guter Leiter bleibt auf eine Sache konzentriert ... Die Richtung bestimmen ist besser, als sich von ihr bestimmen zu lassen.“

Damit hat Welch Recht, doch ein Kapitän kontrolliert nicht nur den Kurs, auf dem das Schiff mit der gesamten Mannschaft fährt. Er lässt die ganze Fahrt schon im Voraus vor seinem inneren Auge ablaufen, bevor man den Hafen verlässt. Er richtet seinen Blick auf das Ziel, versteht die Zusammenhänge, weiß wie man das Ziel erreicht und was man dafür aufwenden muss. Der Kapitän weiß, wen man am besten für ein erfolgreiches Leitungsteam einsetzt und er ist über die Hindernisse informiert, noch bevor sie am Horizont auftauchen. Leroy Eims, der Verfasser von Be the Leader You Were Meant to Be (wörtlich: Sei die Führungspersönlichkeit, als die du gedacht bist), schreibt: „Ein Leiter ist jemand, der mehr als andre sieht, der weiter als andre sieht und der früher sieht als andre.“

*„Eine Führungspersönlichkeit ist jemand, der mehr als andre sieht, der weiter als andre sieht und der Dinge früher als andre sieht.“*
*Leroy Eims*

Je größer eine Organisation ist, desto weiter muss ihr Leiter vorausschauen können. Denn allein die Größe macht Kurskorrekturen während voller Fahrt viel schwerer. Werden problematische Entscheidungen getroffen, trifft sie gleich viel mehr Leute, als in einer kleinen Gruppe. Man denke nur an die Katastrophe, die uns in dem Film Titanic so bildhaft und eindrücklich vor Augen geführt wurde: Die Mannschaft konnte nicht weit genug vorausschauen, um den Eisberg von vornherein zu umschiffen, und als die Gefahr dann erkannt wurde, konnte man nicht schnell genug manövrieren, weil das Schiff – das bis dahin größte aller Zeiten – so schwerfällig reagierte. Mehr als tausend Menschen kamen damals ums Leben.

## Wohin der Kapitän geht ...

Erstklassige Kapitäne denken daran, dass viele Menschen von ihnen und ihrer Fähigkeit, einen guten Kurs zu fahren, abhängig sind. Der Management-Berater James Autry führt aus, dass man gelegentlich vom Absturz von vier in Formation fliegenden Militärflugzeugen hört. Der Grund für den gemeinsamen Absturz liegt am Staffelführer. Er allein bestimmt, wohin alle fliegen. Die übrigen drei folgen praktisch seinen Flügelspitzen und beobachten einzig wie er fliegt. Jede Bewegung, die sein Jet macht, wird genau übernommen, egal ob er über den Wolken schwebt oder im Tiefflug unterwegs ist.

Bevor eine Führungspersönlichkeit sich mit anderen Menschen auf den Weg macht, geht er selbst durch einen ganz bestimmten Prozess, damit die Reise auch Aussicht auf Erfolg hat.

### *Eine Führungspersönlichkeit lernt aus ihren Erfahrungen*

Jeder Erfolg oder Misserfolg in der Vergangenheit ist eine Informationsquelle und ein Hort der Weisheit – wenn man das will. Erfolge lehren uns etwas über uns selbst und darüber, wie wir mit unseren speziellen Gaben und Talenten umgehen. Misserfolge zeigen uns, von welchen falschen Annahmen wir ausgegangen sind und wo unsere Methoden fehlerhaft sind. Wenn Sie nicht aus Ihren Fehlern lernen, werden Sie immer wieder versagen. Deshalb

*Jeder Erfolg oder Misserfolg in der Vergangenheit ist eine Informationsquelle und ein Hort der Weisheit – wenn man das will.*

geht ein effektiver Kapitän von seiner Erfahrung aus. Aber selbstverständlich zählt Erfahrung für sie nicht alles.

*Eine Führungspersönlichkeit prüft die Bedingungen, bevor sie Zusagen macht*

Ich persönlich mag eine aktive Lebensgestaltung und bin selbst sehr spontan. Außerdem kann ich mich im Blick auf Führung auf meine Intuition verlassen. Dennoch bin ich mir meiner Verantwortung als Kapitän bewusst und denke lange über meinen Kurs nach, bevor ich Zusagen mache, die sich auf mein Umfeld auswirken werden. Gute Leiter überschlagen die Kosten, bevor sie eine Sache für sich und andere übernehmen.

*Der Kapitän verbindet Zuversicht mit Fakten*

Wer andere Menschen führt, sollte Freude daran haben. Er muss davon überzeugt sein, dass er seine Leute bis zum Ziel führen kann. Wenn Sie nicht zuversichtlich vorausplanen können, werden Sie es auch nicht in Wirklichkeit schaffen. Andererseits sollten die bekannten Fakten realistisch eingeschätzt, Hindernisse nicht klein geredet oder Gefahren heruntergespielt werden. Wenn Sie nicht mit offenen Augen an die Sache herangehen, bekommen Sie leicht den Tunnelblick. Bill Easum meint dazu: „Realistische Führungskräfte sind sachlich genug, Illusionen zu minimieren. Sie haben verstanden, dass Selbsttäuschung sie ihre Vision kosten kann.“ Manchmal ist es schwer, zwischen Optimismus und Realismus, Intuition und Planung, zwischen Vertrauen und Fakten das Gleichgewicht zu halten. Doch gerade das braucht ein Kapitän, der sein Schiff effektiv in den Hafen fahren möchte.

*Manchmal ist es schwer, zwischen Optimismus und Realismus, Intuition und Planung, zwischen Vertrauen und Fakten das Gleichgewicht zu halten. Doch gerade das braucht ein Leiter, der effektiv lenken möchte.*

## Lenken – ein Beispiel

Das Prinzip vom Lenken wurde mir mit achtundzwanzig Jahren klar, als ich meine zweite Gemeinde leitete. Vor meiner Zeit war die Gemeinde in Lancaster/Ohio seit etwa zehn Jahren gleich groß geblieben, doch schon 1975, drei Jahre später, bewegte sich unsere Besucherzahl von erst vierhundert auf über eintausend. Ich wusste, dass unsere Gemeinde noch mehr Menschen erreichen konnte, doch das nur mit einem größeren Gottesdienstsaal.

*Wenn ein Kapitän nicht durch starke Strömung zu steuern vermag, wird sein Schiff irgendwann auflaufen.*

Gut war, dass ich bereits Erfahrung mit Neubau und Umzug einer Gemeinde hatte, denn meine frühere Gemeinde war auch durch diesen Prozess gegangen. Aber jene Gemeinde in Indiana war im Vergleich zu meiner neuen Gemeinde ganz klein gewesen. So wurde beispielsweise allein der Mutter-Kind-Raum der neuen Kirche größer geplant als der ganze Gemeindesaal der ersten Gemeinde! Das Multimillionen-Vorhaben war zwanzig Mal größer als mein erstes Bauprojekt.

Doch das war noch nicht das Schlimmste. Kurz vor meinem Arbeitsbeginn hatte es bereits einen Riesenkrach wegen einem anderen Bauvorhaben gegeben – äußerst lautstark, hitzig und mit bitterem Nachgeschmack. Daher konnte ich als verantwortliche Führungskraft nun zum ersten Mal mit echter Opposition rechnen. Stürmische Gewässer kamen auf uns zu, und wenn ich als Kapitän nicht gut hindurch steuerte, konnte das gesamte Schiff untergehen.

## Den Kurs strategisch abstecken

So entwickelte ich eine Strategie, die ich inzwischen als Kapitän schon öfter angewandt habe. Ich habe mir einen Merkvers dazu gemacht, dessen Anfangsbuchstaben das Motto ergeben:

PLANE VORAUS

**P**rioritäten anpassen
**L**eitende Mitarbeiter informieren
**A**ktionsplan bestimmen
**N**avigationsziel darlegen
**E**rgebnis kontrollieren

**V**erliere nicht den Mut
**O**rientiere dich am großen Ganzen
**R**äume Zeit ein zur allgemeinen Akzeptanz
**A**ktiviere alle Kräfte
**Ü**berprüfe täglich den Arbeitsplan
**S**chaue auf die Erfolge

Mit diesem Motto begann ich meine Gemeinde-Mannschaft durch die kommende Phase zu steuern. Damals wusste ich genau, wie unser Aktionsplan ablaufen sollte. Wenn wir als Gemeinde wachsen wollten, brauchten wir einen neuen Versammlungsraum. Da ich alle möglichen Alternativen durchgespielt hatte, sah ich keine andere vernünftige Lösung. Also war es meine Aufgabe, die Gemeinde ebenso davon zu überzeugen wie die leitenden Mitarbeiter vollständig in den Prozess mit einzubeziehen. Mein Ziel war, das neue Gebäude zu planen, zu bauen, es in zehn Jahren abzuzahlen und während des Baus alle Beteiligten zusammenzuhalten. Klar war mir, dass die größte Veränderung den Finanzbereich betraf, weil das Projekt unser jetziges Budget auf den Kopf stellte.

*Der größte Hemmschuh für erfolgreiche Planung besteht gewöhnlich aus Angst vor Veränderung, Unwissenheit, Unsicherheit im Blick auf die Zukunft und fehlender Vorstellungskraft.*

Auf die Gemeindeversammlung, während der das Projekt vorgestellt werden sollte, bereitete ich mich intensiv vor. Den Termin dafür setzte ich Monate im Voraus fest, damit ich genügend Zeit zur Vorbereitung hatte. Zunächst bat ich die Vorstandsmitglieder und einige wichtige Finanzleute in der Gemeinde, eine Analyse des Gemeindewachstums und des Haushalts der letzten zehn Jahre aufzustellen. Zusätzlich sollten sie eine Projektion dieser Faktoren für die nächsten zehn Jahre versuchen. Sie sollte die Basis für unsere Vorstellungen vom Gebäude sein. Dann formulierten wir einen Haushaltsplan für die kommenden zehn Jahre, der die Finanzierung im Detail darstellen sollte.

*Das Geheimnis hinter dem Prinzip des Lenkens ist: gut vorbereitet sein.*

All diese Informationen packten wir in einen 20-seitigen Bericht und machten ihn allen Gemeindegliedern zugänglich. Denn der größte Hemmschuh für erfolgreiche Planung besteht gewöhnlich aus Angst vor Veränderung, Unwissenheit, Unsicherheit hinsichtlich der Zukunft und fehlender Vorstellungskraft. Mir war sehr daran gelegen, all diese Faktoren von vornherein auszuschließen.

Als Nächstes sollten die Schlüsselpersonen angesprochen werden. Ich begann mit den Einflussreichsten und traf mich sowohl einzeln als auch in kleinen Gruppen mit ihnen. Innerhalb weniger Wochen erreichte ich so über einhundert Verantwortungsträger. Ich breitete die Vision vor ihnen aus und deckte viele Fragen gleich ab. Spürte ich Vorbehalte bei dem einen oder andern, plante ich ein erneutes Treffen mit dieser Person ein. Dann ließ ich allen miteinander Zeit, damit der Einfluss jener Leute greifen und die allgemeine Akzeptanz des Projekts in der Gemeinde wachsen konnte.

Als die Gemeindeversammlung kam, war alles bereit. Die Projektpräsentation dauerte zwei Stunden. Ich reichte den Bericht zur Finanzanalyse mit Haushaltsplan und Grundriss durch die Reihen und versuchte von vornherein keine Frage unbeantwortet zu lassen. Ich hatte auch ein paar einflussreiche Mitglieder um ihren Gesprächsbeitrag gebeten.

Opposition gegen das Projekt war wie immer zu erwarten, doch als Raum für Fragen gegeben wurde, kam die Überraschung: Es gab nur zwei Fragen! Die eine bezog sich darauf, wo genau wir die Trinkwasseranschlüsse im Gebäude zu platzieren gedachten, und die andere, wie viele Toiletten geplant waren. Da wusste ich, dass wir erfolgreich durch die gefährlichen Gewässer navigiert hatten. Als der Antrag angenommen werden sollte, rief das Gemeindemitglied mit dem größten Einfluss dazu auf. Und ich hatte jenen Mitarbeiter, der den Bau zunächst abgelehnt hatte, um seine öffentliche Befürwortung des Antrags gebeten. Bei der Beschlussfassung war nur noch festzustellen, dass der Antrag zum Neubau mit 98 Prozent der Stimmen angenommen wurde.

*Es kommt nicht auf die Größe eines Projekts an, ob es angenommen, unterstützt und letztlich erfolgreich wird, sondern auf die Größe der Führungspersönlichkeit.*

Nachdem wir diese Phase überstanden hatten, war der Rest nicht mehr schwierig. Immer wieder hielt ich der Gemeinde die Vision vor Augen und gab ihnen Bericht vom jeweiligen Bau- oder Planungsfortschritt. Von Zeit zu Zeit überprüfte ich unsere Pläne und Ziele, um damit auf Kurs zu bleiben. Dieser war ja abgesteckt. Wir brauchten das Schiff nur noch zu steuern.

Für mich war das eine wertvolle Lernerfahrung. Nebenbei entdeckte ich auch das Geheimnis hinter dem Prinzip des Lenkens: gut vorbereitet sein. Bei guter Vorbereitung überträgt man von selbst eine zuversichtliche Haltung. Fehlende Vorbereitung bewirkt gerade das Gegenteil. Denn es kommt nicht auf die Größe eines Projekts an, ob es angenommen, unterstützt und letztlich erfolgreich wird, sondern auf die Größe der Führungspersönlichkeit! Deshalb sage ich auch, dass zwar jeder das Schiff steuern kann, aber nur ein Kapitän steckt den Kurs ab. Führungskräfte, die gut lenken können, können ihre Mitarbeiter daher zu jedem x-beliebigen Ziel führen.

# 5

# Das Prinzip der Eigentlichen Führungspersönlichkeit

*Die Leute hören auf die wahre Führungspersönlichkeit*

Junge, unerfahrene Führungskräfte betreten einen Raum voller Menschen oft mit viel Selbstvertrauen und stellen erst später fest, dass sie die Leitungsdynamik völlig falsch eingeschätzt haben. Mir jedenfalls ist das so passiert. Glücklicherweise dauerte es jedoch nicht lange, bis ich meinen Schnitzer bemerkte.

In meine allererste Vorstandssitzung ging ich jedenfalls voller Selbstüberzeugung. Direkt nach dem Collegeabschluss mit 22 Jahren stand ich gerade mal vier Wochen später vor diesem Gremium, dessen Durchschnittsalter bei etwa 50 Jahren lag. Die meisten Anwesenden hatten schon mehr Jahre in dieser ländlichen Gemeinde verbracht, als ich alt war. Ohne bestimmte Vorstellungen, ohne Konzept und völlig ahnungslos eröffnete ich nun die Sitzung. Ich ging davon aus, dass ich ja als Leiter berufen worden war und jeder mir deswegen folgen würde. Mit dem gesamten Wissen meiner gut zwanzigjährigen Lebenserfahrung begann ich also nach den aktuellen Anliegen zu fragen.

In der entstehenden Pause schaute ich alle kurz an, und schon räusperte sich ein Mann in den Sechzigern namens Claude und sagte: „Ich hab da was."

„Nur heraus damit, Claude", ermutigte ich ihn.

„Also, mir fiel letztens beim Gottesdienst auf, dass das Klavier etwas verstimmt klingt", sagte er.

„Ja, das hab' ich auch bemerkt", schloss sich ein Zweiter an.

„Ich stelle den Antrag“, fuhr Claude fort, „dass wir einen Klavierstimmer aus Louisville holen lassen und das in Ordnung bringen.“

„Ja, gute Idee“, hörte man rund um den Tisch.

*Der wahre Leiter hält die Macht in seiner Hand – nicht nur die Position.*

„Ich stimme zu“, sagte Benny, der neben Claude saß.

„Wunderbar“, meinte ich. „Hat noch jemand eine Sache?“

„Jawoll“, antwortete Claude. „Vor kurzem entdeckte ich, dass eine Glasscheibe in einem der Gruppenräume beschädigt ist. Auf meinem Hof hab’ ich eine Scheibe, die passen würde. Benny, du bist doch ein guter Glaser. Kannste das machen?“

„Na klar“, antwortete Benny, „das mach’ ich gerne.“

„Gut“, setzte Claude fort. „Noch eine Sache – der Gemeindeausflug. Ich dachte, dass wir den dieses Jahr unten am See machen sollten. Das wär’ doch für die Kinder am besten.“

„O ja, prima. Eine super Idee!“, stimmten alle zu.

„Machen wir’s offiziell“, schlug Benny vor. Als alle nickten, warteten wir, ob Claude noch etwas sagen würde.

„Ich hab’ nichts mehr“, meinte Claude. „Pastor, Sie können jetzt mit Gebet schließen.“ Und das tat ich dann auch.

So verlief in etwa meine erste Vorstandssitzung. Und an jenem Tag wurde mir auch klar, wer die eigentlichen Führungspersönlichkeiten in dieser Gemeinde waren. Ich hatte zwar die Leitungsfunktion inne, aber Claude hatte die Macht, die Führung. Das nenne ich das Prinzip vom Eigentlichen Leiter. Denn wenn die eigentliche Führungspersönlichkeit spricht, hören die Leute hin.

### Was konnte ich tun?

Nach dieser ersten Vorstandssitzung musste ich zusehen, wie ich die Situation in meiner Gemeinde in den Griff bekam. Es gab mehrere Optionen. Zum Beispiel konnte ich auf mein Recht zu bestimmen pochen. Viele Leiter tun das und begründen es mit ihrer Position. Sie sagen den andern: „Hören Sie mal, ich bin hier der Leiter. Sie müssen auf mich hören!“ Aber so funktioniert das nicht. Die betreffenden Mitarbeiter sind dann vielleicht höflich, befolgen die Weisungen aber nicht unbedingt. Es ist, wie die frühere britische Premierministerin Margaret Thatcher einmal sagte: „Führungskraft sein ist wie eine Dame sein: Wenn man es den Leuten erst sagen muss, dann ist man keine.“

Eine weitere Option wäre, Claude aus dem Vorstand hinauszudrängen. Doch was käme dabei heraus? Er war mindestens doppelt so alt wie ich, hatte schon immer dort gelebt und war eine geachtete Persönlichkeit. Er war schon Mitglied dieser Gemeinde gewesen, lange bevor ich hinkam, und jedem war klar, dass er das auch noch nach meinem Abschied sein würde.

So ging ich auf eine dritte Alternative zu. Vor der nächsten Vorstandssitzung hatte ich eine Liste der Dinge zusammengestellt, die in der Kirche anstanden. Etwa acht Tage vor dem Termin rief ich Claude an und fragte, ob ich nicht einen Tag zur Farm hinaus kommen könne. Beim gemeinsamen Arbeiten unterhielten wir uns dann.

„Ach, Claude“, sagte ich, „mir ist aufgefallen, dass die Eingangstür der Kirche einen Riss hat und die Farbe stark abblättert. Das sieht für Leute, die zum ersten Mal zu unsrer Gemeinde kommen, nicht sehr einladend aus. Meinen Sie, da ließe sich etwas machen?“

„Klar doch“, antwortete Claude, „gar kein Problem.“

Ich sprach mein nächstes Anliegen an: „Vor ein paar Tagen ging ich in den Keller runter. Mann, da steht ja Wasser! Ich sah sogar Frösche rumhüpfen und Kaulquappen schwammen durch die Pfütze. Was können wir denn da machen?“

*„Führungskraft sein ist wie eine Dame sein: Wenn man es den Leuten erst sagen muss, dann ist man keine.“*
*Margaret Thatcher*

„Tja, John“, meinte Claude, „da sollten wir uns am besten alle für einen Tag frei nehmen und im Keller mal richtig sauber machen.“

„Eine sehr gute Idee“, sagte ich. „Könnten Sie das bei der nächsten Sitzung des Vorstands vorschlagen?“

„Das werd’ ich.“

„Noch etwas macht mir Sorgen“, fuhr ich fort. „Außer dem großen Saal haben wir zur Zeit nur drei Nebenräume. In dem einen ist

Unmengen Zeugs aufbewahrt. Die anderen sind für die Sonntagschule da, doch in einer Gruppe sind jede Menge Kinder und es ist ganz schön voll da drin."

*Wenn Sie eine Diskrepanz feststellen zwischen der Person, welche die Besprechung leitet, und der, welche die Menschen führt, dann ist der Gesprächsleiter nicht der eigentliche Leiter.*

„Sie brauchen nichts mehr zu sagen, John. Wir kriegen den Raum schon leer geräumt."

„O, das wäre herrlich. Vielen Dank, Claude."

Als ich bei der kommenden Vorstandssitzung nach aktuellen Anliegen fragte, äußerte sich Claude: „Wisst ihr, meiner Meinung nach sollten wir mal einen Einsatztag auf dem Gelände hier haben."

„Ja, das ist gut", stimmten alle ein.

„Dann halten wir mal Samstag in einer Woche fest", bestimmte Claude. „Ich bringe meinen Transporter, und Benny, du auch. Wir müssen hier mal anstreichen, den Keller sauber machen und den ganzen Müll aus dem Lagerraum \`rausholen. Den brauchen wir nämlich für eine neue Kindergruppe." Darauf wandte er sich an ein Mitglied in der Runde und sagte: „Und Sie, Schwester Maxine, werden dort unterrichten."

„Das ist ein prima Vorschlag", ergänzte Benny. Und so war es beschlossen.

Von da an fuhr ich immer zu Claudes Farm hinaus, wenn ich etwas in der Gemeinde geregelt haben wollte, und half ihm bei der Arbeit. Ich konnte damit rechnen, dass er dieses Anliegen den andern vorlegte, und wenn Claude etwas sagte, hörten sie auf ihn.

## Blicke sagen alles

Wenn man das Prinzip vom Eigentlichen Leiter verstanden hat, kann man in jeder Gruppensituation leicht herausfinden, wer die eigentliche Führungspersönlichkeit ist. Gehen Sie beispielsweise zu einer Besprechung von Leuten, die Ihnen fremd sind, und beobachten Sie das Geschehen fünf Minuten lang. Sie werden die leitende Person schnell bestimmen können. Wenn nämlich einer eine Frage stellt: Wen beobachten die andern dabei? Auf welchen Gesprächsbeitrag warten sie? Die eigentliche Führungspersönlichkeit ist der, den alle ansehen. Er lenkt, bewusst oder unbewusst, die Blicke auf sich.

Probieren Sie es einmal aus. Schauen Sie sich bei der nächsten Besprechung genau um. Gibt es vielleicht eine Diskrepanz zwischen diesen beiden Leitertypen:

| **Leiter nach der Stellung** | **Leiter nach dem Ansehen** |
|---|---|
| *Reden zuerst* | *Sprechen später* |
| *Brauchen den Einfluss des eigentlichen Leiters, um zum Ziel zu gelangen* | *Gebrauchen allein ihren eigenen Einfluss, um zum Ziel zu gelangen* |
| *Beeinflussen nur die anderen positionalen Leiter* | *Beeinflussen alle Anwesenden* |

Sollten Sie also eine Diskrepanz feststellen zwischen dem Besprechungsleiter und der Person, auf die alle schauen, dann ist der Gesprächsleiter nicht der eigentliche Leiter!

Außer bei den Firmen, die ich selbst gegründet habe, war ich beim Antritt einer neuen Stelle nie der eigentliche Leiter. In jener ersten leitenden Position in Indiana war Claude die Führungspersönlichkeit. In meiner zweiten Gemeinde in Ohio war es jemand namens Jim. Und als ich nach Kalifornien ging, wurde das Personal anfangs noch von Steve geführt, nicht von mir. Wenn Sie also eine neue Stelle antreten und keine (oder nicht gleich eine) leitende Position bekommen, machen Sie sich nichts daraus. Der wahre Führungstest besteht nicht darin, wo man beginnt, sondern wo man endet.

## Die wahre Führungspersönlichkeit erhebe sich bitte

Früher gab es mal eine Fernsehshow mit dem Titel *Sag die Wahrheit.* Das lief folgendermaßen: Zu Beginn behaupteten drei Teilnehmer zugleich, eine bestimmte Person zu sein. Einer sagte die Wahrheit, die beiden andern taten nur so. Eine Prominentenjury stellte den drei nun abwechselnd Fragen und musste innerhalb einer vorgegebenen Zeit erraten, wer die Wahrheit gesagt hat. Häufig blufften die falschen Personen derart geschickt, dass die Promis wie auch die Zuschauer darauf hereinfielen.

Wenn man die wahren Führungspersönlichkeiten erkennen will, ist die Sache viel leichter – vorausgesetzt man weiß, worauf man zu achten hat. Nicht die Behauptungen der Person, die sich als Führungspersönlichkeit darstellt, sind entscheidend, sondern vielmehr die Reaktionen der sonst Anwesenden. Denn Führung beweist sich im Folgen der andern.

Begutachten wir hierzu einmal die Reaktionen, die gewisse Menschen bei einer Rede oder einem Gesprächsbeitrag bekommen. Dem Altbundeskanzler Helmut Schmidt bringt man überall sehr viel Respekt entgegen. Egal wo oder wann er spricht, man hört auf ihn. Oder etwa der US-amerikanische Pastor Billy Graham. Er erfährt große Achtung aufgrund seiner zweifelsfreien Integrität und seines langjährigen Dienstes an den Menschen. Seit fast fünfzig Jahren gilt sein Wort etwas bei Leuten von Welt. Jeder Präsident seit Harry Truman hat seine Führungsprinzipien und seinen weisen Rat in Anspruch genommen. Oder man achte darauf, wie sich die Ohren Alan Greenspan zuneigen, wenn er vor dem Abgeordnetenhaus spricht. Die gesamte Finanzgemeinde will wissen, was er über aktuelle Zinsraten zu sagen hat.

Das Prinzip vom Eigentlichen Leiter zeigt sich in beinahe jeder Situation. Über den ehemaligen Basketballspieler Larry Bird las ich eine passende Anekdote. Teamchef Jones nahm gegen Ende eines spannungsgeladenen Spiels eine Auszeit. Als die Spieler sich um ihn versammelten, entwarf er kurz eine Spielstrategie, worauf Bird bloß meinte: „Spielt mir den Ball zu, und dann alle aus dem Weg." Jones entgegnete: „Ich bin der Trainer und ich sage, wie's läuft." Dann wandte er sich an die übrigen Spieler und sagte: „Spielt Larry den Ball zu und dann alle aus dem Weg." Das zeigt uns einfach, dass alle hinhören, wenn die eigentliche Führungspersönlichkeit spricht.

## Menschen werden wahre Leiter durch ...

Wie kristallisieren sich denn solche Führungspersönlichkeiten in einer Gruppe heraus? Wie schon beim Prinzip der Entwicklung erläutert, geschieht Führung nicht von einem Augenblick auf den andern. Genau so ist es mit der Anerkennung als Führungspersönlichkeit. Im Leben von Führungskräften treten in der Regel sieben Elemente hervor, die sie mehr und mehr als Leiter auszeichnen:

### *1. Charakter – wer sie sind*

Echte Führung beginnt immer von innen heraus. Aus diesem Grund kann ein Billy Graham mit den Jahren immer mehr Leute ansprechen und mitziehen. Sie spüren einfach seine große Charakterstärke.

### *2. Beziehungen – wen sie kennen*

Man kann nur Menschen führen, die einem folgen, und das erfordert den Aufbau von Beziehungen. Je tiefer die Beziehung, desto größer das Potenzial für Mitarbeiterführung. Beim Antritt einer leitenden Position achtete ich folglich immer auf den Aufbau guter Beziehungen. Pflegen Sie genügend gute Verbindungen zu den richtigen Leuten und Sie können zum eigentlichen Leiter dieser Organisation werden.

### *3. Information – was sie wissen*

Information ist für eine Führungskraft überaus wichtig. Sie brauchen einfach einen Gesamtüberblick, Verständnis für die involvierten Faktoren sowie eine Vision für die Zukunft. Wissen allein macht keinen zur Führungspersönlichkeit, doch ohne Wissen kann man meist keine werden. Ich habe immer viel Zeit mit den „Hausaufgaben" verbracht, bevor ich mich um die Leitung einer Firma bemühte.

*4. Intuition – was sie erspüren*

Zum Führen braucht es etwas mehr als nur die Beherrschung von Daten. Gefragt ist auch die Fähigkeit, mit Gleichungen von mindestens drei Unbekannten umzugehen (worauf ich beim Prinzip der Intuition noch näher eingehe).

*5. Erfahrung – woher sie kommen*

Je größer die Herausforderungen an Sie in der Vergangenheit waren, desto eher wird man Ihnen eine Chance als Führungskraft geben. Erfahrung ist zwar keine Garantie für Glaubwürdigkeit, doch sie gibt anderen eher den Anlass, dass Sie ihnen Ihr Können unter Beweis stellen dürfen.

*6. Bisherige Erfolge – was sie geschaffen haben*

Nichts spricht Mitarbeiter oder Untergebene mehr an als eine Liste von Erfolgen. Zu Beginn meiner ersten Stelle hatte ich praktisch noch keine, da konnte ich auch nicht auf frühere Erfolge verweisen. Doch beim Antritt meiner zweiten Position gab es schon ein paar. Jedes Mal, wenn ich über mich hinauswuchs, etwas wagte und dabei erfolgreich war, gab es anderen einen zusätzlichen Grund, sich meiner Führung anzuvertrauen und auf meine Meinung zu hören.

*7. Qualitäten – was sie können*

Letztlich kommt es für Mitarbeiter darauf an, was ihr Leiter alles kann. Denn genau darum wird man auf Sie hören und Sie als Führungspersönlichkeit anerkennen. Falls die Mitarbeiter jedoch keine Qualität von Ihnen bekommen, werden sie irgendwann nicht mehr mitmachen.

## Als sie sprach ...

Haben Sie sich das Prinzip vom Eigentlichen Leiter zu eigen gemacht, dann ist Ihnen auch verständlich, dass man einem Menschen nicht unbedingt wegen seinem wichtigen Anliegen zuhört, sondern vor allem aus Achtung vor dem Sprecher selbst.

Daran erinnerte mich kürzlich ein Bericht über Mutter Teresa. Die meisten Menschen sahen sie als zarte kleine Frau im Dienst an den Ärmsten der Armen. Das stimmt natürlich. Doch sie war auch eine echte Führungspersönlichkeit. Lucinda Vardey, die mit Mutter Teresa zusammen das Buch *The Simple Path („Der einfache Weg“)* geschrieben hat, beschreibt die Nonne als „... *die* tatkräftige Unternehmerin überhaupt. Sie hat eine Not erkannt und etwas dagegen getan, trotz aller Widrigkeiten eine Organisation aufgebaut, deren Zweckbestimmung formuliert und schließlich überall auf der Welt für Filialen gesorgt.“

*Einem Menschen hört man nicht unbedingt wegen seinem wichtigen Anliegen, sondern vor allem aus Achtung vor dem Sprecher selbst zu.*

Die von Mutter Teresa gegründete und geleitete Organisation heißt *Schwestern der Barmherzigkeit.* Während andere Ordensgemeinschaften in der Katholischen Kirche einen Mitgliederschwund verzeichneten, erlebten die Schwestern gewaltige Zuwächse: über 4 000 Ordensmitglieder (ohne zahllose Freiwillige) zählt man mittlerweile. Unter Mutter Teresa dienten ihre Mitarbeiterinnen in 75 Ländern rund um den Globus. Allein in Kalkutta errichtete sie ein Waisenheim, ein Leprazentrum, ein Hospiz und ein Heim für Tuberkulose-Kranke und geistig Behinderte. Der Aufbau einer derartigen Organisation kann nur durch eine echte Führungskraft geschehen!

Die Autorin Peggy Noonan berichtet uns von einer Rede, die Mutter Teresa 1994 bei einem Nationalen Gebetsfrühstück in den USA gehalten hat:

Alles, was in Washington Rang und Namen hat, war anwesend plus ein paar tausend Evangelikale, gläubige Katholiken und Juden. Mutter Teresa sprach über Gott, über Liebe, über Familie. Sie sagte, wir müssten einander lieben und füreinander sorgen. Man konnte viele beifällige Stimmen hören.

Doch ihre Rede wurde zunehmend schärfer. Sie sprach von unglücklichen Eltern in Altenheimen, die „verletzt sind, weil sie sich vergessen fühlen“ und fragte: „Sind wir bereit zu geben, bis es weh tut, nur um mit unseren Angehörigen zusammen zu sein, oder setzen wir unsere eigenen Interessen an erste Stelle?“

Die Nachkriegskinder unter der Zuhörern rutschten in ihren Sitzen hin und her. Und Mutter Teresa fuhr fort: „Ich denke, dass der Frieden heutzutage am meisten gestört wird durch die Abtreibungen.“ Ihre Begründung kam klar und deutlich. Ein Schweigen folgte von vielleicht 2 Sekunden, dann donnernder Applaus. Doch nicht alle klatschten – der Präsident und die First Lady, der Vizepräsident Al Gore und seine Frau sahen aus wie unbewegliche Wachsfiguren aus Madame Tussauds Kabinett. Doch Mutter Teresa war hier noch nicht fertig. Als sie dann zum Schluss kam, gab es fast niemand mehr im Saal, der nicht peinlich berührt gewesen wäre.

Wenn irgendein anderer Mensch auf dieser Welt solche Bemerkungen gemacht hätte, wäre die Reaktion der Leute wohl recht heftig ausgefallen – sie hätten den Redner mit Sicherheit ausgebuht, verspottet oder wären aus dem Saal gelaufen. Aber es war Mutter Teresa, die zu jener Zeit vielleicht am höchsten geachtete Persönlichkeit dieses Planeten überhaupt. Also hörte jeder zu, ungeachtet der eigenen, oft völlig gegensätzlichen Meinung. Tatsächlich hörte man Mutter Teresa immer zu. Warum? Sie war eine echte Führungspersönlichkeit, und wenn der wahre Leiter spricht, hört man eben hin.

Ich möchte nun Sie fragen: Wie reagieren die Leute, wenn Sie mit ihnen reden? Hören sie zu, ich meine wirklich zu, wenn Sie sprechen? Oder warten sie darauf, was ein anderer dazu sagt, bevor sie weiter reagieren? Wenn Sie den Mut haben, sich dieser Frage zu stellen, können Sie viel über Ihr persönliches Führungsniveau erfahren. Diese Machtfrage verbirgt sich hinter dem Prinzip vom Eigentlichen Leiter.

# 6

# Das Prinzip vom Festen Boden

*Vertrauen ist das Fundament aller Führung*

Mir persönlich fiel das Prinzip vom Festen Boden im Herbst 1989 auf. In meiner Kirchengemeinde in Kalifornien waren wir schon sehr mit den Vorbereitungen für das weihnachtliche Krippenspiel beschäftigt, dem alljährlichen Großereignis: Mit über 300 beteiligten Personen, einer ausgefeilten, ziemlich professionellen Bühnentechnik und inzwischen über 25 000 Zuschauern pro Saison war das Weihnachtsmusical in zwei Jahrzehnten bereits zu einer festen Institution in San Diego geworden.

Ich hatte gerade einen recht heißen Herbst hinter mir. Einige neu eingerichtete Aufgabengebiete in der Gemeinde benötigten mehr Engagement meinerseits als ursprünglich geplant. Die Musicalvorbereitungen waren in vollem Gang. Obendrein hatte ich einige Vorträge zugesagt, zu denen ich durch das halbe Land reisen musste. Und weil ich so beschäftigt war, kam mein cholerisches Temperament voll zum Tragen. Den großen Fehler machte ich, als ich eilig drei wichtige Entscheidungen traf, ohne dabei die entsprechenden Führungsabläufe zu beachten. Innerhalb einer Woche veränderte ich ein paar Elemente bei dem Krippenspiel, setzte die Sonntagabend-Gottesdienste grundsätzlich ab und entließ jemand vom Personal.

## Nicht die Entscheidung, sondern die Führungskompetenz ist wesentlich

Objektiv gesehen war keine dieser Entscheidungen falsch. Das Weihnachtsmusical profitierte sichtlich von den Änderungen. Der

Abendgottesdienst, eine gern besuchte Veranstaltung vor allem der älteren Generation, baute weder Gemeinde auf noch deckte er ein Bedürfnis ab, dem nicht schon anderweitig begegnet wurde. Und die Entlassung war wirklich längst fällig gewesen.

Der Fehler lag in der Art und Weise, wie ich diese Entscheidungen getroffen hatte. Weil alles in der Gemeinde so gut lief, dachte ich, ich könnte diese auf der Hand liegenden Beschlüsse fassen, ohne die üblichen Schritte gemeinsam mit den anderen durchzugehen. Normalerweise rief ich die Mitverantwortlichen zusammen, führte durch die Tagesordnung, stellte meine Sicht dar, beantwortete Fragen. Danach ließ ich ihnen Zeit, ihren Einfluss auf ihre Mitarbeiter wirken zu lassen, und schließlich teilte ich allen zu gegebener Zeit die offiziellen Entscheidungen mit. Dabei achtete ich darauf, dass alle an ihrem Platz bestätigt wurden und die neu abgesteckte Sicht teilten. Doch diesmal tat ich trotz besserem Wissen nichts dergleichen.

### Das Ergebnis: Misstrauen

Einige Wochen darauf begann ich ein gewisses Unbehagen bei den Gemeindegliedern zu spüren. Die eine oder andere versteckte Kritik war zu hören. Anfangs war ich der Meinung, dass man darüber hinweggehen und einfach weitermachen sollte. Dann jedoch wurde mir klar, dass nicht die Gemeindeglieder, sondern ich das Problem darstellte. Ich hatte die Dinge falsch angepackt. Außerdem war meine Einstellung nicht so positiv wie sonst. Da wusste ich, dass ich das Prinzip vom Festen Boden verletzt hatte. Zum ersten Mal musste ich erleben, dass meine Mitarbeiter mir nicht mehr vertrauten.

*Bei Führungsfragen kann man nicht mal eben eine Abkürzung nehmen, auch wenn man schon lange in der Leitungsverantwortung steht und seine Mitarbeiter kennt.*

Als mir mein Fehler bewusst wurde, bat ich öffentlich um Entschuldigung.

Ihre Mitarbeiter wissen, wann Sie einen Fehler gemacht haben! Es kommt nur darauf an, ob Sie zu ihm stehen oder nicht. Falls ja, kann man das verlorene Vertrauen schnell wieder gewinnen. Bei mir war das nach meiner Entschuldigung der Fall.

Gelernt habe ich daraus, dass man in Führungsfragen nicht mal eben eine Abkürzung nehmen kann, auch wenn man schon lange in der Leitungsverantwortung steht und seine Mitarbeiter kennt.

Es dauerte nicht allzu lange, und ich stand bei den Mitarbeitern wieder auf festem Boden. Denn die Erfolgs- oder Versagensgeschichte eines Leiters spielt bei seiner Glaubwürdigkeit eine große Rolle. Es ist fast wie bei einem Girokonto, auf dem man sein Geld ansammeln kann oder eventuell ausgeben muss: Bei einer guten Führungsentscheidung sammeln Sie etwas an, bei einer schlechten müssen Sie „Lehrgeld" an die Mitarbeiter zahlen.

Jeder Leiter beginnt eine neue Führungsposition sozusagen mit einer Portion Taschengeld. Von da an kann er nun weiteres Kapital ansammeln oder das Geld ausgeben. Trifft er eine schlechte Entscheidung nach der andern, gibt er nur aus. Eines Tages wird er also nach der letzten Fehlentscheidung plötzlich mit leeren Taschen dastehen. Dann kommt es auch nicht auf die Tragweite der Entscheidung an. Ohne Leitungs-Kapital bleibt man letztlich ohne Führungskraft.

Trifft man als Führungskraft aber gute Entscheidungen und fährt dabei ständig ein Plus für die Organisation ein, sammelt man Kapital auf dem persönlichen Konto an. Selbst bei einem groben Fehler kommt dann nicht gleich das Aus als Führungspersönlichkeit, weil noch genügend „Taschengeld" zum Ausgeben vorhanden ist. In San Diego habe ich deshalb erlebt, dass ich das Vertrauen der Leute rasch wieder gewinnen konnte.

### Vertrauen als Fundament aller Führung

Führung baut auf Vertrauen auf! Damit das gelingt, muss eine Führungspersönlichkeit vor allem diese Eigenschaften vertreten: Kompetenz, Kooperation und Charakter. Ihre Mitarbeiter werden gelegentliche Fehler, die mit persönlichen Schwächen zu tun haben, gerne verzeihen, ganz besonders, wenn sie Ihr Bemühen um Führungsreife wahrnehmen. Aber sie werden kaum jemand vertrauen, der an seinen Charakterfehlern nicht arbeitet. Auf diesem Gebiet sind sogar gelegentliche Ausfälle verheerend. Alle effektiven Führungskräfte wissen darum. Craig Weatherup, Präsident und Direktor von PepsiCo, meint dazu: „Echte Fehler werden im Allgemeinen toleriert. Wenn aber das Vertrauen von Mitarbeitern zerstört wird, ist es sehr schwer, es je wieder zu gewinnen. Von daher muss man das Vertrauen zueinander an erste Stelle setzen. Man kann vielleicht seinen Chef, seine Chefin an der Nase herum führen, aber halten Sie nie Ihre Mitarbeiter oder Untergebenen zum Narren."

*Um Vertrauen zu wecken, muss ein Leiter vor allem drei Eigenschaften vertreten: Kompetenz, Kooperation und Charakter.*

Der US-amerikanische General Norman Schwarzkopf weist auf die Bedeutung des Charakters hin mit den Worten: „Führung ist eine mächtige Kombination von Strategie und Charakter. Falls Sie mal eins von beiden fallen lassen müssten, dann lieber die Strategie."

Charakter und Glaubwürdigkeit als Führungspersönlichkeit gehen immer Hand in Hand. So sagte Anthony Harrigan, Präsident des amerikanischen Industrie- und Handelsrats: „Der wesentliche Faktor beim Fall oder Aufstieg von Nationen war schon immer der Charakter. Sicher bildet auch Amerika keine Ausnahme dieser Regel der Geschichte. Wir werden als Staat nicht überleben, weil wir etwa klüger oder kultivierter sind als andre, sondern weil wir – hoffentlich – innerlich stark sind. Daher ist der Charakter das einzig wirksame Bollwerk gegen innere und äußere Kräfte, die zum Zerfall oder zur Zerstörung eines Landes führen."

Charakter ermöglicht Vertrauen. Und Vertrauen macht Führung möglich. Das ist das Prinzip vom Festen Boden.

## Charakter sagt etwas aus

Wenn Sie Menschen führen, willigen diese sozusagen ein, eine Reise mit Ihnen zu unternehmen. Der Verlauf dieser Reise wird dabei durch Ihren Charakter bestimmt. Je länger die Reise ist, desto mehr kommt Ihr guter oder fehlerhafter Charakter zum Tragen und prägt entsprechend, so oder so. Dabei hat niemand Gefallen daran, seine Zeit mit jemand zu verbringen, dem er nicht vertraut.

## Charakter verrät den Mitarbeitern viele Dinge:

### *Charakter verrät Beständigkeit*

Auf Führungskräfte ohne innere Stärke kann man sich nicht Tag für Tag verlassen, da ihre Leistungskurve sich dauernd verändert. Jerry West brachte es auf den Punkt: „Man kriegt einfach nicht viel geschafft, wenn man nur an den Tagen arbeitet, an denen man sich gut fühlt.“ Wenn Ihre Mitarbeiter nicht wissen, was sie von Ihnen als Führungspersönlichkeit gerade erwarten können, wenden sie sich eines Tages von Ihrer Führung ab.

Ende der achtziger Jahre kamen in den USA einige große leitende Persönlichkeiten und bekennende Christen aufgrund moralischer Verfehlungen zu Fall. Gerade ihre mangelnde Beständigkeit beeinträchtigte ihre Fähigkeit, Menschen zu führen, in großem Maße. Außerdem stieg das allgemeine Misstrauen, so dass die Pastoren im Land nun fast durchweg unter Verdacht standen, selbst wenn ihr persönlicher Lebenswandel völlig unauffällig war. Die Charakterfehler der durchgefallenen Führungspersönlichkeiten zerstörten die Grundlage für ihre weitere Führung auf diesem Gebiet im Allgemeinen.

*„Keiner kann die Grenzen seines Charakters überwinden.“*
*John Morley*

Wenn ich andererseits an Führungspersönlichkeiten denke, die beispielhaft für persönliche Beständigkeit sind, kommt mir zuerst Billy Graham in den Sinn. Jeder vertraut ihm, auch wenn die eigene religiöse Überzeugung eine andre sein mag. Warum ist das so? Billy Graham hat nun über ein halbes Jahrhundert einen gediegenen Charakter bewiesen. Er lebt ganz nach seiner Überzeugung. Er macht keine Versprechungen, die er nicht einhalten kann. Ja, er verkörpert schlichtweg persönliche Integrität.

### *Charakter verrät Potenzial*

John Morley behauptet: „Keiner kann die Grenzen seines Charakters überwinden.“ Das gilt beim Thema Führung ganz besonders. Oder nehmen wir mal Eishockey-Coach Mike Keenan als Beispiel. Bis Mitte 1997 verzeichnete er mit seinen Teams eine Menge Rekorde: die fünfthöchste Anzahl an Saisonsiegen, die drittgrößte Anzahl an Play-Off-Siegen, sechs Titel, vier Mal nahm er an den Endspielen in der NHL, der nationalen Eishockey-Liga, teil, und einmal gewann sein Team den Stanley Cup.

Trotz dieser beachtlichen Erfolge konnte Keenan aber nicht lange bei einem Team bleiben. In elfeinhalb Spielzeiten trainierte er vier verschiedene Hockeymannschaften. Und nach seinem Weggang vom vierten Hockeyclub, den St. Louis Blues, fand der Trainer lange keine Anstellung. Wieso nicht? Der Sportjournalist Swift kommentierte: „Dieses Zögern, Keenan anzuwerben, ist sehr verständlich. Egal wo er war, hat er es sich mit den Spielern und im Vorstand verscherzt."

Offenbar herrschte zwischen ihm und den Spielern zu wenig Vertrauen. Das wirkte sich auch auf den jeweiligen Vorstand aus. So verletzte Keenan wohl vor allem das Prinzip vom Festen Boden.

Weatherup erklärt es folgendermaßen: „Vertrauen gewinnt man nicht durch Worte. Dazu gehören vielmehr handfeste Ergebnisse, gepaart mit persönlicher Integrität und einer Art und Weise, die den Mitarbeitern Anerkennung entgegen bringt."

Ist der Charakter einer Führungspersönlichkeit stark, dann vertrauen ihr die Leute und trauen ihr auch zu, dass sie ihr eigenes Potenzial ans Licht bringt. Das vermittelt ihnen nicht nur Hoffnung für die Zukunft, sondern verstärkt auch ihren Glauben an sich selbst und an ihre Organisation.

### *Charakter verrät Respekt*

Wer selbst keine innere Stärke hat, kann auch keinen Respekt von anderen erwarten. Respekt ist aber absolut notwendig für ein lang anhaltendes beständiges Führen. Wie verdient sich eine Führungsperson Respekt? Indem sie gute Entscheidungen trifft, begangene Fehler zugibt und das Wohlergehen der Mitarbeiter und der Organisation an erste Stelle setzt.

Vor einigen Jahren drehte man einen Film („Glory") über Oberst Robert Shaw und sein 54. Infanterieregiment im amerikanischen Bürgerkrieg. Auch wenn ein Teil der Handlung eher fiktiv ist, gibt der Film doch ziemlich wirklichkeitsnah den gemeinsamen harten Weg von Shaws Männern im Krieg wieder – und den Respekt, den sie ihm entgegenbrachten.

*Wie verdient sich eine Führungsperson Respekt? Indem sie gute Entscheidungen trifft, begangene Fehler zugibt und das Wohlergehen der Mitarbeiter und der Organisation an oberste Stelle setzt.*

Der Film zeigt eindrücklich, wie der weiße Offizier Shaw diese erste Einheit von afroamerikanischen Soldaten in der Unionsarmee zusammenstellte. Shaw übernahm die Führung, rekrutierte die Soldaten, wählte die (weißen) Offiziere aus, gab den Männern eine Ausrüstung und bildete sie als Soldaten aus. Er ließ sie dabei tüchtig schuften, denn ihm war bewusst, dass es allein auf ihr Verhalten in der Schlacht ankam, um die Meinung über Schwarze als Soldaten und Bürger in den Augen vieler Nordstaatler für lange Zeit festzulegen. Damit begann eine Beziehung gegenseitiger Achtung.

Nach der mehrmonatigen Grundausbildung erhielten die Männer des 54. Regiments die Gelegenheit, ihr Können unter Beweis zu stellen. Es ging um den Angriff des von den Konföderierten besetzten Fort Wagner in Südkarolina. Russell Duncan schrieb über Shaws Leben und speziell über diesen Angriff: „Mit einer letzten Ermahnung ‚Zeigt's ihnen, Männer!' setzte sich Shaw an die Spitze und befahl: ‚Vorwärts!' Jahre später bemerkte ein Soldat, dass die Truppe so hart kämpfte, weil Shaw nicht hinter, sondern vor ihnen stand."

An jenem Tag wurde fast die Hälfte der sechshundert Infanteristen entweder verwundet, gefangen genommen oder getötet. Trotz ungeheurem Mut konnten sie das Fort nicht einnehmen. Robert Shaw, der seine Soldaten beim ersten Angriff bis zum Rand der Schanzen führte, kam mit seinen Männern ums Leben.

Shaws Verhalten am Kampftag verstärkte die Achtung vor ihm nur noch mehr. Zwei Wochen nach der Schlacht bestätigte ein Feldwebel seines Regiments namens Albanus Fisher: „Mir ist jetzt nur noch mehr nach kämpfen zumute, denn jetzt will ich Rache üben für meinen edlen Oberst."

J.R. Miller kommentiert: „Das Einzige, was mit den Trauernden vom Grab mitgeht und niemals beerdigt wird, ist der Charakter dieses Menschen. Wirklich wahr, was einen Menschen eigentlich ausmacht, überlebt ihn. Das kann man nicht beerdigen."

Shaws Charakter, stark bis zuletzt, hat seinen Männern ein hohes Maß an Achtung vermittelt und lebte auch nach ihm weiter.

Ein guter Charakter führt dazu, dass Menschen einem anderen Menschen vertrauen. Wenn eine Führungspersönlichkeit jedoch dieses Vertrauen bricht, verspielt sie ihre Kompetenz zum Führen. Das ist das Prinzip vom Festen Boden.

Mein Freund Bill Hybels machte mir das kürzlich wieder deutlich. Gemeinsam leiten wir viermal jährlich ein Seminar zum Thema Führen und Kommunizieren mit dem Ziel einer Lebensänderung. Bill berichtete in einer seiner „Lektionen aus einem Führungsalptraum" von Führungsfehlern, die während der Vietnamkrise durch die McNamara-Johnson-Regierung sichtbar wurden: die Unfähigkeit der Regierung, auf große Herausforderungen sofort zu reagieren; die Übernahme falscher Vermutungen; Johnsons Unvermögen, ernsthafte personelle Konflikte zu entschärfen. Was mir jedoch am meisten im Blick auf die amerikanischen Führungsfehler auffiel, war Bills Analyse, dass sie vor allem auf das Versagen – unter anderem McNamaras – zurückzuführen waren, sich den grauenhaften Fehlentscheidungen im Vietnamkrieg zu stellen und sie öffentlich zuzugeben. Dadurch verloren die Männer an der Spitze das Vertrauen des amerikanischen Volkes und verletzten das Prinzip vom Festen Boden. Die Vereinigten Staaten spüren bis heute noch die politischen Nachbeben.

### Eine geerbte Strategie wird zum Führungskiller

Man führte Krieg in Vietnam, als Präsident Kennedy mit seinem Verteidigungsminister Robert McNamara im Januar 1961 ins Weiße Haus einzog. Jene Gegend im Fernen Osten war schon seit Jahrzehnten ein Unruheherd. Die Vereinigten Staaten wurden Mitte der fünfziger Jahre in den Konflikt hineingezogen, als Präsident Eisenhower ein paar US-Truppen als Militärberater dorthin entsandte. Kennedy übernahm zunächst Eisenhowers Politik. Eigentlich wollte man Südvietnam seinen Krieg alleine führen lassen, aber mit der Zeit wurde man immer stärker in die Sache verwickelt. Kurz vor Kriegsende dienten mehr als eine halbe Million amerikanische Soldaten in Vietnam.

Interessant, dass das amerikanische Volk diesen Krieg selbst dann noch unterstützte, als die Anzahl der benötigten Soldaten rasant anstieg – und die der Gefallenen ebenso. Bis 1966 waren über zweihunderttausend Amerikaner in Vietnam gelandet, und eine große Meinungsumfrage bestätigte mit Zweidrittelmehrheit, dass die USA in Vietnam „bleiben und den Kommunismus bekämpfen" sollten. Die meisten Bürger äußerten sich zudem dahingehend, dass die US-Truppen bis zum Ende der Kämpfe aushalten sollten.

## Erst Vertrauen, dann Unterstützung

Doch die öffentliche Unterstützung der Regierungspolitik blieb nicht lange erhalten. Der Krieg in Vietnam uferte aus. Die US-Regierung setzte ihn hartnäckig fort, obwohl schon abzusehen war, dass man hier nicht gewinnen würde. Der schlimmste Fehler bestand aber darin, dass Präsident Johnson und Verteidigungsminister McNamara nicht ehrlich mit dem amerikanischen Volk umgingen. Das verletzte das Prinzip vom Festen Boden und zerstörte letztlich die Führungsfähigkeit jener Regierung.

In seinem Buch *Vietnam. Das Trauma einer Weltmacht* bekennt McNamara später, dass er wiederholt die amerikanischen Verluste heruntergespielt und Halbwahrheiten über den Krieg weitergegeben habe. Er schreibt beispielsweise: „Nach meiner Rückkehr [aus Saigon] am 21. Dezember [1963] war ich nicht sehr ehrlich, als ich der Presse in Washington sagte: ‚Wir beobachten eine beträchtliche Zunahme an Vietkong-Aktivitäten' (wahr) mit der Ergänzung: ‚Wir haben die Pläne von Südvietnam überprüft und sind zu der Überzeugung gelangt, dass sie Erfolg haben werden' (bestenfalls eine Übertreibung)."

Eine Zeitlang wurden diese Aussagen überhaupt nicht hinterfragt, denn es gab keinen Grund, der Führung des Landes zu misstrauen. Mit der Zeit fiel jedoch auf, dass McNamaras Worte nicht mehr mit den Tatsachen übereinstimmten. Genau da begann im Volk der Glaube an die Regierung zu bröckeln. Jahre später gab der Minister sein Versagen zu: „Wir Entscheidungsträger in der Regierung unter Kennedy und Johnson handelten, wie wir meinten, nach den Prinzipien und Traditionen dieses Landes. Wir trafen unsere Beschlüsse im Licht dieser Werte. Und doch lagen wir falsch, völlig falsch."

### Wenn es zu spät ist

Man könnte sagen, dass dieses Eingeständnis dreißig Jahre und achtundfünfzigtausend Menschenleben zu spät kam. Der Preis für Vietnam war hoch, nicht nur an Menschenleben. In dem Maß, wie das Vertrauen des amerikanischen Volkes in seine Führung abnahm, erlosch auch seine Bereitschaft, der Regierung zu folgen. Proteste führten zum offenen Aufstand und zu gesellschaftlichen Unruhen. Die Ära der Hoffnung und des Idealismus, die mit der Person John F. Kennedys verknüpft war, endete schließlich in offen gezeigtem Misstrauen und Zynismus gegenüber Richard Nixon.

Verletzt eine Führungspersönlichkeit das Prinzip vom Festen Boden, so zahlt sie, was Leitung angeht, einen Preis. Die Johnson-Regierung verlor das Vertrauen des amerikanischen Volkes, folglich litt ihre gesamte Führungskompetenz. McNamara dankte als Verteidigungsminister ab. Johnson, der Vollblutpolitiker, erkannte seine geschwächte Position und stellte sich nicht mehr zur Wiederwahl. Doch die Nachbeben hörten hier noch nicht auf. Das einmal gesäte Misstrauen Politikern gegenüber hält auch heute noch in den USA an.

Man kann als Führungspersönlichkeit einfach nicht das Vertrauen seiner Mitarbeiter verletzen und dennoch erwarten, weiterhin Einfluss auf sie zu nehmen. Vertrauen ist das Fundament aller Führung. Sollten Sie das Prinzip vom Festen Boden verletzen, sind Sie als Führungspersönlichkeit unten durch.

# 7

# Das Prinzip vom Respekt

*Menschen folgen der Persönlichkeit, die besser führt als sie*

Sah man sie zum ersten Mal, war die Reaktion nicht unbedingt von Respekt geprägt. Sie wirkte nicht gerade beeindruckend, war klein von Wuchs, Ende dreißig, mit wettergegerbtem Gesicht, konnte weder lesen noch schreiben. Ihre Kleider wirkten grob und lange getragen. Wenn sie lächelte, konnte man ihre Zahnlücken sehen.

Sie lebte allein. Mit 29 Jahren hatte sie ohne ein Wort ihren Mann verlassen. Als er morgens aufwachte, war sie einfach weg! Nur einmal noch sprach sie Jahre später mit ihm, sonst erwähnte sie nie mehr seinen Namen.

Häufig wechselte sie den Arbeitsplatz und blieb ihm manches Mal einfach fern. Meistens arbeitete sie in kleinen Hotels, schrubbte die Böden, räumte die Zimmer auf, half in der Küche. Doch jeden Frühling und Herbst verschwand sie, kam völlig abgebrannt wieder zurück und arbeitete erneut, um das Wenige zum Leben zusammenzukratzen. Wenn sie auf der Arbeit war, rackerte sie sich ab und wirkte körperlich zäh, doch hin und wieder konnte man sie auch plötzlich einnicken sehen – manchmal mitten in einer Unterhaltung. Sie schrieb das einem heftigen Schlag auf den Kopf zu, den sie in einer körperlichen Auseinandersetzung als Teenager erhalten habe.

Wer würde solch einer Frau auch nur einen Funken Respekt entgegenbringen? Ganz einfach: mehr als dreihundert Menschen, die ihr als Sklaven aus den Südstaaten in die Freiheit gefolgt waren – sie schätzten und achteten ihre Führungspersönlichkeit. Genau wie fast jeder in Neu-England, der die Sklaverei in Amerika abschaffen wollte. Man schrieb das Jahr 1857. Die Frau hieß Harriet Tubman.

## Eine Führungspersönlichkeit unter anderem Namen

Harriet Tubman wurde schon mit Anfang dreißig „Mose“ genannt, weil es ihr gelang, zahlreiche Menschen aus der Sklaverei zu führen. Tubman wurde 1820 selbst als Sklavenkind geboren und wuchs im ländlich geprägten Maryland auf. Mit 13 Jahren erhielt sie jene Kopfverletzung, an der sie ihr Leben lang litt. Sie hielt sich gerade in einem Laden auf, als ein weißer Aufseher sie um Mithilfe bat, einen flüchtigen Sklaven auszupeitschen. Als sie das verweigerte und dem Aufseher den Weg versperrte, warf der ihr ein kiloschweres Gewicht an den Kopf. Tubman schwebte längere Zeit zwischen Leben und Tod und erholte sich nie vollständig von dieser schweren Verletzung.

Mit 24 Jahren heiratete sie John Tubman, einen freien Schwarzen. Als sie ihn zu überreden versuchte, in den Norden zu fliehen, wollte er nichts davon wissen. Er drohte sogar, sie zu verraten. Harriet Tubman versuchte 1848 die Flucht ohne jede Vorankündigung. Später gab die Autorin Sarah Bradford ein Gespräch mit Harriet Tubman wieder: „Ich hatte mir Folgendes überlegt: Ich hatte das Recht auf eins von zwei Dingen – Freiheit oder Tod. Wenn das eine nicht ginge, so würde ich das zweite wählen, da keiner mich lebend kriegen sollte. Solange ich konnte, würde ich für die Freiheit kämpfen und, falls ich gehen müsste, mich dem Herrn überlassen.“

Harriet schaffte es bis Philadelphia/Pennsylvanien. Unterstützt wurde sie dabei von der Untergrundbewegung Underground Railroad, die sich aus freien Schwarzen, weißen Abolitionisten und Quäkern zusammensetzte. Sie halfen zahllosen flüchtigen Sklaven aus den Südstaaten. Obwohl Tubman nun frei war, schwor sie nach Maryland zurückzukehren, um auch ihre Familie herauszubekommen. 1850 ging sie auf ihren ersten Einsatz als „Lokführer“ und brachte mit Hilfe von anderen Sympathisanten fluchtbereite schwarze Sklaven in den freien Norden.

## Eine Führungspersönlichkeit aus Stahl und Eisen

Im Sommer wie im Winter arbeitete Harriet als Hotelgehilfin und kratzte jeden Cent für ihre Reise in den Süden zusammen. Und jeden Frühling und Herbst riskierte sie ihr Leben, um immer mehr Sklaven in die Freiheit zu führen. Unbeeindruckt von den tödlichen Gefahren setzte sie sich für das angegebene Ziel ein. Gerieten Menschen in ihrer Obhut ins Wanken, blieb sie hart und geradlinig wie Stahl. Denn Harriet wusste, dass zurückgekehrte Sklaven gefoltert wurden, um Informationen über ihre Helfer auszuplaudern. Deshalb erlaubte sie keinem auf der Flucht aufzugeben. „Nur Tote erzählen keine Geschichten", sagte sie einmal zu einem verunsicherten Sklaven während der Flucht und hielt ihm eine Pistole an den Kopf. „Weiter geht's, oder du bist tot."

Zwischen 1850 und 1860 führte Harriet Tubman mehr als dreihundert Menschen aus der Gefangenschaft, darunter auch viele ihrer Angehörigen. Insgesamt führte sie 19 Einsätze durch und verlor keinen einzigen ihrer Schützlinge. „Ich habe meinen Zug nie aus der Spur gebracht", sagte sie, „und nicht einen einzigen Passagier verloren."

Weiße aus den Südstaaten setzten 12 000 US $ auf ihren Kopf aus – damals ein regelrechtes Vermögen. Die Schwarzen nannten sie einfach Mose. Bis zu Beginn des Bürgerkriegs führte sie mehr Menschen aus der Sklaverei heraus als irgendein anderer amerikanischer Bürger, sei er nun schwarz oder weiß, Mann oder Frau.

## Wachsender Respekt

Harriet Tubmans Aktivitäten verschafften ihr immer mehr Respekt – nicht nur unter Schwarzen, die von der Freiheit träumten. Auch einflussreiche Nordstaatler beider Rassen suchten sie auf. Immer öfter wurde sie als Rednerin in vielen öffentlichen und privaten Veranstaltungen in den Städten von Pennsylvanien, Massachusetts, New York und Ontario eingeladen. Prominente wie Senator William Seward, der später Abraham Lincolns Außenminister wurde, suchten ihren Rat ebenso wie der ausgesprochene Abolitionist und Ex-Sklave Frederick Douglass. Ebenso der politische Revolutionär John Brown. Er nannte sie immer „General Tubman“, weil sie „ein besserer Offizier war als die meisten, die er kannte, denn sie könne erfolgreich zahlreiche Truppen von Flüchtlingen befehligen“. Das ist der Kern des Prinzips vom Respekt.

### Ein Führungszeugnis

Als typische Management-Kandidatin wäre Harriet Tubman wohl ausgefallen, da die Karten von vornherein für sie schlecht gemischt waren. Sie hatte keine Ausbildung, lebte in einem Gebiet, das Afroamerikaner nicht respektierte, und arbeitete hart in einem Land, das Frauen noch nicht einmal das Wahlrecht gewährte. Und trotzdem wurde sie eine unglaublich starke Führungspersönlichkeit. Ursache dafür ist einfach, dass Menschen gerne einem Leiter folgen, der stärker ist als sie selbst. Die Menschen in Harriets Umfeld bemerkten ihre große Führungskompetenz und fühlten sich von ihrer Leitungsfähigkeit angezogen. Genau so wirkt das Prinzip vom Respekt.

### Kein Ratespiel

Menschen folgen anderen nicht aus Zufall. Sie folgen denen, deren Leitung sie respektieren. Wer auf einer Skala für Führungsqualifikation von 1 bis 10 auf 8 steht, folgt sicher nicht gerne einer auf Stufe 6 qualifizierten Person, sondern hält Ausschau nach jemand aus dem Bereich 9 oder 10. Die weniger geschickten folgen den besser geeigneten Leitern. Zwar kann es vorkommen, dass mal eine starke Führungspersönlichkeit einer schwächeren folgt. Doch geschieht das meist nicht ohne Grund. Ursache hierfür kann die vorgegebene Position oder der frühere Erfolg des anderen sein, vielleicht liegt es auch einfach an der übernommenen Befehlskette innerhalb der Hierarchie. Im Allgemeinen fühlen sich Mitarbeiter aber schlicht zu Menschen hingezogen, die bessere Leiter sind als sie selbst.

*Wer einen Menschen als Persönlichkeit achtet, bewundert ihn. Wer ihn als Freund/in schätzt, liebt ihn. Und wer in ihm eine(n) Leiter/in sieht, folgt ihm.*

Schauen wir uns einmal an, was innerhalb einer Gruppe von Leuten passiert, die sich zum ersten Mal treffen. Schon bald übernehmen die Leiter in der Gruppe die Führung. Sie denken vor allem an die Richtung, welche sie einschlagen wollen, und wen sie gerne dabei hätten. Zuerst beobachten alle die unterschiedlichen Ansätze und die verschiedenen Richtungen, doch nach kurzer Zeit orientieren sich die Teilnehmer an den stärksten Führungspersönlichkeiten und folgen deren Vorschlägen.

Gewöhnlich entdeckt jemand mit Führungskompetenz diese auch sehr schnell bei anderen – oder auch ihr Fehlen! So schließen sich die Leute in der Gruppe bald den stärksten Führungspersönlichkeiten an. Oder sie verlassen die Gruppe und verfolgen eigene Ziele.

***Führungspersönlichkeiten gehen ihren Weg schon beim ersten Treffen***

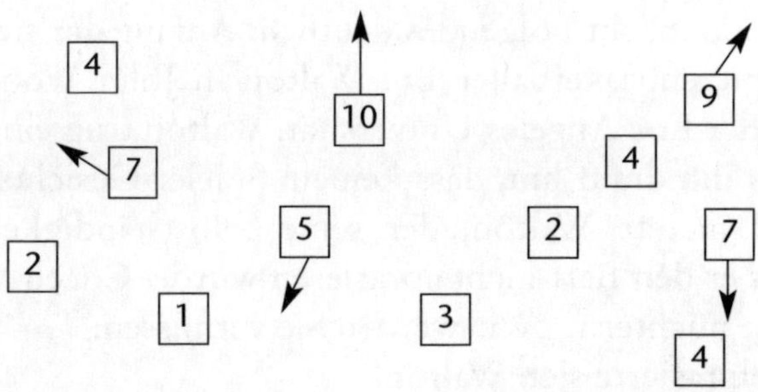


***Viele ändern ihre Richtung und folgen den stärksten Führungspersönlichkeiten***

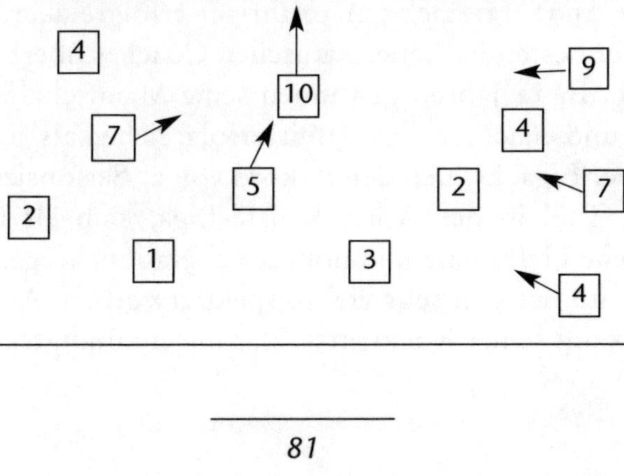

***Teilnehmer formieren sich und folgen jeweils stärkeren Führungspersönlichkeiten***

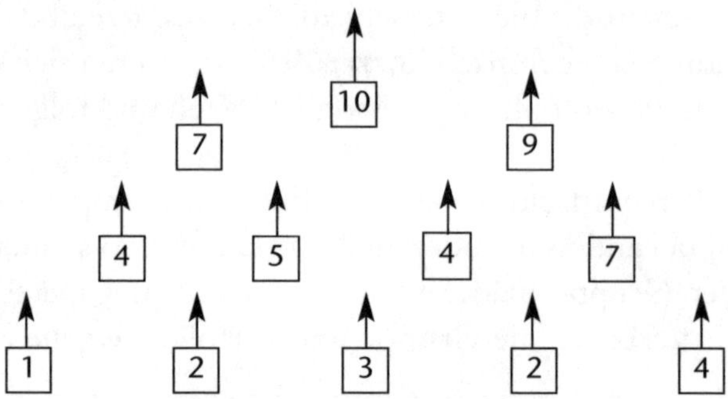


Dieses Prinzip macht Folgendes deutlich: Anfang der siebziger Jahre kam der Spitzenbasketballer Bill Walton in John Woodens Mannschaft von der Los Angeles Universität. Walton trug einen Bart. Der Coach wies ihn drauf hin, dass keinem Spieler Gesichtshaar erlaubt sei. Darauf meinte Walton, der seine Selbstständigkeit bewahren wollte, dass er den Bart nicht abrasieren würde. Coach Wooden entgegnete ihm nüchtern: „Wir werden Sie vermissen."

Natürlich rasierte sich Walton.

## Eine anerkannte Führungspersönlichkeit kann gut zurücktreten

Im Oktober 1997 trat nach gut 30jähriger erfolgreicher Trainertätigkeit einer der besten US-amerikanischen Coaches überhaupt zurück: Dean Smith. In 32 Jahren gewannen seine Mannschaften insgesamt 879 Spiele und machten ihn damit erfolgreicher als jeden anderen Trainer seiner Liga. Er hielt den Rekord von 27 Saisonsiegen in Folge, gewann 13 Titel in der Atlantikküste-Liga, kam elf Mal ins US-amerikanische Halbfinale und holte zwei Nationalsiege.

Dean Smith hat sich sehr viel Respekt erworben. Als er die Pressekonferenz mit seiner Rücktrittserklärung ankündigte, waren sofort zahllose Stimmen zu hören, die sein Lebenswerk in höchsten Tönen lobten. Sogar der Präsident der Vereinigten Staaten griff zum Telefonhörer und rief Dean Smith persönlich an.

## Seine engsten Mitarbeiter respektierten ihn am meisten

Das Prinzip vom Respekt zeigt sich allerdings am besten da, wo man sich Smiths Umgang mit den Spielern einmal genauer ansieht. Sie schätzten ihn aus vielen Gründen. Er brachte ihnen vieles bei, nicht nur im Basketball, auch im Leben allgemein. Er trieb sie zu guten akademischen Leistungen an, und schaffte mit fast jedem Spieler den Uni-Abschluss. Er half ihnen zu gewinnen. Und er bewies ihnen unglaublich viel Loyalität und Achtung. So spielte Charlie Scott, der in Smiths Team aufgebaut wurde und die Universität 1970 abschloss, später in der Profi-Liga und arbeitete dann als Marketing Direktor für die Champion Products GmbH. Über seine Erfahrungen in Smiths College-Team schrieb er zurückblickend:

Als einer der ersten Schwarzen im College-Verband überhaupt hatte ich so meine eigenen Kämpfe als Spieler und Student an der Nordkarolina-Uni. Aber Trainer Smith setzte sich immer für mich ein. Einmal, als wir nach einem Spiel gegen Südkarolina vom Platz gingen, beschimpfte mich ein gegnerischer Fan als „großer schwarzer Affe“. Da mussten zwei Helfer kommen und Smith zurückhalten, damit er nicht auf jenen Jungen losging. Ich hatte Trainer Smith noch nie so aufgebracht erlebt und war schockiert. Aber vor allem war ich stolz auf ihn. In seiner Zeit als Trainer des Nordkarolina-Teams prägte Smith das gesamte Umfeld. Unter seiner Leitung gewann man nicht nur zahllose Spiele. Viele Spieler qualifizierten sich auch als Profispieler, darunter auch der legendäre Michael Jordan, der nicht nur ein begnadeter Dribbel-Künstler ist, sondern auch eine hochqualifizierte Führungspersönlichkeit.

Michael Jordans Vater James hat Smith und seinem Coaching sehr viel vom Erfolg seines Sohnes zugeschrieben. Vor einem Play-off-Spiel 1993 in Chicago bemerkte er einmal:

Die Leute unterschätzen Smiths Programm mit seinen Spielern.

Smith hat Michael geholfen, seine athletischen Fähigkeiten zu erkennen und auszubauen. Doch darüber hinaus hat er an Michaels Charakter gearbeitet, und genau das war eigentlich ausschlaggebend für seine Karriere. Ich glaube nicht, dass Michael etwa mehr beigebracht wurde als anderen dort. Hand in Hand mit dem Unterricht bekam er ein Persönlichkeitsgerüst aufgebaut. Nur so kann ich das sehen und ich denke, genau das hat aus Michael solch einen super Spieler gemacht.

In den letzten Jahren hat Michael Jordan sehr darauf bestanden, nur unter Coach Phil Jackson zu spielen, den er für den Besten in diesem Geschäft hält. Das macht Sinn, denn eine Führungspersönlichkeit wie Michael Jordan möchte einer starken Führungspersönlichkeit folgen. So lautet das Prinzip vom Respekt. Es kann gut sein, dass dieser Wunsch schon aus der Zeit stammt, als der junge, entwicklungsfähige Jordan noch von dem starken Trainer Dean Smith angeleitet und betreut wurde.

## Wie viele werden folgen?

Man kann den Respekt einer Führungspersönlichkeit gegenüber auf vielfache Weise messen, doch der größte Test für die Mitarbeiter kommt vielleicht dann, wenn eine Führungspersönlichkeit größere Veränderungen innerhalb seiner Organisation durchführen will. Das erlebte ich selbst 1997 beim Umzug meiner Firma INJOY aus San Diego/Kalifornien nach Atlanta/Georgia. Die Entscheidung traf ich bereits 1996 auf einer Reise durch China, die ich zusammen mit meiner Frau Margaret unternahm. Als wir den Umzug und unsere Erwartungen miteinander besprachen, begann ich auch meinen Einfluss unter den wichtigsten Leuten in der Firma abzuwägen. Ich ging meine persönliche Geschichte mit jedem von ihnen sowie meine Führungsstärke ihnen gegenüber gedanklich einmal durch und schätzte, dass wahrscheinlich die Hälfte von ihnen zu diesem gewaltigen Umzug bereit wäre. Margaret meinte auch, diese Einschätzung könne stimmen.

*Der größte Achtungs-Test kommt vielleicht dann, wenn man größere Veränderungen innerhalb seiner Organisation durchführen will.*

Nachdem nun INJOY-Präsident Dick Peterson und ich uns monatelang mit all den nötigen Umzugsvorbereitungen beschäftigt hatten, begann ich damit, alle Schlüsselpersonen einzeln auf diese Entscheidung hin anzusprechen. Und einer nach dem andern meinte, er würde gerne nach Atlanta mitgehen. Ich hatte ja 50 Prozent Zusagen erwartet. Wie freute es mich, nun lauter positive Antworten all meiner leitenden Mitarbeiter zu bekommen – also 100 Prozent!

Nach etwa einem Jahr konnte ich erfreut feststellen, dass all meine Führungskräfte sich gut in Atlanta eingelebt hatten. Warum waren sie alle quer über den Kontinent mitgegangen? Ich weiß zwar, dass ein Grund darin liegt, dass diese Leute etwas bewegen und daher Teil unserer Vision in der Firma sein wollen. Ein anderer mag sein, dass ich viel Zeit und Kraft in unsere Beziehung gesteckt habe und sie diese Wertschätzung mögen. Doch es gibt noch eine andere wesentliche Ursache. Die genannten Gründe hätten nicht ausgereicht, wäre ich selbst ein schwacher Leiter. Da ich aber immer an der Verbesserung meiner Führungsqualitäten gearbeitet habe, konnte ich andere starke Leiter hinter mir wissen. Wer selbst eine 9 oder 10 im Bereich Führungskompetenz ist, folgt nicht gerne einer 7 – so läuft das eben beim Thema Leitung. Das genau steckt hinter dem Prinzip vom Respekt.

# 8

# Das Prinzip der Intuition

*Führungspersönlichkeiten sehen aus einem verantwortlichen Blickwinkel*

Sicher kennen Sie den Ausspruch: Nur die Fakten, bitte! Von allen Führungsprinzipien ist wohl das Prinzip der Intuition am schwierigsten zu verstehen. Warum? Es hängt eben an viel mehr als nur den reinen Fakten. Das Prinzip der Intuition basiert auf Tatsachen plus Instinkt und weiteren ähnlichen schwer fassbaren Faktoren. Sehr häufig liegt Erfolg einfach an der Intuition einer Führungspersönlichkeit – das unterscheidet manchmal die Guten von den Besten. Ich möchte Ihnen von einem Gespräch berichten, das ich vor ein paar Jahren mit Tim Elmore, einem meiner Angestellten, führte. Es soll uns einen Einblick in das Prinzip der Intuition vermitteln.

## Die Situation erfassen und prompt reagieren

In San Diego bewarben sich gerade drei Spieler um die Quarterback-Position, den Posten des Spielmachers im Footballteam der Chargers. Tim fragte, wen ich für den aussichtsreichsten Kandidaten hielt, worauf ich sofort meinte: „Stan Humphries."

*Eine Führungspersönlichkeit erfasst schnell die Situation und weiß instinktiv, nach welcher Strategie man vorgehen muss.*

„Wirklich? Warum denn der? Humphries ist zu klein und hat angeblich nicht genug Disziplin beim Krafttraining", wunderte sich Tim. „Er sieht irgendwie nicht wie ein Quarterback aus."

„Das macht gar nichts. Er ist die bessere Führungspersönlichkeit. Schau ihm mal beim Spiel zu, wie er fast jede

Lage richtig erfasst, die wirksamste Strategie auswählt und dann durchzieht. Er wird die Position kriegen."

Und so war es auch. Und Humphries war so gut, dass er das eigentlich recht schwache San Diego Team 1995 zur Superbowl-Meisterschaft führte.

Im Profisport braucht man über körperliche Fähigkeiten nicht zu reden. Die sind Voraussetzung. Was im Sport die Guten von dem Rest unterscheidet, ist die Intuition. Die Besten können Dinge erfassen, die andere nicht sehen und variieren ihr Verhalten zielorientiert, bevor die anderen überhaupt merken, was los ist.

## Gut fundierte Intuition

Wie im American Football Spielmacher geschult werden, erfuhr ich, als ich von Coach Larry Smith an die Universität von Südkalifornien eingeladen wurde. Einen Tag vor einem wichtigen Spiel sollte ich einen Vortrag vor der Mannschaft halten. Während der obligatorischen Führung besuchte ich auch das Strategie-Zimmer des Teams. Rundum auf Schultafeln bedeckten Zeichnungen von allen nur erdenklichen Spielsituationen die Wände – je nach Feldposition, Entfernung von der Endzone und Ballbesitz. Und für jede Spielsituation hatten die Trainer eine bestimmte Spielstrategie entworfen, die das Team zum Sieg führen sollte. Basis dafür war ihre jahrelange Erfahrung und ihr intuitives Erfassen des Spiels. All diese Faktoren bildeten den Ansatz und die Vorgabe, mit denen man in das Spiel hineingehen und gewinnen wollte. Die drei Quarterbacks des Teams mussten nun jede einzelne Spielstrategie auswendig lernen.

Am Vorabend des Spiels beobachtete ich, wie die Trainer den drei jungen Männern nun eine Spielsituation nach der andern entgegenschleuderten und sie sollten immer die richtige Strategie dazu nennen. Nach der Trainingseinheit bemerkte ich, wie der eine Spielmacher sein Nachtlager im Strategie-Zimmer aufschlug, und meinte: „Gehen Sie nicht zum Schlafen nach Hause?"

„Nein", antwortete er. „Ich bleibe Freitag abends immer hier, damit ich mir nochmals alle Spielvarianten einprägen kann."

„Ja ja, aber Sie haben doch alle auf dem Blatt da vorliegen und nehmen das morgen zum Spielfeldrand mit", sagte ich.

„Darauf kann ich mich nicht verlassen", war seine Antwort, „denn eigentlich habe ich keine Zeit für den Spielzugzettel. Sehen Sie, wenn der Spieler mit dem Ball den Boden mit dem Knie berührt, muss ich bereits genau wissen, welchen neuen Spielzug ich jetzt bekannt gebe. Dann kann ich nicht noch lange überlegen, was nun vielleicht am besten wäre."

Er will und muss die gesammelte Intuition der Trainer ganz spontan umsetzen. Hier geht es also um eine Art wissende Intuition.

## Ihr Blickwinkel: Verantwortliche Führung

Die wissende Intuition von Trainern und Spielmachern während des Wettkampfes ähnelt dem Anspruch an Führungskräfte. Führungspersönlichkeiten sehen alles aus einem bestimmten Blickwinkel: aus dem des Verantwortlichen. Und sie reagieren instinktiv, beinahe automatisch. Schnelle Auffassungsgabe verbunden mit kurzfristiger Entscheidungsfähigkeit können wir bei allen großen Führungspersönlichkeiten beobachten. Schauen wir uns einmal die Karriere von US-General Norman Schwarzkopf an. Immer wieder musste er Kommandos übernehmen, die andere gerne umgingen, aber er beherrschte durch seine umfassende Intuition und Handlungsstärke die jeweilige Situation.

*Durch seine umfassende Intuition und Handlungsstärke beherrschte Norman Schwarzkopf immer wieder die jeweilige Situation.*

Nach siebzehn Dienstjahren bekam Norman Schwarzkopf schließlich sein erstes Kommando über ein Bataillon. In diesem Dezember 1969 befand sich der Oberstleutnant auf seiner zweiten Reise durch Vietnam. Dort sollte er das Erste Bataillon der Sechsten Infanterie übernehmen, „die Erste der Sechsten". Doch weil diese Truppe einen ausgesprochen schlechten Ruf hatte, nannte man sie auch „die Schwerste der Sechsten“. Kurz vor der Kommandoübernahme hatte die Einheit bei der jährlichen Inspektion jämmerliche sechzehn von hundert Punkten erreicht. Jetzt sollte Schwarzkopf in nur vier Wochen diese Soldaten auf Trab bringen.

### Der Blick durch die Führungsbrille

Nach der offiziellen Befehlsübergabe überreichte der bisherige Befehlshaber Schwarzkopf eine Flasche Whisky: „Den werden Sie brauchen. Na ja, ich hoffe, Sie kommen besser zurecht als ich. Ich habe versucht sie anzuführen – so gut ich konnte –, aber das ist eine lausige Truppe, sage ich Ihnen. Schlechte Moral. Mieser Auftrag. Viel Glück auch!“ Damit ging er.

Schwarzkopf ahnte bereits, dass er in einer misslichen Lage steckte, aber sie war sogar noch schlimmer, als er befürchtet hatte. Sein Vorgänger hatte die einfachsten Führungsprinzipien außer Acht gelassen. So hatte er sich beispielsweise nie nach draußen gewagt, um seine Truppen zu kontrollieren – und die Folgen waren fatal. Das ganze Bataillon versank im Chaos. Die Offiziere wirkten gleichgültig, grundlegende Sicherheitsvorkehrungen waren nicht getroffen worden, manche Soldaten starben unnötig. Der frühere Befehlshaber hatte Recht: eine lausige Truppe mit schlechter Moral. Aber das führte er nicht auf seine eigene Schwäche zurück. Vertraut man auf Schwarzkopfs Situationsanalyse, dann wird deutlich, dass der Vorgänger die Lage nie richtig einschätzte und deshalb als Kommandant völlig versagte.

Intuitiv agierte Schwarzkopf in den ersten Wochen und führte aktiv Änderungen durch. Militärische Regeln wurden wieder durchgesetzt, Truppenübungen angesetzt, ein eigener Mitarbeiterstab aufgebaut und den Soldaten Sinn und Ziel ihrer Aufgabe vermittelt. Als nach dreißig Tagen die nächste Inspektion kam, bestand die Truppe die Prüfung. Und die Männer merkten langsam: Hey, wir können es schaffen. Wir haben auch Erfolg. Wir sind also nicht mehr „die Schwerste der Sechsten“. Als sichtbare Folge der verbesserten Truppenmoral starben weniger Soldaten, und die Abläufe im Bataillon funktionierten, wie sie sollten. Schwarzkopfs Führungsstärke war derart effektiv, dass seine Truppe Monate später bereits für schwierige Missionen ausgewählt wurde. Aufträge dieser Art konnten nur von einer disziplinierten, gut geführten Gruppe mit hoher Moral ausgeführt werden.

### Eine Herausforderung an die Führungsstärke

Einige Zeit später wurde Schwarzkopf das Kommando über eine Brigade angeboten. Erneut nahm er eine Stellung an, die andere abgelehnt hatten, und wurde so zum Nachfolger von einem weiteren unfähigen Leiter. Die Einheit hieß offiziell „Erste Aufklärungs- und Kommando-Brigade der Neunten Infanterie zu Fort Lewis", doch die Leute nannten sie zuletzt nur noch die „Zirkusbrigade".

Schwarzkopfs Intuition sagte ihm, dass seine Leute eigentlich gut waren. Probleme hatten sie, weil ihnen falsche Ziele gesetzt worden waren. Also rief er seine Offiziere zusammen, stellte neue Prioritäten auf und übergab ihnen die Verantwortung, selbst die Soldaten auf den richtigen Weg zu führen. Während er diese Veränderungen vornahm, stand ihm sein Ziel für die Truppe klar vor Augen. Er wollte sie für den Kampf rüsten. Menschen brauchen ein gemeinsames Ziel, um zügig aktiv zu werden.

Zunehmend wurde die Einheit besser. Eine schwächere Führungspersönlichkeit hätte vielleicht versucht, die Leute nicht zu stark zu fordern, während sie gerade ihr Selbstbewusstsein wiedergewannen, doch Norman Schwarzkopf spürte, dass sich seine Männer auf eine gemeinsame Aufgabe stürzen mussten. Also suchte er eine und wurde bald fündig: das große Wüstenmanöver im kommenden Sommer.

*Menschen brauchen ein gemeinsames Ziel, um zügig aktiv zu werden.*

Schwarzkopf holte sich die Zusage seines Vorgesetzten, dass seine Brigade die Division bei dem Manöver vertreten dürfe. Dann stürzte er sich in die Aufgabe, seine Truppe gut vorzubereiten. Als es schließlich so weit war, traten die drei Bataillone von Schwarzkopf gegen 13(!) Marine-Bataillone an. Dabei erzielten sie so gute Ergebnisse, dass der Kommandeur der gegnerischen Übungseinheit, ein Zwei-Sterne-General, nach dem Manöver nicht mehr mit Schwarzkopf redete.

### Wie Führungspersönlichkeiten denken

Intuitiv sehen Führungspersönlichkeiten die Dinge aus einer von Verantwortung geprägten Position. Manche Menschen kommen mit viel Führungsintuition auf die Welt, andere müssen sehr daran arbeiten. Egal woher sie nun kommt, Tatsache ist, dass Intuition eine Mischung aus natürlicher Begabung und gelernten Fertigkeiten ist. Diese gut fundierte Intuition filtert führungsrelevante Themen klar heraus. Am besten kann man die Ausgangsposition einer Führungspersönlichkeit damit beschreiben, dass sie auch schwer zu fassende Faktoren in den Griff zu bekommen versucht, sie verstehen und zum Erreichen ihrer Ziele nutzbar machen kann.

*Natürliche Begabung und erlernte Fertigkeiten bilden gemeinsam eine Art wissende Intuition, von der Führungspersönlichkeiten ihr Handeln mitbestimmen lassen.*

Intuition verhilft Führungspersönlichkeiten letztlich dazu, die zahlreichen unbestimmten Faktoren des Lebens einzuordnen:

*Leiter haben ein Gespür für ihre Situation*

In allen möglichen Lebenssituationen lesen Führungspersönlichkeiten auch „zwischen den Zeilen“. So war ich als Pastor meiner Gemeinde in San Diego immer wieder mal ein, zwei Wochen auf Dienstreise. Und richtig: Nach den üblichen Gesprächen mit den Mitarbeitern über die aktuell anliegenden Dinge kristallisierte sich dann meist ein zuvor bereits intuitiv wahrgenommenes Problem deutlicher heraus.

*Führungspersönlichkeiten spüren die Trends*

Alles um uns herum steht in einem großen Gesamtzusammenhang. Führungspersönlichkeiten können für einen Moment aus dem aktuellen Geschehen zurück treten und den Kontext sehen – aber nicht nur woher man kam, sondern auch wohin man gemeinsam geht. Es scheint beinahe so, als könnten sie Veränderungen in der Luft riechen.

*Führungspersönlichkeiten haben ein Gespür für ihre Mittel*

Zwischen Führungspersönlichkeiten und Managern gibt es einen großen Unterschied. Erfolgreiche Manager denken an das, was sie tun und leisten können. Erfolgreiche Führungspersönlichkeiten betrachten hingegen jede Lage im Blick auf ihre vorhandenen Ressourcen: Geld, Rohmaterial, Technologie und, ganz wesentlich, Menschen. Sie wissen, dass Menschen ihr größtes Kapital sind.

*Führungspersönlichkeiten haben ein Gespür für Menschen*

Präsident Lyndon Johnson behauptete, dass man beim Betreten eines Raumes feststellen können muss, wer für und wer gegen einen ist – sonst gehöre man nicht in die Politik. Das gilt auch für den Bereich der Führung. Führungspersönlichkeiten spüren, was in den Leuten vorgeht, und erkennen deren Hoffnungen, Befürchtungen und Sorgen.

*Führungspersönlichkeiten haben ein Gespür für sich selbst*

Nicht zuletzt leben Führungspersönlichkeiten auch von einer gesunden, ausgewogenen Selbsteinschätzung – dazu gehört das Wissen um die Stärken, Fähigkeiten, Schwächen und den eigenen momentanen Zustand. Sie wissen um die tiefe Wahrheit, die James R. Lovell prägnant zusammen gefasst hat: „Keiner kann große Dinge schaffen, der nicht völlig aufrichtig sich selbst gegenüber ist."

### Die eigene Identität bestimmt die Sichtweise

Warum gelang es grade Norman Schwarzkopf, schwierige Aufgaben zu lösen? Die Antwort gibt uns das Prinzip der Intuition. Andere

Offiziere hatten die gleiche Ausbildung hinter sich und kommandierten die gleiche Truppe. Daran lag es also nicht. Auch war Schwarzkopf nicht unbedingt intelligenter als seine Kollegen. Was er mitbrachte, war seine starke Führungsintuition. Er agiert bewusst aus der Position einer Führungspersönlichkeit, die Verantwortung für die ganze Tragweite übernehmen will.

*Wer Sie sind, gibt vor, was Sie sehen.*

Wer Sie sind, gibt vor, was Sie sehen. Vielleicht haben Sie mal den Film The Great Outdoors gesehen. Ich jedenfalls erinnere mich an eine ganz prägnante Szene. Ein Mann namens Chet (alias John Candy) macht mit seiner Familie Urlaub an einem See. Plötzlich bekommt er Besuch von seinem Schwager Roman (Dan Aykroyd), der eine etwas dubiose Rolle spielt. Ins Gespräch vertieft sitzen sie zu zweit auf der Veranda des Ferienhauses, von dem aus man den See und ein riesiges Waldgebiet überblickt. Roman, ein richtiger Geschäftemacher, erzählt Chet von seiner Vision: „Ich sag' dir, was ich hier vor mir sehe ... Ich sehe die unterentwickelten Gebiete von Minnesota, Wisconsin und Nordmichigan. Ich sehe schon, wie ein gemeinsames Entwicklungskonsortium über anderthalb Milliarden Dollar an Holzprodukten verdient. Ich sehe eine Papiermühle und, falls man wirklich Erz hier findet, eine Mine – außerdem einen Grünstreifen zwischen den Ferienhäusern und einer Müllverarbeitungsanlage ... Jetzt frage ich dich, was siehst du?"

„Ich, äh, ich sehe nur Bäume", antwortet Chet.

„Na ja", meint Roman, „man kann dir nicht gerade vorwerfen, dass du eine zu große Vision hast."

Chet sah Bäume, weil er zum beschaulichen Betrachten der Natur hier war. Roman sah wirtschaftliche Chancen, weil er ein Geschäftsmann war, der nach Verdienstmöglichkeiten Ausschau hielt. Wie man seine Umgebung sieht, hängt davon ab, wer man ist.

## Führungsintuition: Drei Ebenen

Ich denke, jeder kann ein gewisses Maß an Führungsintuition entwickeln, auch wenn wir nicht alle am gleichen Punkt beginnen. So kann man wohl im Blick auf Intuition alle Menschen auf einer der drei folgenden Ebenen ansiedeln:

*1. Ebene: die geborenen Führungspersönlichkeiten*

Manche Menschen werden schon mit Ausnahmefähigkeiten im Führungsbereich geboren. Sie verstehen andere instinktiv und wissen, wie man Menschen von Punkt A nach Punkt B führt. Schon als Kinder bewähren sie sich als Anführer. Schon auf dem Spielplatz kann man beobachten, wie alle anderen diesem Kind folgen. Menschen mit solch einer natürlichen Führungsintuition können darauf bauen und Führungspersönlichkeiten erster Güte werden. Oft macht diese natürliche Begabung den Unterschied aus zwischen einer 9 – ein ausgezeichneter Leitungstyp – und einer 10 – eine Weltklasse-Führungspersönlichkeit.

*2. Ebene: die angelernten Führungspersönlichkeiten*

Nicht jeder Mensch ist von Geburt an perfekt mit Führungsqualitäten ausgestattet, aber jeder kann die bei sich vorhandenen Fähigkeiten ausbauen und weiterentwickeln. Die Art und Weise, wie eine Führungskraft zu denken, nenne ich wissende Intuition. So kann auch jemand ohne angeborene Leitungsgabe ein ausgezeichneter Chef werden. Doch wird sich seine Intuition nicht weiterentwickeln und bis zu ihrem Lebensende einseitig bleiben für wesentliche Dinge in ihrer Führung.

*3. Ebene: die Uninteressierten*

Ich bin davon überzeugt, dass fast alle Menschen Führungskompetenz und -intuition entwickeln können. Nur sehr selten treffe ich einen Menschen, der absolut kein Verständnis für Leitungsfragen hat – und auch kein Interesse daran findet, entsprechende Führungseigenschaften zu entwickeln. Solche Menschen wollen und werden sich immer als Mitgänger oder Mitarbeiter ohne Verantwortung sehen.

## Führungspersönlichkeiten lösen Probleme nach dem Intuitionsprinzip

Wenn Führungspersönlichkeiten sich einem Problem gegenüber sehen, bewerten sie es nicht nur automatisch nach dem Prinzip der Intuition – sondern sie suchen auch intuitiv ihren Lösungsansatz. Führungspersönlichkeiten bewerten die Dinge aus ihrer Führungsverantwortung heraus.

*Wenn Führungspersönlichkeiten sich einem Problem gegenüber sehen, bewerten sie es nicht nur automatisch nach dem Prinzip der Intuition – sondern sie suchen ihren Lösungsansatz.*

Betrachten wir in diesem Zusammenhang einmal die jüngste Entwicklung bei Apple Computer. Hier kam Führungsintuition richtig ins Spiel. Die Erfolgsstory von Apple ist ja allgemein bekannt. 1976 wurde die Firma von Steve Jobs und Steve Wozniak in der väterlichen Garage gegründet. Nur vier Jahre später ging das Unternehmen an die Börse und eröffnete mit 4,6 Millionen Aktien zu 22 US $ pro Aktie. Gut vierzig Angestellte und Investoren wurden über Nacht zu Millionären.

Aber die Apple-Geschichte verlief nicht immer positiv. Mit dem Erfolg, dem Börsenwert und der Kundengewinnung ging es jahrelang auf und ab. Steve Jobs verließ Apple 1985 nach harten Auseinandersetzungen mit dem zwei Jahre zuvor eingestellten Geschäftsführer John Sculley, dem ehemaligen Präsident von Pepsi. 1993 rückten Michael Spindler und 1996 Gilbert Amelio an Sculleys Stelle. Doch keiner von ihnen konnte an die früheren Erfolge anknüpfen. In den besten Zeiten hatte Apple bis zu 14,6 Prozent aller Personalcomputer in den USA verkauft. 1997 betrug der Marktanteil gerade noch 3,5 Prozent. Da beschloss man bei Apple, wieder auf seinen Gründer Steve Jobs zurückzukommen. Die schwächer gewordene Firma glaubte an seine Führungsfähigkeiten.

### *Apple* neu erfinden

Steve Jobs überblickte die Situation intuitiv und begann sofort zu handeln. Er wusste, dass ohne einen Wechsel in der Führung sich die

Lage unmöglich verbessern ließ, und ersetzte fast alle Vorstandsmitglieder durch neue Leute. Auch die Geschäftsführung veränderte sich positiv unter seiner Leitung.

Nach dieser Neubesetzung wandte er sich dem Dreh- und Angelpunkt der Firma zu. Er wollte wieder dahin zurückkommen, was Apple schon immer meisterhaft verstand: seine Einzigartigkeit nutzen, besondere Produkte auf den Markt zu bringen. Jobs sagte: „Wir haben uns die Palette unserer Neuentwicklungen angesehen und über 70% gestrichen, aber 30% der wirklich guten behalten. Außerdem kommen noch einige neue Dinge hinzu, die dem Computer eine völlig neue Perspektive verleihen."

Jobs wünschte sich auch ein besseres Marketing. Daher verabschiedete er sich von der bisherigen Werbeagentur und ließ drei andere für den Auftrag in Wettstreit treten.

Keine dieser Aktionen überraschte die Beobachter. Doch Steve Jobs stellte das Prinzip der Intuition bei einer anderen Sache heraus: Er traf eine Entscheidung, die absolut gegen die für Apple übliche Richtung lief. Mit intuitivem Führungsgeschick wagte er einen ungeheuren Sprung nach vorn. Er verbündete sich mit dem Mann, den Apple-Angestellte als ihren Erzfeind betrachteten – Bill Gates. Jobs erklärte dazu: „Ich rief ihn an und meinte, Microsoft und Apple sollten mehr zusammenarbeiten, aber wir müssten noch diese Sache klären, diesen Streit über geistiges Eigentum. Lösen wir das Problem doch gemeinsam."

Sie verhandelten und kamen schnell zu einem Vergleich, womit die Klage von Apple gegen Microsoft beendet werden konnte. Bill Gates versprach Zahlungen an Apple und investierte 150 Millionen US $ in stimmrechtslose Aktien. Das machte den Weg frei für eine Zusammenarbeit und brachte der Firma das nötige Kapital. Das Ganze war ein typisch intuitiver Zug. Bei Jobs Ankündigung der neuen Allianz vor den Apple-ergebenen Mitarbeitern wurde er gnadenlos ausgebuht. Aber an der Wall Street stieg der Börsenwert sofort um 33 % auf 26,31 US $.

*Ohne einen Wechsel in der Führung ließ sich die Lage unmöglich verbessern.*

Bei Apple sieht es ganz nach einem Wandel aus. In dem Jahr vor Jobs' Rückkehr beliefen sich die vierteljährlichen Verluste auf über eine Milliarde US-Dollar. Im ersten Viertel des Wirtschaftsjahres 1998 jedoch ergab sich ein Reingewinn von 47 Millionen US $. Ob Apple seine früheren Erfolge auf Dauer wiederholen wird, kann man nicht voraussagen, aber jetzt haben sie wenigstens eine gute Ausgangsbasis am Neuen Markt.

*Führung ist mehr Kunst als Wissenschaft.*

Führung ist eigentlich mehr eine Kunst als eine Wissenschaft. Die Führungsprinzipien bleiben dieselben, doch ihre Anwendung kann bei jeder Führungspersönlichkeit und jeder Situation anders ausfallen. Daher ist Intuition nötig. Ohne sie bekommt man leicht Scheuklappen – mit das Schlimmste, was einer Führungskraft passieren kann. Wenn Sie lange an der Führungsspitze bleiben wollen, müssen Sie das Prinzip der Intuition befolgen.

# 9

# Das Prinzip der Anziehungskraft

*Gleich und Gleich gesellt sich gern*

Effektive Führungskräfte halten ständig Ausschau nach guten Mitarbeitern. Ich habe den Eindruck, dass wir Leiter so etwas wie eine innere Checkliste bei uns tragen, nach der wir die Leute begutachten, ob sie in unsere Organisation passen. Überlegen Sie mal: Wissen Sie, wen Sie zur Zeit genau suchen? Wie sieht Ihre Vorstellung von einem perfekten Mitarbeiter aus? Welche Eigenschaften kennzeichnen ihn? Hätten Sie ihn gerne unternehmerisch und dynamisch? Suchen Sie nach Führungskräften? Spielt das Alter eine Rolle – ob ein flotter Zwanziger oder ein versierter Fünfziger? Nehmen Sie sich doch einfach jetzt einen Augenblick Zeit und tragen Sie in die kleine Aufstellung hier die Eigenschaften ein, die Sie gerne bei Ihren Mitarbeitern sehen. Füllen Sie den Bogen aus, bevor Sie weiterlesen.

***Meine Mitarbeiter sollten diese Qualitäten mitbringen:***

| | |
|---|---|
| ______________________________ | __________ |
| ______________________________ | __________ |
| ______________________________ | __________ |
| ______________________________ | __________ |
| ______________________________ | __________ |

Was wird nun der entscheidende Faktor sein, ob Sie Ihre Wunschvorstellung erfüllt bekommen – also ob die neuen Mitarbeiter auch die gesuchten Eigenschaften mitbringen? Die Antwort mag Sie überraschen. Denn Sie werden nicht unbedingt das bekommen, was Sie sich wünschen. Was Sie bekommen, wird durch Ihre Persönlichkeit bestimmt. Gehen Sie jetzt noch einmal die obige Liste durch und prüfen Sie, ob vielleicht jede der gewünschten Eigenschaften eine Ihrer persönlichen Stärken ist. Haben Sie zum Beispiel geschrieben: „fähiger Leiter“ und Sie sind selbst eine hervorragende Führungskraft, dann passt das gut zusammen und Sie können ein Häkchen dahinter machen. Ist Ihre eigene Führungskompetenz aber eher durchschnittlich, tragen Sie ein X ein mit dem Vermerk „mittelgute Führungskraft“. Haben Sie geschrieben „unternehmerisch“ und besitzen diese Eigenschaft selbst, dann tragen Sie dazu ein ÷ ein. Ansonsten kommt ein Kreuzchen dahinter, und so weiter. Schauen Sie die Liste nun noch einmal ganz durch.

*Was Sie bekommen werden, ist nicht durch Ihre Wünsche festgelegt, sondern durch Ihre Persönlichkeit.*

Sehen Sie jetzt eine Menge X vor sich, gibt es ein Problem, denn die beschriebenen Mitarbeiter sind nicht der Typ von Mensch, der Ihnen gerne folgen wird. Meistens zieht man nämlich Menschen an, die ähnlich gelagert sind. Das ist das Prinzip der Anziehung: Sie ziehen magnetisch an, was Sie selbst sind.

## Vom Musizieren zum Führen

Schon als Kind hat meine Mutter die positive Seite des Sprichworts nahe gebracht: Gleich und Gleich gesellt sich gerne. Ich hoffte auf den Wahrheitsgehalt des Sprichworts und spielte deshalb viel mit meinem älteren Bruder Fußball. Er war sehr sportlich, und ich dachte, auf diesem Weg würde ich auch ein guter Sportler ... Als Jugendlicher stellte ich instinktiv fest, dass gute Schüler meist mit andern guten Schülern etwas gemeinsam unternahmen, die Leistungsschwachen mit den Leistungsschwachen. Doch so richtig habe ich die Folgen dieses Prinzips erst verstanden, als ich nach San Diego in den Gemeindedienst ging.

Mein Vorgänger an der Skyline Church war Dr. Orval Butcher, ein wunderbarer Mensch mit vielen Qualitäten. Eine seiner besonderen Begabungen ist seine Musikalität. Er spielt nicht nur ausgezeichnet Klavier, sondern hat selbst heute noch eine herrliche irische Tenorstimme. Als ich 1981 in die Gemeinde kam, war sie seit Jahren landesweit bekannt für ihre ausgezeichnete Musikarbeit. Sehr viele begabte Sänger und Musiker waren hier Mitglied. Und in den ganzen 27 Dienstjahren von Pastor Butcher arbeiteten nur zwei Kirchenmusiker für ihn – ein wahrer Rekord. (Zum Vergleich: Während meiner 14 Jahre in dieser Gemeinde hatte ich fünf Angestellte für diesen Bereich.)

*Eine Führungspersönlichkeit kann auch Leute finden und einstellen, die anders sind als er selbst. Doch solche Menschen fühlen sich nicht automatisch zu ihm hingezogen.*

Warum gab es gerade hier so viele herausragende musikalische Leute? Die Antwort findet man im Prinzip der Anziehung: Pastor Butcher zog musikalisch Begabte auf natürliche Weise an. Sie achteten und verstanden ihn. Sie teilten seine Motivation und seine Werte. Sie hatten dieselbe Wellenlänge. Ich dagegen mag zwar Musik, bin aber selbst kein Musiker. Es war lustig, als mich der Kirchenvorstand beim Vorstellungsgespräch gleich fragte, ob ich singen könne. Sie waren recht enttäuscht, als ich verneinte.

Nach meinem Dienstantritt nahm die Zahl der Musiker rasch ab. Wir hatten immer noch überdurchschnittlich viele musikalische Gemeindeglieder, weil Pastor Butcher hier viel Anschub geleistet und ein entsprechendes Erbe hinterlassen hat. Doch wissen Sie, welche Art Leute nun verstärkt in die Gemeinde kamen? Führungskräfte! Als ich Jahre später dort wegging, gab es nicht nur Hunderte hervorragende Führungskräfte in der Gemeinde, sondern es waren auch genau so viele führungsbegabte Männer und Frauen von der Gemeinde zugerüstet und ausgesandt worden. Das kann man schlicht mit dem Prinzip der Anziehung begründen. Unsere Gemeinde wirkte wie ein Magnet auf Leute mit Führungseigenschaften.

## Leute wie Sie werden auf Sie zukommen

Selbstverständlich kann eine Führungspersönlichkeit auch Mitarbeiter finden, die anders sind als sie selbst. Gute Führungskräfte wissen genau, dass eins der Erfolgsgeheimnisse darin besteht, die eigenen Schwächen durch andere Kräfte auszugleichen. Dann können sie sich besser auf ihre Stärken konzentrieren, während andere Mitarbeiter jene Anliegen übernehmen, die sonst vernachlässigt würden. Doch im Hinterkopf muss man behalten, dass anders gelagerte Menschen sich nicht automatisch zu Ihnen als Persönlichkeit hingezogen fühlen. Auch Führungstypen ziehen eher Menschen an, die ihnen ähnlich sind.

Deutlich konnte man das beim Football-Team der *Dallas Cowboys* in der NFL sehen. In den sechziger und siebziger Jahren hatte das Team ein makelloses Image. Als Präsident und Manager war Tex Schramm im Team und Tom Landry als Coach. Die Footballspieler waren Leute wie Roger Staubach, der auch „Captain Comeback" hieß, ein Familienvater mit einer ähnlich gesunden Einstellung wie Tom Landry selbst. Damals wurden die *Cowboys* schlicht „Amerikas Team" genannt und waren eine der beliebtesten Mannschaften im ganzen Land. Nicht nur Charakter, Talent und Erfolg der einzelnen Spieler sorgten für diese Begeisterung, sondern vor allem der Teamgeist. Und der Erfolg der Mannschaft zog weitere Spitzenspieler an.

In den letzten zehn Jahre ist in Dallas jedoch ein ganz anders geprägtes Team entstanden. Man hat sich umorientiert und das Image hat sich gewandelt. Statt Teamwork steht in einer eher lose zusammengewürfelten Truppe der Einzelspieler im Vordergrund, der beständig auf dem Absprung zum nächsten Verein am eigenen Profil arbeitet. (Leider könnte man immer noch sagen, dass es ein typisches „Amerika-Team" ist, da unser Land sich ebenfalls gewandelt hat.) Mehrere Spieler wie zum Beispiel Michael Irvin fanden sich auf der anderen Seite des Gesetzes wieder. Selbst Coach Barry Switzer steckte öfter in Schwierigkeiten, beispielsweise als er versuchte, eine geladene Waffe durch die Sicherheitskontrollen am Flughafen zu schmuggeln.

Warum hat sich das Gesicht der Mannschaft so drastisch verändert? Das liegt am Prinzip der Anziehung. 1989 gab es Veränderungen im Vereinsvorstand der *Cowboys*. Der neue Vorsitzende, Jerry Jones, denkt sehr stark individualistisch und unternimmt häufig Dinge im Alleingang. Es machte ihm nichts aus, einfach eigene Werbeverträge mit Schuh- und Getränkeherstellern abzuschließen, obwohl alle anderen NFL-Teams bereits einen gemeinsamen Vertrag mit einem Konkurrenten hatten.

Kein Wunder also, dass der Ruf der *Cowboys* gelitten hat – trotz mancher Siege im Super Bowl. Der ehemalige Coach des Marquette University Basketballteams, Al McGuire, bekannte einmal: „Die Mannschaft sollte praktisch eine Ausdehnung der Trainerpersönlichkeit sein. Meine Teams waren arrogant und destruktiv.“ Ich meine sogar, eine Sportmannschaft kann *nur* eine Erweiterung der Trainerpersönlichkeit sein. In Dallas hat man das erkannt und einen Coach berufen, dessen fester Charakter und positive Lebenseinstellung weniger egoistische Spieler anziehen soll. Mit genügend Zeit kann es gelingen, dass das Prinzip der Anziehung wieder für die Dallas Cowboys im positiven Sinn arbeitet.

## Worin sind sie gleich?

Vielleicht haben Sie inzwischen über die Mitarbeiter nachgedacht, die Sie in Ihre Organisation gezogen haben. Möglicherweise denken Sie dabei: „Nun, mir fallen mindestens zwanzig Eigenschaften ein, die mich von meinen Leuten unterscheiden.“ Meine Antwort lautet: „Selbstverständlich. Aber wer sich zu Ihnen hingezogen fühlt, hat bestimmt mehr Ähnlichkeit als Unterschiede aufzuweisen, besonders auf einigen wichtigen Gebieten.“

*Wenn Sie meinen, Ihre Mitarbeiter haben eine negative Einstellung, dann prüfen Sie mal Ihre eigene ...*

Wenn Sie folgende Merkmale betrachten, werden Ihnen wahrscheinlich die vielen Gemeinsamkeiten zwischen Ihnen und Ihren Mitarbeitern in diesen Schlüsselbereichen auffallen:

*Grundhaltung*

Ich habe selten beobachtet, dass sich positiv und negativ denkende Menschen gegenseitig anziehen. Wer das Leben als eine Reihe von Gelegenheiten und herrlichen Chancen betrachtet, hört nicht gerne andere dauernd von den Negativseiten reden. Das gilt jedenfalls für mich. Mir fällt auch kein Mitarbeiter in meiner Umgebung ein, der eine negative Grundhaltung hätte. Und wenn Sie mit einem der vier Direktoren oder den Topmanagern in meinen Firmen sprechen würden, kämen Sie auch schnell zu dem Ergebnis, dass sie alle besonders positiv denkende Menschen sind.

*Generation*

Menschen ziehen meist Gleichaltrige an. Meine Spitzenleute sind dafür ein gutes Beispiel. Drei von vier meiner Direktoren sind nur ein, zwei Jahre älter oder jünger als ich. Dasselbe Muster zeigt sich auch auf anderen Gebieten – nehmen wir zum Beispiel einen Manager bei *InJoy*. Kevin Small, Abteilungsleiter für das Marketing der Seminare, ist ein intelligenter, vorwärts strebender junger Mann Mitte zwanzig. Nun, welche Art Mitarbeiter umgibt ihn wohl? Es sind überwiegend intelligente, dynamische Twens. Gleich und Gleich gesellt sich eben gern.

*Hintergrund*

In Kapitel 3 habe ich Theodore Roosevelt bereits erwähnt. Eine seiner denkwürdigen Leistungen ist die gewagte Entscheidung, im Spanisch-Amerikanischen Krieg den San Juan Hill mit den Rough Riders zu besetzen. Man sagt, dass es eine höchst interessante Gruppe Freiwilliger war, die Roosevelt hier als Reitertruppe persönlich rekrutierte. Sie bestand hauptsächlich aus zwei Arten von Männern: wohlhabende Adlige aus dem Nordosten und Cowboys aus dem Wilden Westen. Wieso das? Roosevelt war selbst ein in Harvard ausgebildeter Spross einer aristokratischen Familie aus New York, der einen echten Cowboy und Großwildjäger des Westens aus sich machte. Selbst ein durch und durch starker Anführer in diesen beiden unterschiedlichen Welten, zog er Menschen aus diesen beiden Welten an.

*Werte*

Menschen fühlen sich zu Führungskräften mit ähnlicher Gesinnung hingezogen. Denken wir nur einmal an jene Leute, die sich 1960 nach der Präsidentschaftswahl um John F. Kennedy scharten. Er war ein junger Idealist, der die Welt verändern wollte, und zog leicht andere mit demselben Profil an. Als er das Friedenskorps ins Leben rief und junge Leute zum Dienst aufforderte mit den Worten: „Fragt nicht, was unser Land für euch tun kann – fragt lieber, was ihr für euer Land tun könnt", da traten Tausende junge, nach Idealen strebende Menschen vor, um diese Herausforderung anzunehmen.

Dabei spielt es keine Rolle, ob die gemeinsamen Werte nun positiv oder negativ sind. Die Anziehung ist in jedem Fall stark. Denken wir nur an „den Führer" Adolf Hitler. Er war ein sehr starker Anführer (was uns sein großer Einfluss damals beweist). Doch seine Grundwerte waren durch und durch faul. Und welche Leute zog er damit an? Führungskräfte mit ähnlich geprägten Werten: Hermann Göring, Gründer der Gestapo; Joseph Goebbels, ein erbitterter Antisemit und Kopf von Hitlers Propagandaapparat; Reinhard Heydrich, Vizekommandeur der Geheimpolizei, der den Befehl zu Massenhinrichtungen an Oppositionellen gab, sowie Heinrich Himmler, oberster Befehlshaber der SS und Leiter der Gestapo, der die systematische Ermordung der Juden in Gang setzte. Das waren alles einflussreiche Köpfe, bei aller schrecklichen Fantasie, die sie dabei offenbarten.

Das Prinzip der Anziehung hat Kraft. Ihnen werden also auch vorrangig Leute folgen, deren Charakter ähnlich ist wie der Ihre.

*Lebenserfahrung*

Lebenserfahrung ist ein weiterer anziehend wirkender Bereich. Spreche ich zum ersten Mal vor einer mir bis dato unbekannten Zuhörerschaft, kann ich meist schon nach dreißig Sekunden sagen, welcher Art von Referat diese Leute zuhören können. Konnte derjenige ihnen etwas sagen, das weiter geholfen hat, dann hören sie auch bei meinen ersten Worten gespannt zu. Man sieht das an ihren Gesichtern. Sie haben hohe Erwartungen, ihre Körpersprache ist positiv und sie zücken schnell ihren Stift, um sich Notizen zu machen. Haben Leute aber zuletzt unter langweiligen Referenten gelitten, deren Thesen dem Leben nicht standhalten, dann nutzt das Auditorium die Veranstaltung eher zu einem Entspannungsschlaf.

*Je besser Sie selbst als Leiter sind, desto fähigere Leute werden Sie anziehen.*

*Führungskompetenz*

Nicht zuletzt wirkt man besonders auf jene Art von verantwortlichen Mitarbeitern, deren Führungskompetenz der eigenen am ähnlichsten ist. Wie ich schon beim Prinzip vom Respekt sagte, folgen Menschen gerne einem, der stärker ist als sie. Doch muss man auch das Magnet-Prinzip berücksichtigen, nach dem man grundsätzlich ähnlich geprägte Leute anzieht. Liegt Ihre Führungsfähigkeit also zum Beispiel auf Level 7 (siehe Kap. 1), werden Sie wahrscheinlich eher auf Leute mit Nr. 5 oder 6 anziehend wirken als auf die mit einer Führungsfähigkeit von 2 oder 3. Ihre verantwortlichen Mitarbeiter werden Ihnen in ihrem Denken und Handeln ähnlich sein.

## Geschichte ändert ihren Lauf

Im amerikanischen Bürgerkrieg gibt es ein klassisches Beispiel für das Prinzip der Anziehung. Als sich die Südstaaten von der Union abtrennten, stellte sich die Frage, für welche Seite sich die Generäle entscheiden würden. Robert E. Lee galt als der fähigste General im ganzen Land. Präsident Abraham Lincoln bot ihm das Oberkommando über die ganze Unionsarmee an. Doch Robert Lee hätte niemals gegen seine Heimat Virginia vorrücken können. So lehnte er das Angebot ab und schloss sich der Konföderation an – und mit ihm die besten Generäle.

Hätte Lee sich entschieden, für die Union einzutreten, wären ihm viele andere gute Generäle in den Norden gefolgt. Der Bürgerkrieg hätte wahrscheinlich sehr viel kürzer gedauert, vielleicht zwei Jahre statt fünf – und das Leben von Hunderttausenden wäre verschont geblieben. Dies soll nur illustrieren, dass Sie umso fähigere Leute anziehen, je besser Sie selbst als Führungspersönlichkeit sind. Und das hat eklatante Auswirkungen auf alles, was sie tun.

*Wenn Sie meinen, Ihre Mitarbeiter könnten kompetenter sein, dann sollten Sie an der Verbesserung Ihrer Führungsfähigkeit arbeiten.*

Wie schätzen Sie Ihre leitenden Mitarbeiter eigentlich ein? Sind es die starken, fähigen, potentiellen Führungskräfte, die Sie sich wünschen? Oder könnten sie besser sein? Denken Sie daran: ihre Kompetenz hängt nicht in erster Linie ab von dem jeweiligen Bewerbungsprozess, dem Personalbüro oder gar von der Bewerberauswahl vor Ort. Es liegt an Ihnen! Ihre Persönlichkeit zieht Gleichgesinnte an. Das meint das Prinzip der Anziehung.

# 10

# Das Prinzip der Beziehung

*Führungskräfte rühren das Herz an, bevor sie um Hilfe bitten*

Ich rede sehr gerne mit Leuten. Es macht mir unwahrscheinlich Freude, ja ich liebe es geradezu zu kommunizieren. Obwohl ich mittlerweile über dreißig Jahre als Referent unterwegs bin, suche ich nach Wegen und Möglichkeiten, mich noch weiter zu verbessern. Bietet sich die Möglichkeit, lerne ich gute Kommunikatoren gerne persönlich kennen. Kürzlich flog ich nach San Jose, Kalifornien, um an einer hochkarätigen Veranstaltung der örtlichen Handelskammer teilzunehmen. Mark Russell war da, der so effektiv mit Humor umgeht; Mario Cuomo, leidenschaftlich in allem, was er sagt; der brillante Malcolm Forbes, dessen Durchblick viele Dinge in einem neuen Licht erscheinen lässt; und Colin Powell, dessen zuversichtliche Haltung allen Sicherheit und Hoffnung vermittelt.

All jene Redner kamen mächtig an und konnten unglaublich gut eine Verbindung zu den Zuhörern aufbauen. Doch so gut sie auch waren, konnte doch keiner meinem persönlichen Favoriten das Wasser reichen: Elizabeth Dole.

## Bester Freund der Zuhörer

Von Beruf Anwältin, war Elizabeth Dole Kabinettsmitglied in Reagans und Bushs Regierung. Derzeit ist sie Präsidentin des Amerikanischen Roten Kreuzes. Elizabeth Dole ist eine einzigartige Kommunikatorin. Es ist ihre besondere Gabe, ihren Zuhörern zu vermitteln, dass sie wirklich persönlich interessiert an ihnen ist. In San Jose gab sie mir das Gefühl, hier am rechten Platz zu sein. Für unser Anliegen in diesem Buch ist es wichtig zu wissen, dass Elizabeth Dole wirklich weiß, wie man mit Leuten eine Beziehung aufbaut.

Diese Fähigkeit zeigte sich für alle sichtbar 1996, als sie beim Parteitag der Republikaner eine Rede hielt. Als Elizabeth Dole an jenem Abend vor das Publikum trat, spürte man, dass hier quasi die beste Freundin vor einem stand. Selbst ich empfand dieses Gefühl, obwohl ich dabei zu Hause im Wohnzimmer vor dem Fernsehgerät saß. Nach ihrer Rede wäre ich ihr überall hin gefolgt, wenn sie mich gerufen hätte.

### Bob Dole kommunizierte nicht

Hauptredner auf diesem Parteitag war Bob Dole, Elizabeths Ehemann, Präsidentschaftskandidat der Republikaner. Wie unterschiedlich waren die kommunikativen Fähigkeiten des Ehepaares. Wo Elizabeth Dole freundlich und entgegenkommend war, erschien Bob Dole streng und distanziert. Während des gesamten Wahlkampfs schien er nie die Brücke zu den Leuten zu finden.

Auch beim Bundestagswahlkampf kommen viele unterschiedliche Faktoren zusammen. Doch ist sicher die Fähigkeit eines Kandidaten, den Kontakt zu den Wählern zu finden, nicht zu unterschätzen. So ist Helmut Kohl nach 16 Jahren als Regierungschef nicht zuletzt daran gescheitert, dass sein Kontrahent Gerhard Schröder wesentlich besser mit dem Fernsehpublikum kommunizieren konnte als der Altkanzler.

### Das Herz kommt zuerst dran

*Das Herz kommt vor dem Kopf.*

Effektive Führungskräfte wissen, dass man erst das Herz der Menschen berühren muss, bevor man sie um Hilfe, um einen Gefallen bittet. Das ist mit dem Prinzip der Beziehung gemeint. Alle großen Kommunikatoren kennen diese Grundregel und handeln beinahe instinktiv danach. Man kann Menschen nur zu Aktionen bewegen, wenn man zuerst einmal ihre Emotionen anspricht. Das Herz kommt vor dem Kopf.

Vom afroamerikanischen Politiker Frederick Douglass berichtet der Journalist Lerone Bennet: „Er brachte die Zuhörer zum *Lachen*, wenn er einen Sklavenhalter nachahmte, der über die christliche Pflicht des Gehorsams predigte. Er ließ sie die Erniedrigung eines schwarzen Sklavenmädchens *sehen*, das brutal von ihrem Herrn vergewaltigt wurde, und das Schluchzen einer Mutter *hören*, die man von ihrem Kind getrennt hat. Durch ihn konnten Menschen weinen, schimpfen und Dinge *spüren* – durch ihn konnten sie Sklaverei *erleben*."

## Öffentliche und private Beziehungen

Eine Beziehung zu Menschen baut man nicht dadurch aus, dass man zu Leuten spricht. Beziehung geschieht im Miteinander von Einzelnen. Je stärker eine Beziehung und Verbindung zwischen einzelnen Menschen besteht, desto eher wollen Mitarbeiter ihrer Führungskraft helfen.

*Je stärker die Beziehung und die Verbindung zwischen einzelnen Menschen ist, desto eher wollen Mitarbeiter ihrem Vorgesetzten helfen.*

Das ist eine der wichtigsten Prinzipien, die ich meinen Angestellten versucht habe beizubringen. Meine Mitarbeiter in der *Skyline*-Gemeinde stöhnten schon, wenn ich gebetsmühlenartig wiederholte: „Die Leute interessiert nicht, wie viel du weißt, wenn sie nicht zugleich spüren, wie sehr du dich um sie kümmerst", aber sie wussten auch, dass das stimmt. Bei Menschen, zu denen man eine Beziehung aufbaut, gewinnt man an Glaubwürdigkeit und kann ihnen zeigen, dass man wirklich an ihrer Weiterentwicklung interessiert ist.

Die besten Führungskräfte können auf beiden Ebenen eine Verbindung schaffen: mit Einzelnen wie mit größeren Gruppen. Dafür kann Ronald Reagan als glänzendes Beispiel dienen. Seine Art, mit Leuten in seiner Umgebung ein gutes Verhältnis aufzubauen, schlug sich auch in seinem Spitznamen als Präsident nieder: der Große Kommunikator. Doch er konnte auch gut Kontakt mit Menschen in seiner nächsten Umgebung aufnehmen. Seine Redenschreiberin Peggy Noonan erzählte, dass alle im Weißen Haus aufhörten zu arbeiten, wenn sein Hubschrauber nach einer langen Dienstreise auf dem Rasen landete, und die Angestellte Donna Elliott wird gerne mit ihrem Standardsatz zitiert: „Daddy kommt nach Hause!"

Ein deutlicher Hinweis auf die Zuneigung, die man ihm dort entgegenbrachte.

Sie brauchen allerdings nicht das Charisma eines Ronald Reagan, um ein gutes Verhältnis zu Ihren Mitarbeitern aufzubauen. Manchmal entdeckt man diese Fähigkeit, wo man sie am wenigsten erwartet. Das fiel mir auf, als ich von Sonny Bonos Tod las. Trotz seiner Erfolge auf der politischen Ebene – als Bürgermeister von Palm Springs und als Abgeordneter im Repräsentantenhaus – kennen die meisten Sonny Bono aus seiner Zeit als Popsänger. Man nahm ihn oft nicht ernst. Er trug verrückte Klamotten, wurde häufig von seiner Frau Cher ausgelacht und konnte nicht singen. Aber der Mann wusste, wie man Beziehungen pflegt, wirklich pflegt. Bei seinem Begräbnis sagte Newt Gingerich, damals Parlamentssprecher, über Bono:

„Man sah ihn an und dachte: ‚Das kann kein Prominenter sein.' Er lächelte, sagte was, und man sagte sich: ‚Das kann kein ernstzunehmender Mensch sein.' Vier Witze und zwei Geschichten später schüttete man ihm das Herz aus und er half bei der Lösung eines Problems. Und spätestens da wurde einem klar, man steht einem äußerst hilfsbereiten Menschen gegenüber, der die Arbeit nicht scheut und viele große persönliche Fähigkeiten mit seinem herrlichen Humor überdeckte sowie dem Wunsch, den andern größer zu machen als sich selbst, damit er ihm hilfreich zur Seite stehen konnte, was dann dem andern wieder mehr Freiraum erlaubte für etwas, das beide gemeinsam tun mussten."

Bono hatte das Prinzip der Beziehungen verstanden. Er gewann erst die Leute, bevor er sie zur Mitarbeit aufrief. Er wusste, dass man erst ein Herz berührt und dann um Hilfe bittet.

## Einer nach dem anderen

Selbst wenn es um eine Gruppe von Menschen geht, ist es grundlegend wichtig, dass man die Leute als Einzelne wahrnimmt und ihnen auch so begegnet. General Norman Schwarzkopf bemerkte dazu: „Ich habe kompetente Führungskräfte erlebt, die vor einem Zug standen und nur einen Zug sahen. Führungspersönlichkeiten aber stehen vor einem Zug und sehen 44 Einzelpersonen, die alle ihre persönlichen Ambitionen haben. Jeder Einzelne davon will leben, will Gutes vollbringen." Im Laufe meines Lebens habe ich schon oft vor Publikum gestanden. Das größte war wohl in einem Stadion mit über 60 000 Besuchern. Einige Kollegen, die auch hauptberuflich als Referenten tätig sind, haben mich gefragt: „Sag mal, wie machst du das, zu so vielen Leuten zu sprechen?" Das ist ganz einfach. Ich spreche nicht zu zigtausend Leuten. Ich denke konkret an den Einzelnen. Nur so kann man eine Beziehung gestalten.

*Beziehungen zu einer Gruppe baut man auf, indem man den Einzelnen im Blick hat.*

## Es ist Chefsache

Manche Führungskräfte haben Probleme mit diesem Prinzip, weil sie meinen, dass Beziehungen knüpfen von ihren Mitarbeitern ausgehen müsse. Das gilt vor allem für Führungskräfte, denen eine genau definierte Position zugewiesen worden ist. Allzu oft denken sie: *Ich bin der Boss. Ich habe diese Stellung. Das sind meine Angestellten. Lass sie mal zu mir kommen.* Erfolgreiche Führungskräfte, die das Prinzip der Beziehung anwenden, sind jedoch immer die Initiatoren. Sie tun den ersten Schritt und bemühen sich auch, die entstandenen Beziehungen auszubauen. Leicht ist das nicht, aber auf jeden Fall wichtig für den Erfolg einer Organisation. Es ist einfach Chefsache, auch wenn es dabei viele Hindernisse zu überwinden gilt.

*Es ist einfach Chefsache, eine Beziehung zu den Mitarbeitern zu initiieren.*

Diese Lektion lernte ich persönlich in einer schwierigen Situation. 1972 übernahm ich die Leitung einer Gemeinde in Lancaster/Ohio. Kurz zuvor erfuhr ich von einem Freund, dass diese Gemeinde wegen eines Bauprojekts gerade eine gewaltige Krise hinter sich hatte. Eine Fraktion wurde von Jim Butz angeführt, der auch den größten

Einfluss in der Gemeinde besaß. Oft hörte ich von seiner negativen Sicht der Dinge und dass er manchmal ohne jegliche Absprache Entscheidungen fällt. Er benutzte wiederholt seinen Einfluss, um Leute in eine bestimmte Richtung zu lenken, auch wenn dies nicht im Sinne des Ganzen war.

Weil der frühere Pastor öfter mit diesem Mann in die Haare geraten war, wollte ich für eine erfolgreiche Leitung der Gemeinde doch lieber die Beziehung zu Jim suchen. Also traf ich als Erstes eine Verabredung mit ihm in meinem Büro. Als Jim kam, sah ich, wie riesig er war. Vor mir stand ein Koloss von mindestens 120 Kilo – ein Typ, der mit einem Zahnstocher auf Bärenjagd gehen könnte. Er jagte einem direkt Angst ein. Außerdem war er cirka 65. Ich dagegen war gerade erst 25 Jahre alt. Als er hereinkam, sagte ich zu ihm: „Jim, mir ist klar, dass Sie hier großen Einfluss haben, und ich möchte Sie gerne wissen lassen, dass ich mein Menschenmögliches tun will, um eine gute Beziehung zu Ihnen aufzubauen. Daher würde ich Sie gerne jeden Dienstag Mittag im Holiday Inn treffen, um dort beim Essen die anstehenden Themen miteinander zu besprechen. Während ich hier im Dienst bin, möchte ich gerne alle Entscheidungen zuerst mit Ihnen durchgehen, bevor ich sie den andern unterbreite. Ich lege wirklich Wert auf unsere Zusammenarbeit."

Und ich fuhr fort: „Aber ich will auch klarstellen, dass ich über Sie gehört habe, dass Sie oft eine negative Stimmung verbreiten und gerne Debatten führen. Wenn Sie also beschließen, sich gegen mich zu stellen, dann stehen wir vermutlich an verschiedenen Fronten. Und da Sie so viel Einfluss haben, werden Sie am Anfang meistens gewinnen. Doch ich baue ja mit der Zeit auch Beziehungen zu den Gemeindegliedern auf und will neue Leute dazugewinnen. Das heißt, dass ich eines Tages mehr Einfluss haben werde als Sie."

Ich sagte weiter: „Aber ich will gar nicht gegen Sie antreten. Sie sind jetzt fünfundsechzig Jahre alt. Sagen wir, Sie haben noch bei guter Gesundheit rund zehn, fünfzehn produktive Jahre vor sich. Sie können diese Jahre zu den schönsten und wertvollsten Ihres Lebens machen. In dieser Gemeinde können wir gemeinsam viele gute Dinge auf die Beine stellen – es ist allein Ihre Entscheidung."

Jim sagte kein Wort, als ich fertig war. Er stand von seinem Platz auf, trat auf den Flur und trank dort am Wasserhahn einen Schluck Wasser. Ich folgte ihm aus dem Zimmer und wartete. Nach mehreren Minuten richtete er sich auf und drehte sich zu mir. Ich sah, wie ihm Tränen über die Wangen rollten. Und dann drückte er mich an seine breite Bärenschulter und meinte: „Sie können auf mich zählen, ich bin auf Ihrer Seite."

*Es hört sich vielleicht altmodisch an, aber es ist wahr: Die Menschen interessiert nicht, wie viel Sie wissen, wenn sie nicht zugleich merken, wie sehr Sie sich um sie kümmern.*

Und das war auch so. Jim lebte tatsächlich noch etwa zehn Jahre. In dieser Zeit konnten wir gemeinsam viel Positives in der Gemeinde tun, da er bereitwillig mitzog. Aber bis heute bin ich davon überzeugt, dass das alles nicht passiert wäre, wenn ich nicht den Mut gehabt hätte, gleich am ersten Arbeitstag eine Beziehung zu ihm aufzubauen.

## Je grösser die Herausforderung, desto tiefer die Beziehung

Unterschätzen Sie niemals die Bedeutung von guten Beziehungen mit Menschen, die Ihnen in etwas folgen sollen. Falls Sie sich jemals mit dem Leben berühmter Armeeoffiziere beschäftigt haben, dann ist Ihnen vielleicht aufgefallen, dass die Besten das Prinzip der Beziehung praktizierten. Ich las einmal, wie General Douglas MacArthur im Ersten Weltkrieg in Frankreich einem Bataillonskommandeur vor einem gewagten Angriff sagte: „Major, ich möchte, dass Sie bei dem Befehl, die Spitze zu stürmen, als Erster gehen, vor Ihren Männern. Tun Sie das, werden die Ihnen folgen."

Dann nahm der General sein Dienstkreuz von seiner Uniform und heftete es an die des Majors. Er belohnte also dessen Heldenmut, bevor er ihn um den Beweis bat. Natürlich führte der Major nun seine Leute an. Die Soldaten folgten ihm über den Hügel, und gemeinsam erreichten sie das gesteckte Ziel.

Nicht alle militärischen Beispiele für das Prinzip der Beziehung sind ähnlich dramatisch. So sagt man über Napoleon, dass er all seine Offiziere mit Namen kannte, wusste, wo sie jeweils wohnten und welche Schlacht sie gemeinsam bestritten hatten. Robert E. Lee war bekannt dafür, dass er die Soldaten am Abend vor einer Schlacht an ihren Zelten aufsuchte. Häufig ging er deshalb in die Schlacht, ohne geschlafen zu haben. Kürzlich las ich, wie Norman Schwarzkopf die Verbindung zu seinen Truppen fand. Während des Golfkriegs verbrachte er Weihnachten 1990 mit den Männern und Frauen, die so weit von ihren Lieben zu Hause entfernt waren. Er schreibt in seiner Autobiografie:

„Ich fing im Lockheed Village an. ... Einige (Soldaten) saßen trotz der frühen Zeit schon zu Tisch, da sie in Schichten essen mussten. Ich schüttelte viele Hände. Danach kam ich im Escan Village an, wo die Truppe in drei riesigen Zeltkantinen untergebracht war. Vor der ersten standen die Soldaten in langer Schlange an. Ich schüttelte jedem die Hand, ging dann hinter die Theke, begrüßte die Köche und Küchenhelfer und wanderte schließlich durch die ganze Kantine. Dabei klopfte ich auf jeden Tisch und wünschte allen Frohe Weihnachten. Danach tat ich dasselbe in der zweiten und dritten Esseinrichtung. Dann ging ich erneut ins erste Zelt, da inzwischen ganz neue Gesichter dort anzutreffen waren. Diesmal setzte ich mich auch zu ihnen und aß meine Mahlzeit. Im Verlauf von vier Stunden habe ich wahrscheinlich viertausend Hände geschüttelt."

Schwarzkopf musste das nicht tun, aber er wollte es so. Er nutzte eine der effektivsten Methoden, Verbindung zu seinen Leuten herzustellen, was ich das Bad in der Menge nenne, aber eigentlich noch mehr. Es hört sich vielleicht altmodisch an, aber es ist wahr: Die Leute interessiert nicht, wie viel Sie wissen, wenn sie nicht zugleich spüren, dass Sie sich um sie kümmern.

### Positive Auswirkungen von Beziehungen

Wenn eine Führungspersönlichkeit ihre Aufgabe erfüllt und Beziehungen zu ihren Mitarbeitern hergestellt hat, kann man das an den gesamten Abläufen im Werk spüren. Unter den Angestellten wachsen Loyalität und Arbeitsmoral. Die Vision der Führung wird den Mitarbeitern zum Ziel. Die positiven Folgen werden überall deutlich.

Solche Auswirkungen sind auch anderweitig erkennbar. In *USA Today* erschien zum typisch amerikanischen Tag des Chefs (Boss's Day) 1994 eine ganzseitige Anzeige. Angestellte der *Southwest Airlines* hatten sie bezahlt und in Auftrag gegeben. Sie war für ihren Chef Herb Kelleher bestimmt und las sich folgendermaßen:

Danke, Herb,
- dass Sie uns alle mit Namen kennen,
- dass Sie das Ronald-McDonald-Haus unterstützen,
- dass Sie am Erntedankfest beim Gepäckverladen geholfen haben,
- dass Sie uns allen (wirklich allen) einen Kuss gaben,
- dass Sie zuhören können,
- dass Sie die einzige profitable größere Fluggesellschaft leiten,
- dass Sie bei unsrer Betriebsfeier mitgesungen haben,
- dass Sie nur einmal im Jahr singen,
- dass Sie uns Shorts und Turnschuhe als Arbeitskleidung gestatten,
- dass Sie bei *The LUV Classic* mit nur einem Schläger golfen,
- dass Sie Sam Donaldson übertönen können,
- dass Sie Ihre Harley Davidson in die *Southwest*-Zentrale fahren,
- dass Sie ein Freund sind, nicht nur ein Chef.

Einen schönen Tag wünscht Ihnen jede/r Einzelne Ihrer 16 000 Angestellten.

Ein derartiges Zeichen von Zuneigung kann es nur dann geben, wenn eine Führungspersönlichkeit sehr auf gute Beziehungen zu ihren Mitarbeitern achtet.

Unterschätzen Sie also nie, wie wichtig der Aufbau von Beziehungsbrücken zwischen Ihnen und Ihren Mitarbeitern ist. Es gibt ein Sprichwort: „Um sich selbst zu führen, benutze deinen Kopf. Um andere zu führen, benutze dein Herz."

*Um sich selbst zu führen, benutze deinen Kopf. Um andere zu führen, benutze dein Herz.*

Darin liegt das Prinzip der Beziehung begründet. Berühren Sie immer das Herz, bevor Sie Menschen um Mitarbeit oder um einen Gefallen bitten.

# 11

# Das Prinzip des Inneren Kreises

*Das Potenzial der Führungskraft bestimmen die engsten Mitarbeiter*

Vor Jahren erhielt ich ein verlockendes Angebot. Als Geschäftsführender Direktor der Wesleyanischen Weltzentrale wurde ich eingeladen, Leiter der größten Gemeinde dieser Kirche zu werden. Die Gemeinde befand sich in San Diego, Kalifornien, und trug den Namen *Skyline*. Schon ihre Geschichte las sich großartig. In den fünfziger Jahren war sie von dem Multitalent Orval Butcher gegründet worden, der dort bis zu seinem Ruhestand 27 Jahre lang wirkte. Seine Arbeit veränderte das Leben von Tausenden von Menschen nachhaltig. Landesweit machte die Gemeinde von sich reden. Sie hatte nur ein Problem: Seit Jahren verzeichnete sie kein Wachstum mehr. Nachdem etwas über tausend Mitglieder zusammen gekommen waren, trat die Situation ein.

*Die Führungskraft wird durch die engsten Mitarbeiter bestimmt. Sind diese Leute starke Persönlichkeiten, dann kann auch der Leiter Großes tun. Sind sie schwach, geht das nicht. Das ist das Prinzip des Inneren Kreises.*

Als ich dann das erste Mal mit dem Vorstand sprach, spürte ich, dass hier mein Platz sein konnte. Ich rief sofort meine Frau Margaret an und meinte, dass wir schon mit Packen und Umzugsvorbereitungen anfangen könnten. Und als ich den Arbeitsvertrag in den Händen hielt, machten wir uns mit unseren beiden Kindern auf den Weg nach Kalifornien. Während der Fahrt quer durch die USA dachte ich viel über meine vor mir liegenden Aufgaben nach. Ich freute mich wirklich auf die Herausforderung, die Skyline-Gemeinde wieder zum Wachstum zu führen.

Nach meiner Ankunft traf ich mich einzeln mit allen Angestellten, um ihre persönlichen Fähigkeiten besser einzuschätzen. Und dabei erkannte ich auch, warum die Gemeinde zur Zeit nicht weiter kam. Es waren gute Leute, aber keine Führungspersönlichkeiten. Egal was ich mit ihnen unternahm, sie würden den Gesamtorganismus nicht voranbringen können. Denn die Führungskraft wird durch die engsten Mitarbeiter bestimmt. Sind diese Leute starke Persönlichkeiten, dann kann der Leiter auch Großes tun. Sind sie schwach, geht das nicht. Das ist das Prinzip vom Inneren Kreis.

### Neues Wachstum in drei Phasen

Meine Aufgabe war nun klar. Ich musste die schwachen Führungskräfte mit der Zeit durch geeignetere ersetzen. Nur dadurch konnte man die Sache wieder richtig in Gang bringen. In Gedanken teilte ich die Mitarbeiter in drei Gruppen ein, je nach persönlicher Führungsstärke und Leistung. Als erstes wollte ich mich mit jener Gruppe befassen, die am wenigsten zum Erfolg der Organisation beitrug. Sie konnte ich eigentlich sofort entlassen, da ihr Weggang nur positive Folgen haben konnte. Diese Stellen besetzte ich umgehend mit den besten Leuten, die zu finden waren.

Danach befasste ich mich mit der mittleren Gruppe. Nach und nach fand ich anderswo gute Führungskräfte und brachte sie bei uns unter, während die jeweils Schwächsten der bisherigen Mitarbeiter gingen. Dieser Umschichtungsprozess der alten Mittelgruppe dauerte etwa ein Jahr. Nach drei Jahren hatte ich schließlich fast alle Stellen neu besetzt, einzig zwei alte Angestellte waren noch im Haus. Und weil der innere Mitarbeiterkreis auf eine höhere Ebene hochgerückt war, konnte sich auch die Gesamtorganisation auf eine neue Ebene bewegen. Jeder Einzelne der neuen Mitarbeiter machte seine Arbeit besser als der beste jener Mitarbeiter, die uns verlassen mussten. Die verantwortlichen Mitarbeiter fühlten sich neu herausgefordert. Ich baute sie auf, ihre Führungsfähigkeit zu steigern. Und immer wenn ein Mitarbeiter ging, suchte ich nach einer noch geeigneteren Person für diesen Platz. Die Auswirkungen auf die

Skyline-Gemeinde waren beträchtlich. Schon 1981 bei den ersten Änderungen innerhalb der Leitung begannen wir wieder zu wachsen. In nicht einmal zehn Jahren wuchs die Gemeinde auf das Dreifache. Auch das Jahresbudget, das bei meinem Einstieg etwa 800.000 Dollar betrug, stieg auf über fünf Millionen Dollar an.

Diese Wachstums- und Erfolgszahlen führe ich auf das Prinzip des Inneren Kreis zurück. Mit den richtigen Leuten auf der Führungsebene stieg unser Potential raketenartig an. Und als ich 1995 Dallas verließ, rissen sich andere Gemeinden und Organisationen aus den ganzen USA um die erfolgreichen Führungskräfte der Skyline-Gemeinde. Man hatte das ungeheure Potezial dieses Inneren Kreises erkannt und wollte die erfahrenen Mitarbeiter für Leistungssteigerungen in der eigenen Organisation gewinnen.

***Die Organisation auf ein neues Level bringen***

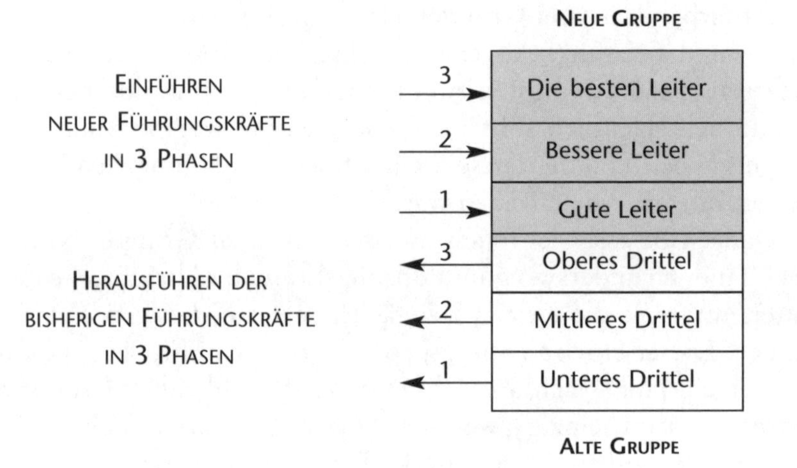


## Jede Organisation hat einen Inneren Kreis

Schauen Sie sich mal eine beliebige Organisation in einer beliebigen Berufssparte an. Sicher finden Sie das Prinzip vom Inneren Kreis auch hier. Über Jahre sammelte ein deutscher Verleger ein schlagkräftiges Team in seinem Verlagshaus. Der Verlag wuchs weit über dem Bundesdurchschnitt. Als der Verleger die anstehende Nachfolgefrage nicht angehen wollte, verließen zahlreiche Führungskräfte das Haus. Obwohl der Verleger schnell eine neue Mannschaft zusammen stellte, war die Erfolgsgeschichte zuende. Das Potential der Führungspersönlichkeit wird, genau wie das Potential der gesamten Organisation, durch sein engstes Umfeld bestimmt.

*Es gibt keine Führungspersönlichkeit, die als einsamer Leiter agieren kann. Es ist einfach so: Wer alleine ist, kann keinen führen, oder?*

Da mir die Folgen des Prinzips vom Inneren Kreis vertraut sind, bin ich immer wieder überrascht, wenn Leute mir als Führungsmodell den Einsamen Reiter vorstellen. Wie unrealistisch dieses Leitungsideal ist, kann man am besten an der folgenden Beschreibung von Lawrence Miller sehen:

„Probleme werden immer auf dieselbe Weise gelöst. Der Einsame Reiter kommt mit seinem treuen Indianerfreund in die Stadt. Der Einsame Reiter, maskiert und von geheimnisvoller Herkunft und Identität, kommt seinen Schützlingen nie zu nahe. Seine Macht liegt nicht zuletzt in seiner Rätselhaftigkeit begründet. Nach wenigen Minuten hat der Einsame Reiter das Problem verstanden, die Bösen identifiziert und sich daran gemacht, sie zu fangen. Er trickst die Gangster schnell aus, zieht seinen Revolver und bringt die Bösen hinter Gitter. Und dann folgt diese wunderbare Szene, in der die hilflosen Opfer vor ihrer Ranch oder auf dem Marktplatz versammelt sind und sich wundern, wie sie so schnell aus dieser misslichen Lage gerettet wurden."

Das ist alles Quatsch. Es gibt keine Führung im Stil des Einsamen Reiters oder *Lone Ranger*. Wer alleine ist, kann niemanden *führen*.

Der Führungsexperte Warren Bennis behauptet zu Recht: „Eine Führungspersönlichkeit entfaltet sich in der Gruppe zu wahrer Größe, wobei sie den Gruppenmitgliedern hilft, die Größe in sich selbst zu entdecken."

Denken Sie an irgendeine hochrangige Führungspersönlichkeit

und sehen Sie selbst, ob er oder sie sich nicht mit einem starken Inneren Kreis umgibt. Mein Freund Joseph Fisher erinnerte mich daran, als er mir Billy Grahams Einflussbereich vor Augen führte. Der Erfolg dieses berühmten Pastors kam auch als Auswirkung seines großartigen Inneren Kreises zustande: Ruth Bell Graham, Grady Wilson, Cliff Barrows und George Beverly Shea gehören dazu. Sie verhalfen ihm zu etwas Größerem, als er es je alleine gewesen wäre. Dasselbe könnte man von Altbundeskanzler Helmut Kohl sagen. Er hatte so lange Erfolg, wie sein Innerer Kreis funktionierte.

## Die Besten geben nicht immer das Beste

Als ich bei einem Seminar das Prinzip des Inneren Kreises vortrug, kam ein Mann in der Pause auf mich zu und meinte: „Herr Maxwell, das mit der Kraft aus der Verbindung zu guten Leuten stimmt. Ich fahre sehr viel Rad und verfolge den Spitzensport auch im Fernsehen. In Rennen wie der *Tour de France*, wo Ausdauer gefragt ist, fährt der Sieger fast immer im stärksten Team mit. Die Leute sind nicht immer die Etappensieger, aber sie sind immer bei den ersten, die jede Etappe beenden.

Und das gilt auch für meinen Teil. Ich habe schon einige Triathlon-Wettkämpfe mitgemacht und weiß daher, dass ich am Wettkampftag selbst viel besser bin im Schwimmen, Radfahren und Laufen als während des Trainings. Das liegt daran, dass ich beim Wettkampf umgeben bin von klasse Sportlern, die auch gut schwimmen, radeln und laufen."

Wird das Prinzip des Inneren Kreises angewandt, ist der Erfolg meist offensichtlich. Jack Welch, Präsident und Geschäftsführender Direktor bei General Electric, war der Innere Kreis so wichtig, dass er jede einzelne Entscheidung zur Besetzung aller Abteilungsleiter und deren direkter Mitarbeiter über Jahre persönlich getroffen hat – wir reden hier über zirka fünfhundert Positionen.

## Die richtigen Leute in den Inneren Kreis wählen

Falls irgend möglich, sollte eine Führungspersönlichkeit die Führungskräfte für den Inneren Kreis innerhalb der Organisation finden. Das geht jedoch nicht immer, wie mein eigenes Erleben in der *Skyline*-Gemeinde zeigt. Aber nichts motiviert mehr und sorgt für große Arbeitsfreude, als wenn die Führungskräfte aus den eigenen Reihen gewonnen werden.

*An der Spitze ist es einsam – also nimm jemanden mit.*

Ned Barnholt, Manager bei Hewlett Packard, sieht drei verschiedene Reaktionen auf konsequente Führungsarbeit in einer Organisation. Die erste Gruppe fängt gleich Feuer und marschiert sofort los. Die nächste Gruppe beobachtet alles kritisch, weiß aber nicht, wie sie reagieren soll. Die dritte Gruppe reagiert sofort negativ und hofft, dass alles im Sand verläuft. Barnholt sagt: „Ich habe oft die meiste Zeit mit den Schwierigsten verbracht und gehofft, dass ich sie von notwendigen Änderungen überzeugen kann. Jetzt aber investiere ich in die erste Gruppe, sie sind mein größtes Kapital."

Dieser Schritt hat sich bezahlt gemacht.

Vielleicht überlegen Sie gerade selbst, wo Sie sich in Ihrer Organisation sinnvollerweise investieren. Versuchen Sie am besten fünf Arten von Menschen in Ihren Inneren Kreis einzuführen, denn sie alle können nicht nur Ihnen, sondern der ganzen Organisation etwas sehr Wertvolles liefern:

### *1. Persönliches Potential – sie bauen sich selbst*

Die wichtigste Fähigkeit einer Führungskraft ist die Gabe, sich selbst anzuleiten und ständig neu zu motivieren. Halten Sie immer Ausschau nach Leuten mit persönlichem Potential.

### *2. Positive Einstellung – Sie heben die allgemeine Moral*

Meine Mutter hat mir immer einen Vers von Ella Wheeler Wilcox vorgesagt. Er lautet ungefähr so:

Es gibt zwei Sorten Mensch auf der Erde heut',
Nur die zwei Arten, hört gut zu, ihr Leut'.
Nicht Gute und Böse, denn es weiß jedes Kind,
Dass die Guten auch schlecht und die Bösen teils gut sind.
Nein, die zwei Sorten Mensch auf der Erd', die ich meine,
Sind jene, die leiten, und die an der Leine.

Menschen, die andere aufbauen und die Moral in der Firma heben, sind von unschätzbarem Wert. Sie sollten immer zum Inneren Kreis dazugehören.

*3. Persönlichkeitswert – sie bauen die Führungspersönlichkeit auf*

Ein Freund von mir sagte einmal: „An der Spitze ist es einsam, darum sollte man wissen, warum man dort steht."

Es stimmt, dass Führungskräfte eine schwere Bürde tragen. Und an der Spitze steht man immer in der Schusslinie. Doch alleine braucht man dort nicht zu sein. Darum sage ich: „An der Spitze ist es einsam – also nimm jemanden mit."

Wer würde sich dafür besser eignen als einer, der Sie aufbaut, und zwar nicht als ständiger Jasager, sondern als Freund und Unterstützer? Auch Salomo aus dem alten Israel hat dies erkannt: „Wie man Eisen durch Eisen schleift, so schleift ein Mensch den Charakter eines anderen." Suchen Sie Leute für Ihren Inneren Kreis, die Sie als Führungspersönlichkeit optimieren.

*4. Produktionswert – sie bauen andere auf*

Der Kabarettist Fred Allen sagte einmal über den Showmaster Ed Sullivan: „Er wird es so lange machen, wie andere Leute Talent haben."

Auch wenn das als Witz gedacht war, steckt in dieser Bemerkung viel Weisheit. Sullivan hatte eine Nase für Talente und holte wie kein anderer begabte Leute für seine Show. Viele Alleinunterhalter und Musikgruppen, die später berühmt wurden, können ihre Anfänge auf einen Auftritt in der *Ed Sullivan Show* zurückführen. Holen Sie für Ihren Inneren Kreis Menschen, die andere aufbauen können.

*5. Prüfbares Ergebnis – sie leiten Führungskräfte an*

Am meisten ist einer Führungspersönlichkeit geholfen, wenn sie jemand um sich hat, der andere Führungskräfte führen kann. Das bewirkt Menschenführung auf mehreren Ebenen. Das Prinzip des schnellen Wachstums zeigt die entsprechenden Auswirkungen deutlich.

## Den Inneren Kreis ständig optimieren

In einem früheren Buch (Developing the Leader Within You) habe ich bereits beschrieben, wie ich mein bisheriges Leben pünktlich zum vierzigsten Geburtstag reflektiert habe. Ich wollte mich verbessern und mehr Verantwortung tragen. Doch mir war gleichzeitig bewusst, dass ich meinen Zeit-Bogen schon bis zum Äußersten gespannt hatte und auch meine Konzentration auf die Prioritäten nicht noch mehr erhöhen konnte. In anderen Worten, ich konnte unmöglich noch härter oder geschickter vorgehen. Mir blieb nur eine Wahl: lernen, durch andere zu arbeiten. In diesem Moment verstand ich das Prinzip vom Inneren Kreis für mich persönlich. Seitdem habe ich mir vorgenommen, mein engstes Umfeld kontinuierlich aufzubauen. Ich suche die bestmöglichen Bewerber dafür aus, helfe ihnen bei der Entwicklung ihrer Führungspersönlichkeit und übertrage ihnen so viele Aufgaben wie möglich.

*Entscheiden Sie sich immer für den bestmöglichen neuen Mitarbeiter, helfen Sie ihm bei der Entwicklung seiner Führungspersönlichkeit und übertragen Sie ihm so viele Aufgaben wie möglich.*

1994 entdeckte ich eine Schlüsselperson für meinen Inneren Kreis. Zu der Zeit war meine zweite Firma, die InJoy Stewardship Services (ISS; ein Finanzverwaltungsservice, Anm. d. Übs.), zwei Jahre alt und steckte in einer Krise. Sie war zwar erfolgreich ins Beratungsgeschäft für Geldanlagen eingestiegen, wuchs aber nicht genug und verlor daher Geld. Wir brauchten einfach eine gute Führungspersönlichkeit. Dick Peterson, der Direktor meiner ersten Firma, hatte alle Hände voll zu tun. Ich selbst hatte ebenfalls keine Zeit, da ich eine Gemeinde mit 3500 Mitgliedern und vierzig Angestellten leitete, oft für Vorträge auf Reisen war und eine Familie mit zwei Kindern auf der Highschool hatte.

So beschloss ich, mit Dick zusammen nach Seattle zu fahren und den Rat von Dave Sutherland, einem Manager bei IBM, einzuholen. Dave besaß intuitive Führungskompetenz, hatte große Marketingerfahrung sowie eine ausgeprägt strategische Denkweise. Einige Wochen zuvor hatte ich ihm alle nötigen Informationen zukommen lassen mit der Frage, was er unternehmen würde, um die Firma von hier aus einen Schritt weiter zu bringen.

Als wir in meinem Hotelzimmer in Seattle saßen, breitete Dave eine großartige Strategie für meine Firma vor mir aus. Er vertraute unserem Konzept, weil wir damit schon seine Gemeindeleitung einige Monate zuvor gut beraten hatten. Und er wusste genau, wie man ISS auf das nächste Level führen könnte. Nach ungefähr dreißig Minuten kam mir plötzlich die Erkenntnis: *Genau Dave sollte das machen.*

„Dave", meinte ich, „ich möchte gerne, dass *Sie* bei ISS Geschäftsführer werden." Dave überhörte das tunlichst und erläuterte uns weiter seine Strategie. Nach etwa einer Stunde wiederholte ich meine Idee: „Dave, ich möchte Sie gerne einstellen."

Wieder ignorierte er das und fuhr mit seinen Ausführungen fort. Schließlich meinte ich nach insgesamt vier Stunden intensiver Arbeit: „Dave, hören Sie mir gar nicht zu? Ich sage jetzt schon die ganze Zeit, dass Sie derjenige sein sollen, der ISS weiter leitet. Bitte antworten Sie mir jetzt darauf."

Da endlich nahm er mein Angebot ernst. Mir war klar, dass ich ihm nicht viel zu bieten hatte. Sutherland war einer der Top-Marketingmanager bei IBM USA. Und ich hatte nur eine kleine Firma und einen Traum. Doch das Prinzip vom Inneren Kreis sagte mir, dass mein Potenzial zusammen mit Dave im Team enorm zunehmen würde. Als ich ihm mein eigenes Gehalt bei ISS anbot, wenn er dazukäme, merkte er schließlich, wie ernst es mir war. Und obwohl er damit viel weniger als bisher verdiente, nahm er das Angebot an.

Heute ist ISS die schnellstwachsende Firma ihrer Art und die zweitgrößte Geldanlage-Beratungsfirma in den Vereinigten Staaten. Dank Dave ist sie heute auf einer ganz neuen Ebene angesiedelt. Und nicht nur das – er tischt mir netterweise seine strategischen Gedanken und Marketingideen für alle meine vier Firmen auf.

Dave Sutherland ist nur einer von mindestens zwölf Schlüsselpersonen, die jetzt zu meinem Inneren Kreis gehören. Diese Gruppe habe ich über zehn lange Jahre strategisch aufgebaut – alles nach meinem 40. Geburtstag. Außer Dave gehören noch INJOY-Präsident Dick Peterson sowie die langjährigen Mitarbeiter Dan Reiland und Tim Elmore dazu, die mir bei der Auswahl neuer Führungskräfte wie meine rechte und linke Hand beistehen. Weitere treue leitende Mitarbeiter, die etwas später dazukamen und für die ich ungemein dankbar bin, verhelfen der INJOY-Gruppe zu wirklich beeindruckenden Ergebnissen. In Vertretung für alle wichtigen Namen nenne ich hier unbedingt noch meinen besten Freund der Welt, meine Frau Margaret.

Lee Iacocca sagt, dass Erfolg nicht darin begründet liegt, *was* man weiß, sondern *wen* man kennt und wie man sich diesen Leuten gegenüber verhält. Darin steckt viel Wahres. Ich muss sagen, dass ich ein sehr gutes Team um mich habe. Aber ich bin noch nicht fertig, so sehr ich mich sicherlich darüber freue. Auch in den nächsten zehn Jahren und darüber hinaus habe ich vor, gute Leute hinzuzufügen und aufzubauen. Denn mit Sicherheit steckt noch mehr Potenzial in mir, das ich noch nicht ausgeschöpft habe, und wenn ich die damit verbundenen Ziele erreichen will, muss ich schlicht die besten Mitarbeiter um mich sammeln. Nur so kann es gelingen. Das meint das Prinzip vom Inneren Kreis.

# 12

# Das Prinzip der Eigenverantwortlichkeit

*Nur selbstsichere Leiter delegieren Verantwortung an andere weiter*

Der legendäre Henry Ford war nicht nur ein begnadeter Geschäftsmann, sondern auch ein Visionär. Als er 1903 die Ford Motor Company gründete, war ihm klar, dass die Zukunft des Autos in dessen Verfügbarkeit für jedermann begründet lag. Ford sagte konsequent:

„Ich werde ein Auto für die Massen bauen. Es soll groß genug für eine Familie sein, aber auch klein genug für Einzelne, um gut damit zurecht zu kommen. Mein Ziel: Bestes Material, einfachstes Design, entwickelt von den kompetentesten Ingenieuren und gebaut von den zuverlässigsten Arbeitskräften. Aber das Auto muss auch so preiswert sein, dass jeder mit einem anständigen Gehalt es sich kaufen kann, um dann mit seiner Familie schöne Stunden in Gottes freier Natur zu genießen."

Henry Ford verwirklichte diese Vision mit seinem legendären *Model T* und veränderte damit im beginnenden 20. Jahrhundert das Gesicht einer ganzen Nation. Bis 1914 produzierte Ford fast die Hälfte aller Kraftfahrzeuge in den Vereinigten Staaten. Die Ford Motor Company sah ganz nach einer amerikanischen Erfolgsstory aus.

## Ein weniger bekanntes Kapitel aus der Erfolgsstory

Doch die Geschichte von Ford ist nicht nur eine Erfolgsbilanz. Und das liegt nicht zuletzt an der fehlenden Anwendung des Prinzips von der Selbstverantwortung. Henry Ford war so von seinem *Modell T* überzeugt, dass er es weder optimieren, geschweige denn überarbeiten wollte. Erst recht sollte niemand anderes daran herumpfuschen. Als ihn eines Tages ein Designerteam mit dem Entwurf eines verbesserten Prototyps überraschen wollte, riss Ford verärgert die Wagentür heraus und zerlegt mit bloßen Händen den Wagen, soweit es ihm möglich war.

Fast zwanzig Jahre lang boten die Ford Motorenwerke nur einen einzigen Wagentyp an, nämlich das von Ford persönlich entworfene *Model T*. Erst 1927 stimmte er zögernd einen Modellwechsel zu. Man produzierte nun das *Model A*, doch blieb dieser Typ weit hinter dem technischen Standard der von der Konkurrenz hergestellten Wagen zurück. Nach gutem Beginn und jahrelanger absoluter Marktbeherrschung nahm der Marktanteil der Fordwerke ständig ab. 1931 betrug er nur noch 28 Prozent.

Henry Ford war das Gegenstück eines Verantwortung übertragenden Leiters. Ständig schien er seinen Mitarbeitern über die Schulter zu schauen und stellte grundsätzlich die Entscheidungen seiner Führungskräfte in Frage. Er schuf sogar eine Sozialberatungsstelle innerhalb des Werks, die letztlich über die Angestellten wachte und auf ihr Privatleben einwirkte. Immer exzentrischer wurde er mit der Zeit. Einmal stürmte er die Buchhaltungsabteilung, warf die Kassenbücher auf die Straße und kommentierte: „Legt einfach all das Geld, das wir einnehmen, in ein großes Fass und wenn eine Materiallieferung kommt, dann greift hinein und nehmt das nötige Geld dafür heraus."

Zeit und Geld steckte er in großem Umfang in seine Hobbys – zum Beispiel die Sojabohnen-Zucht.

Besonders extrem sprang Ford mit seinen engsten Mitarbeitern um – allen voran sein Sohn Edsel. Dieser arbeitete seit seiner Jugend im Werk mit. Als Henry Ford immer exzentrischer wurde, bemühte er sich verzweifelt, die Firma in Gang zu halten. Ohne ihn hätten die Ford Motorenwerke wohl in den dreißiger Jahren Konkurs anmelden müssen. Sein Vater hatte ihm die Gesamtleitung der Firma anvertraut und sprach öffentlich davon, dass die Zukunft der Firma mit Edsel als Präsident äußerst vielversprechend aussehe.

Doch zugleich unterminierte Henry Ford Edsels Entscheidungen und unterstützte bei Kontroversen andere Mitglieder der Firmenleitung. Gewann jedoch eine Führungspersönlichkeit innerhalb der Firma mehr Einfluss, schränkte Henry Ford ihren Aufgabenbereich ein. Regelmäßig verlor man dadurch die besten leitenden Mitarbeiter. Wer blieb, blieb wegen Edsel. Manche Führungskräfte rechneten sich aus, dass der alte Präsident eines Tages sterben und Edsel dann nach der Praxis die Führungsposition übernehmen würde. Doch es kam ganz anders. 1943 starb Edsel im Alter von 49 Jahren.

### Ein anderer Henry Ford

Edsels ältester Sohn, der 26-jährige Henry Ford II., verließ schnellstens die US-Marine, um die Firma in Michigan zu übernehmen. Anfangs kämpfte er gegen die Opposition von eingefleischten Großvater-Vertretern. Doch in den folgenden zwei Jahren fand er Unterstützung bei nicht wenigen Schlüsselpersonen, holte sich den Rückhalt des Aufsichtsrates (in dem seine Mutter 41% der Firmenanteile kontrollierte) und überzeugte seinen Großvater, sich ganz aus der Firma zurück zu ziehen.

Der junge Henry Ford übernahm einen Betrieb, der seit fünfzehn Jahren keinen Gewinn mehr eingefahren hatte. Ford verlor die damals horrende Summe von 1 Million Dollar am *Tag*! Der junge Präsident wusste, dass sein Kopf in der Schlinge steckte. Also sah er sich nach guten Führungspersönlichkeiten um. Ein glücklicher Umstand für ihn war, dass die erste Gruppe *ihn* ansprach. Dieses Führungsteam um Colonel Charles Thornton hatte den Entschluss gefasst, nach ihrer Zusammenarbeit während des Zweiten Weltkriegs im Kriegsministerium zusammen zu bleiben. Bei Ford sahen sie ihre Chance und brachten tatsächlich einen ganz wesentlichen Beitrag ein. Sechs Vizepräsidenten und zwei Präsidenten stellten sie in den folgenden Jahren.

Die zweite Führungsgruppe bildete sich mit dem Firmeneintritt von Ernie Breech, einem erfahrenen Manager von *General Motors* und ehemaligen Direktor der *Bendix Aviation*. Der junge Henry stellte ihn als geschäftsführenden Vizepräsidenten an. Trotz seiner offiziellen Position als „Zweiter Steuermann" wurde von Breech erwartet, das Steuer zu übernehmen und das sinkende Schiff zu retten. Und er tat es. Breech führte in kurzer Zeit über 150 ausgezeichnete Führungskräfte von *General Motors* in die Firma ein und brachte die Ford Motorenwerke bis 1949 wieder richtig ins Rollen. In jenem Jahr verkaufte man über eine Million Autos der Typen *Ford, Mercury* und *Lincoln* und erzielte damit die besten Verkaufszahlen seit dem *Model A*.

### Wer ist der Boss?

Hätte Henry Ford II. das Prinzip der Eigenverantwortlichkeit weiter befolgt, die Firma wäre ausreichend gewachsen, um bald selbst *General Motors* zu übernehmen und erneut den Spitzenplatz unter den amerikanischen Automobilfirmen zu belegen. Doch nur selbstsichere Führungspersönlichkeiten können Macht delegieren. Henry Ford II. fühlte sich bedroht. Der Erfolg eines Thornton, Breech oder Lewis Crusoe, den Breech erfolgreich von *GM* abgeworben hatte, verunsicherte Henry II. Seine Position bei *Ford* basierte nicht auf persönlichem Einfluss und Fähigkeiten, sondern auf seinem Namen und den Firmenanteilen seiner Familie.

So begann Henry, einen Spitzenmanager gegen den anderen auszuspielen. Er bestellte beispielsweise Thornton in sein Büro und bat ihn um eine kritische Bewertung seines Kollegen Crusoe. Nach einer Weile war Crusoe es Leid, von Thornton beständig beschädigt zu werden und verlangte, dass Breech ihn entließe, was auch geschah. Danach wurde Crusoe, der für Breech arbeitete, von Henry besonders gefördert. Collier und Horowitz beschreiben die Methode Henry Ford II. in dessen Biographie folgendermaßen:

Henrys Überlebensinstinkt zeigte sich in seiner Fähigkeit als Manipulator, die mit einer Art Führungsschwäche verbunden war. Er hatte Crusoe mit Vollmachten ausgestattet, die diesen praktisch tun ließen, was er wollte. Indem Henry seine Hand von Breech zurückzog und sie über dessen Leutnant legte, machte er seine beiden wichtigsten Mitarbeiter zu Feinden. Trotz seines Vertrauensverlusts gegenüber Breech ließ Henry ihn offiziell in seiner Position, weil das seine eigene Manövrierfähigkeit verstärkte. Und Breech als Crusoes Vorgesetzter war wiederum nützlich, wenn Henry mehr Kontrolle über Crusoe wollte.

*„Der beste Chef ist der, der genug Grips hat, gute Führungspersönlichkeiten auszuwählen, die seine Ziele erreichen können, und genug Zurückhaltung beweist, sich dann nicht einzumischen, während sie das tun." Theodore Roosevelt*

Henry Ford II. führte seine Firma nach genau diesem Verhaltensmuster, solange er bei *Ford* im Sattel saß. Jedes Mal, wenn einer der Topleute an Macht und Einfluss gewann, beschnitt Henry Ford II. dessen Autorität und setzte ihn an eine Stelle mit weniger Schlagkraft, gab dessen Untergebenen mehr Rückendeckung oder stellte ihn sogar öffentlich bloß. Als Lee Iacocca, einer von *Ford*s Präsidenten, wegging, bemerkte er: „Henry Ford hatte, wie ich am eignen Leib erfahren sollte, die dumme Gewohnheit, seine fähigsten Führungskräfte abzusägen."

## Wenn du sie nicht führen kannst ...

Iacocca berichtet auch, dass Henry Ford II. ihm einmal seine Führungsphilosophie erläuterte, lange bevor er selbst in die Schusslinie geriet: „Wenn einer für dich arbeitet, dann lass ihn nicht zu sehr zur Ruhe kommen. Er soll sich nicht sicher fühlen oder sich festsetzen. Tu immer das Gegenteil von dem, was er erwartet. Halte deine Leute in Spannung, nicht im Gleichgewicht."

*Die Leistungskapazität von Mitarbeitern wird bestimmt durch die Fähigkeit ihres Leiters, Verantwortung zu übertragen.*

Großvater und Enkel Ford gelang es nicht, das Prinzip der Eigenverantwortlichkeit anzuwenden. Statt Führungskräfte zu finden, sie aufzubauen, ihnen Vollmacht, Ressourcen und Entscheidungsverantwortung zu übertragen und sie damit an die Führungsspitze zu entlassen, entmutigten und unterminierten sie lieber ihre besten Leute, weil sie selbst unsicher waren. Wollen Sie aber als Führungspersönlichkeit erfolgreich sein, bevollmächtigen Sie andere. Theodore Roosevelt sagt schlicht, dass „der beste Chef jener ist, der genug Grips hat, gute Führungspersönlichkeiten auszuwählen, die seine Ziele erreichen können, und sich dann nicht in deren Arbeit einmischt".

## Hindernisse auf dem Weg zur Selbstverantwortung

Die Führungsanalytiker Lynne McFarland, Larry Senn und John Childress haben herausgefunden, dass „das Eigenverantwortlichkeitsmodell sich von der ‚Stellungsmacht' weg bewegt, wobei allen Mitarbeitern Führungsrollen zugeteilt werden, damit sie ihren Beitrag mit der größtmöglichen Kapazität einbringen können."

*Man macht sich nur dadurch unersetzlich, indem man sich selbst verfügbar macht.*

Nur bevollmächtigte, in Eigenverantwortung handelnde Menschen können ihr persönliches Potenzial entfalten. Wenn eine Führungskraft andere nicht bevollmächtigen kann oder mag, baut sie Hürden innerhalb der Organisation auf, die andere nicht überspringen können. Bleiben diese Hindernisse lange genug bestehen, geben die Mitarbeiter auf oder gehen zu einer anderen Organisation, wo sie ihr Potenzial maximieren können.

Warum verletzen wohl manche Leiter dieses Prinzip der Eigenverantwortlichkeit? Betrachten wir einmal ein paar verbreitete Ursachen.

### *Bedürfnis nach sicherem Arbeitsplatz*

Der Feind Nummer Eins der Eigenverantwortlichkeit ist das Bedürfnis nach einem sicheren Arbeitsplatz. Eine schwache Führungskraft macht sich Sorgen, sie sei ersetzbar, wenn sie untergebene Mitarbeiter aufgebaut hat. Doch das Gegenteil trifft zu! Man macht sich nämlich nur dadurch unersetzlich, indem man sich selbst verfügbar macht. In anderen Worten: Wenn Sie beständig andere aufbauen und befähigen, Aufgaben auf ihrer Ebene zu übernehmen, dann werden

Sie für Ihre Organisation zu einer derart wichtigen Größe, dass Sie als unersetzlich gelten. Das ist ein verblüffendes Paradox beim Prinzip der Eigenverantwortlichkeit.

*Widerstand gegen Wandel*

Der Nobelpreisträger und Schriftsteller John Steinbeck behauptete: „Es liegt in der Natur des Menschen, beim Älterwerden gegen Veränderungen zu protestieren, insbesondere gegen den Wandel zum Besseren."

Es ist genau das Wesen von übertragener Verantwortung, dass ständigen Wandel mit sich bringt, da sie Mitarbeiter zum Erweitern ihres Potenzials und zur Innovation anregt. Wandel ist der Preis des Fortschritts.

*Fehlendes Selbstbewusstsein*

Viele Menschen beziehen ihren Selbstwert und ihr Selbstvertrauen aus ihrer Arbeit oder ihrer Stellung. Ist diese bedroht, sinkt auch ihr Selbstwertgefühl entsprechend. Andererseits gilt, was Buck Rogers sagt: „Menschen, die Selbstvertrauen besitzen, betrachten Veränderungen als Anreiz. Denn sie gehen davon aus, dass ein Mensch wirklich wichtig sein kann und seine Umgebung beeinflussen wird. Es sind Menschen der Tat und solche, die andere motivieren."

Es sind auch Verantwortung übertragende Leute.

### Andere durch Führung aufbauen

Nur selbstsichere Führungskräfte sind bereit, wo nötig in den Hintergrund zu treten. Mark Twain bemerkte einmal spitz, dass große Dinge geschehen können, wenn man sich nicht darum schert, wem sie letztlich zugeschrieben werden. Hier lässt sich noch einen Schritt weiter gehen. Ich denke, die größten Dinge geschehen *nur*, wenn man sie anderen zuschreibt. Das ist das angewandte Prinzip der Eigenverantwortlichkeit. Der US-Admiral James B. Stockdale erklärte: „Führung muss auf Zugewandten gründen ... Das bedeutet den Blick haben für das Wohl derer, die mitgehen ... Wir brauchen Leiter, die als Mitmenschen so gerne anderen beistehen, dass sie keinen Anspruch mehr auf ihren Job erheben. Denn Führungskräfte wie diese sind doch nie ohne Arbeit und niemals arm an Mitarbeitern. So seltsam es klingt, große Leiter gewinnen an Autorität, indem sie sie abgeben."

*Die größten Dinge geschehen nur, wenn man sie anderen zuschreibt.*

Einer der besten Männer an der Spitze der USA hatte die große Begabung, andere zu bevollmächtigen und ihnen Autorität zu übertragen. Er hieß Abraham Lincoln. Die Größe seiner Führungspersönlichkeit sieht man in seinem Kabinett. Die meisten Präsidenten beraten gleichgesinnte Verbündete. Nicht so Abraham Lincoln. In jenen unruhigen Zeiten, als es viele verschiedene Stimmen im Land gab, führte Lincoln eine Gruppe von Führungspersonen zusammen, die seiner Partei Einheit und Stärke bringen würden – durch ihre Vielfalt und gegenseitigen Herausforderungen. Einer seiner Biografen sagte über Lincolns Methode:

„Es ist wohl schon vorgekommen, dass ein Präsident einen politischen Gegner für einen Kabinettposten vorgeschlagen hat. Sich aber ganz bewusst mit all seinen enttäuschten Gegenspielern zu umgeben, schien ein Spiel mit dem Feuer zu werden. Es war ein Zeichen für Lincolns aufrichtige Intentionen, dass er den Rat von Männern suchte, die ihm ebenbürtig oder sogar noch stärker waren. Keine Angst vor einer kompletten Niederlage oder Überrumpelung solcher Leute zu haben, offenbart entweder völlige Naivität oder eine ruhige Zuversicht in die eigene Führungsautorität."

Lincoln lebte das Prinzip der Eigenverantwortlichkeit aus. Seine Selbstsicherheit machte ihn fähig, Macht abzugeben.

## Starke Führungskräfte zur Bevollmächtigung finden

Lincolns Fähigkeit Verantwortung zu übertragen spielte eine große Rolle für seine Beziehung zu seinen Generälen während des amerikanischen Bürgerkriegs. Anfangs hatte er Schwierigkeiten, überhaupt vertrauenswürdige Kandidaten zu finden. Als sich die Südstaaten abtrennten, gingen die besten Generäle Richtung Süden, um in den Dienst der Konföderierten zu treten. Doch Lincoln verlor nie die Hoffnung und hörte nicht auf, seinen Militärführern Macht und Entscheidungsfreiheit zu übertragen, selbst wenn diese Strategie bei dem einen oder andern General nicht die erwünschte Wirkung erzielte.

*Mitarbeiter niederdrücken heißt selbst mit ihnen abzusteigen.*

Im Juni 1863 legte Lincoln die Befehlsgewalt der Potomac-Armee in die Hände von General George G. Meade. Er hoffte inständig, dass dieser seine Sache besser machen würde als die Vorgänger Ambrose E. Burnside und Joseph Hooker. Einige Stunden nach Meades Berufung sandte ihm Lincoln einen Kurier mit folgender Botschaft nach:

„In Anbetracht der Umstände hat noch keiner einen wichtigeren Befehl erhalten; und ich zweifle nicht daran, dass Sie dem Vertrauen, das die Regierung in Sie gesetzt hat, vollkommen gerecht werden. Sie werden nicht behindert werden durch irgendwelche kleinlichen Anweisungen des Ministeriums. Ihrer Armee wird die Freiheit gewährt, ganz Ihren angesichts der jeweiligen Situation für nötig befundenen Ordern zu entsprechen ... Alle Truppen im Gebiet Ihres Aufgabenbereichs werden Ihren Anweisungen untergeordnet."

Und so kam es, dass Meades erste bedeutende Entscheidung fiel, als er seine Armee in einem kleinen pennsylvanischen Städtchen namens Gettysburg befehligte. Diese Prüfung bestand er mit Bravour. Am Ende war es jedoch nicht Meade, der seine ihm von Präsident Lincoln verliehene Vollmacht ausschöpfte. Dazu musste Ulysses S. Grant kommen und das Blatt des Bürgerkriegs wenden. Aber Meade hielt General Lees Armee in Schach und verhinderte, dass der Südstaatengeneral auf Washington marschierte.

Lincolns Gebrauch des Eigenverantwortlichkeits-Prinzips war so konsequent wie Henry Fords Ablehnung. Selbst als seine Generäle versagten, nahm Lincoln die Schuld auf sich. Der Lincoln-Experte Donald T. Phillips bemerkt dazu: „Während des gesamten Kriegs übernahm Lincoln öffentlich die Verantwortung für verlorene Schlachten oder verpasste Gelegenheiten."

Lincoln war in der Lage, den Krieg als starker Mann des Staates zu überstehen und kontinuierlich anderen Vollmacht und Verantwortung zu übertragen, weil er selbstsicher und fest war.

## Die Macht der Bevollmächtigung

Der Schlüssel zum Bevollmächtigen anderer liegt darin, fest an sie zu glauben. Ich hatte es damit glücklicherweise leicht, denn dieser Glaube an andere Menschen war mir selten schwer gefallen. Kürzlich erhielt ich eine Notiz von jemand, an dem ich – außerhalb meiner Familie – am meisten hinsichtlich Selbstverantwortung gearbeitet habe. Dan Reiland schrieb mir: „Jetzt ist der größte Augenblick beim Mentoring gekommen: Ich soll Leute zum Thema Selbstverantwortung schulen! Das kann ich aber nur deshalb, weil Du mir zuerst Verantwortung übertragen hast. Ich habe den Tag noch ganz klar vor Augen, als Du das Risiko auf Dich genommen und mich als Gemeindepastor berufen hast. Damit hast Du mich mit einer gewaltigen Verantwortung ausgestattet, nämlich der täglichen Führung aller Angestellten und Überwachung aller Dienstbereiche der Gemeinde. Du hast mich mit großer Autorität in diesen Dienst gestellt ... Du hast an mich geglaubt – vermutlich viel mehr, als ich selbst. Dieses Vertrauen hast Du mir auf eine Weise entgegengebracht, dass ich es gewissermaßen anzapfen und allmählich selbst für mich in Anspruch nehmen konnte ..."

Ich danke Dan für alles, was er getan hat – was bestimmt mehr ist als das, was ich ihm gegeben habe. Und die gemeinsame Zeit mit ihm habe ich sehr geschätzt. Es stimmt einfach, dass Bevollmächtigung an sich schon Stärke ausstrahlt, und zwar nicht nur für denjenigen, der Verantwortung und Autorität dadurch bekommt, sondern auch für den Mentor dieser Person. Andere höher zu bewerten bewirkt, dass man selbst aufsteigt. Dan hat mich also aufsteigen lassen, einmal, weil er mir half, noch viel mehr zu bewältigen, als ich alleine schaffen konnte, und zweitens, weil der gesamte Vorgang eine bessere Führungspersönlichkeit aus mir machte. Das sind die Folgen des Prinzips der Eigenverantwortlichkeit.

# 13

# Das Prinzip der Reproduktion

*Nur eine Führungspersönlichkeit produziert weitere Führungskräfte*

In einigen meiner Führungsseminare führte ich vor kurzem eine Umfrage durch. Ich wollte wissen, wie die Teilnehmer zu Führungskräften geworden waren. Dabei stellte ich Folgendes fest:

| **Wie sie Führungskräfte wurden** | |
|---|---|
| Natürliche Begabung | 10 Prozent |
| Ergebnis einer Krise | 5 Prozent |
| Einfluss einer anderen Führungskraft | 85 Prozent |

Wenn Sie sich selbst schon Gedanken über die Entstehung von Führungsprinzipien gemacht haben, dann haben Sie diese Zahlen wahrscheinlich nicht überrascht. Einige Menschen entwickeln sich tatsächlich dadurch zu Führungskräften, dass ihre Organisation in eine Krise gerät und sie einfach etwas dagegen unternehmen müssen.

Eine weitere kleine Gruppe besteht aus Leuten mit entsprechender natürlicher Begabung und einem guten Führungsinstinkt, was ihnen das selbstständige Ansteuern von Führungsaufgaben vereinfacht.

Aber mindestens acht von zehn Menschen in Führungspositionen, denen Sie in Ihrem Leben begegnen, sind durch eine andere etablierte Führungsperson beeinflusst worden, die ihnen als Mentor zur Verfügung stand. Es ist das Prinzip der Reproduktion: Nur eine Führungspersönlichkeit produziert weitere Führungskräfte.

## Viele folgen ihren Spuren ...

Meine Umfrage-Teilnehmer waren zu etwa einem Drittel Führungskräfte aus der Wirtschaft und zu zwei Drittel aus kirchlichem Raum. Doch das Ergebnis wäre sicher in jedem Bereich ähnlich ausgefallen. So findet man das Prinzip der Reproduktion auch im Sport. So sind 50 Prozent der Trainer in der US-amerikanischen Football League von nur zwei Führungspersönlichkeiten maßgeblich beeinflusst worden: Bill Walsh und Tom Landry. Und viele Spitzentrainer in der Fußballbundesliga haben entweder selbst unter einem Spitzentrainer gespielt oder unter einem Spitzentrainer als Co-Trainer gearbeitet.

Eigentlich hat jeder erfolgreiche Bundesliga-Trainer mit einem anderen starken Trainer zusammengearbeitet, der ihm in der gesamten Teamführung ein Vorbild war.

## Der eine tat es, der andere nicht

In dem Kapitel über das Respekt-Prinzip wurde bereits angesprochen, dass viele Menschen gerne einer stärkeren Führungspersönlichkeit folgen. Im Umkehrschluss bedeutet dies, dass nur Führungspersönlichkeiten weitere Führungspersönlichkeiten heranbilden können. Man kann nur an andere vermitteln, was man selbst besitzt. Wer nur Führungspersönlichkeiten nachfolgt, kann keine heranbilden. Doch selbst wenn jemand eine Führungspersönlichkeit ist, heißt das noch nicht, dass er oder sie andere als Führungskräfte aufbauen kann. Für jeden Sepp Herberger oder Hennes Weisweiler gibt es auch einen Franz Beckenbauer, also einen, der selbst ein großartiger Spieler und Trainer war, aber nicht zugleich andere Trainer anleitet, in seine Fußstapfen zu treten.

*Man kann nicht an andere vermitteln, was man selbst nicht besitzt. Wer selbst nur nachfolgen kann, kann keine Führungspersönlichkeiten heranbilden.*

Warum leiten wohl nicht alle Führungskräfte auch andere dazu an? Dafür mag es viele Ursachen geben. Manchmal wird einfach der ungeheure *Wert* gar nicht erkannt, der im

Aufbau neuer Führungskräfte liegt. (Darüber wird uns das Prinzip vom schnellen Wachstum noch Aufschluss geben.) Andere Führungspersönlichkeiten konzentrieren sich sehr auf die Masse ihrer Mitarbeiter und geben da alles. Und so bleibt ihnen nicht genug Kraft für ihre wichtigsten Mitarbeiter. Bei anderen liegt es vielleicht an der fehlenden Selbstsicherheit. Das Prinzip von der Eigenverantwortlichkeit hat uns ja gelehrt, dass nur selbstsichere Führungskräfte Verantwortung an andere übertragen.

Haben Sie als Kind auch das Nachmachspiel gespielt? Alle Bewegungen des Anführers müssen genau nachgemacht werden. Mir hat das jedenfalls Spaß gemacht – besonders wenn ich der Anführer war.

Um an der Spitze zu bleiben, musste man die anderen dazu bringen, Fehler zu machen. Dann hatten sie nach hinten zu gehen. Das Problem bei diesem Folg-dem-Anführer-Spiel ist, dass man die andern bewusst in die Irre führen musste, um selbst zu gewinnen. Aber um Führungskräfte aufzubauen, macht man genau das Gegenteil!

Bei einem Kongress für Führungskräfte im indonesischen Jakarta erwähnte ich dieses Spiel im Zusammenhang mit dem Prinzip der Reproduktion. Ich bat einen Freiwilligen nach vorne, mit dem ich zeigte, was geschieht, wenn eine Führungskraft jemand unterdrückt, statt ihn aufzubauen. Ich stellte den Mann vor mich hin, legte ihm meine Hände auf die Schultern und drückte ihn nach unten. Je mehr ich ihn niederdrückte, desto mehr musste auch ich mich beugen. Je tiefer er sein sollte, desto tiefer musste ich hinunter. So ist das auch bei Führung: Mitarbeiter niederdrücken heißt, selbst herunterzukommen.

## Riesentöter ausbilden

Zu meinen Lieblingsfiguren in der Geschichte gehört David aus dem alten Israel. Fast jeder kennt doch die Geschichte von David und Goliat, die auch das Prinzip der Reproduktion veranschaulicht. Als die Truppen der Philister König Saul und die Israeliten bedrohten, stand ein großer kräftiger Soldat auf und forderte seine Gegner heraus. Der beste Israelit konnte in einem die Schlacht entscheidenden Zweikampf den Sieg erringen. Und wer wagte den Schritt und nahm die Herausforderung an? Nicht etwa Saul, der mächtige König, oder einer seiner bewährten Krieger. Ein einfacher Hirtenjunge namens David stellte sich auf, legte einen Stein in seine Schleuder und traf Goliat an der Stirn. Nachdem dieser bewusstlos hinfiel, schlug David ihm den Kopf mit dessen eigenem Schwert ab.

Wir mögen solche Geschichten, da wir uns nur zu gerne mit dem Erfolg des Kleinen Mannes identifizieren. Doch kennen viele nicht das Ende der Geschichte. David wuchs in die Rolle des Kriegsführers hinein und wurde sogar König. Und dabei bildete er eine Truppe guter Kriegsleute heran, die auch seine „starken Männer" genannt wurden. Nicht weniger als fünf davon wurden zu „Riesentötern", genau wie ihr Anführer. War das Saul gelungen, ihrem früheren König? Nein, dazu musste einer kommen, der das selbst getan hatte. Und genau wie es des Formats eines Riesentöters bedarf, um gleichermaßen Riesentöter aufzubauen, so bedarf es einer Führungspersönlichkeit, um wieder andere Führungspersönlichkeiten heranzubilden.

## Wir geben weiter, was wir wissen – wir reproduzieren, was wir sind

Mir war es vergönnt, im Hause einer Führungspersönlichkeit aufzuwachsen: bei meinem Vater, Melvin Maxwell. So lernte ich schon früh in meinem Leben, was es heißt, mit Menschen zu arbeiten, Prioritäten zu setzen, mich selbst durch einen persönlichen Plan zu entwickeln und auch den Preis des Führens zu bezahlen. Er hat mir viel beigebracht. Doch am meisten habe ich davon profitiert, dass ich viel in seiner Nähe war, ihn im Umgang mit andern beobachtete und nachvollziehen lernte, wie er dachte. So wusste ich bereits vor meiner College-Ausbildung, was Führungsfähigkeit ist und hatte ein feineres Gespür dafür als der Durchschnitt meiner Altersgenossen. Genau auf diesem Gebiet wollte ich mich weiterentwickeln und plante, gute

Führungskräfte aufzusuchen, die mich bei diesem Lernprozess als Mentoren unterstützten.

*Und genau wie es des Formats eines Riesentöters bedarf, um gleichermaßen Riesentöter aufzubauen, so bedarf es einer Führungspersönlichkeit, um wieder andere Führungspersönlichkeiten heranzubilden.*

Wenn Sie ebenfalls den Wunsch haben, sich als Führungspersönlichkeit weiterzuentwickeln, sollten Sie das genauso machen. Gehen Sie zu den besten Führungskräften, die Sie finden können. Wenn Sie noch am Anfang Ihrer Laufbahn stehen, macht es Sinn, solche Leute in der gleichen Berufssparte zu suchen, um zugleich das nötige Bereichswissen mit zu erwerben.

Ist diese Grundlage aber gelegt, können Sie Führung an Menschen in den unterschiedlichsten Bereichen studieren. Ich habe mir viel abgeschaut von Geschäftsleuten, Pastoren, Politikern, Generälen, Profisportlern, Unternehmern – egal wo. Es kommt nicht auf das Berufsfeld an, da die Führungsprinzipien immer dieselben sind.

Das leuchtet allerdings nicht jedem sofort ein. So reagierte mein Bruder Larry eher skeptisch, als ich ihm vor Jahren von meinem Vorhaben erzählte, in Zukunft mehr Schulungen im Bereich Unternehmensführung anzubieten. Larry ist der geborene Geschäftsmann. Schon mit Mitte Zwanzig war er ein erfolgreicher Immobilienmakler und ist inzwischen Vorstandsmitglied mehrerer Firmen sowie Kurator einer Universität. Doch er bezweifelte, dass Geschäftsleute daran interessiert wären, Führungsfragen mit einem gelernten Theologen zu besprechen. Ich wusste aber, dass Führung gleich Führung ist, dass Prinzipien gebietsübergreifend gelten. Und so luden mich Firmen wie *Wal-Mart* wiederholt zu Schulungen ein, als sie sahen, dass diese Prinzipien sich anwenden ließen. Warum sollten diese großen Firmen jemandes Rat suchen, der vier kleine Firmen leitet? Nun, weil sie das Prinzip der Reproduktion verstanden haben: Nur eine Führungspersönlichkeit produziert andere Führungspersönlichkeiten, egal auf welchem Gebiet.

## Der nächste Schritt

Um Führungskräfte heranzubilden, gibt es nur eine einzige Methode: Selbst eine bessere Führungspersönlichkeit zu werden. Wunderbar, wenn Sie hier die ersten Schritte bereits unternommen haben. Dann sind Sie bereits in einer Position, andere als Führungskräfte aufzubauen. Dabei sollten Sie vor Augen haben: Führungspersönlichkeiten, die andere Führungskräfte aufbauen, können:

*Den Gesamtzusammenhang erkennen*

Jeder effektive Mentor sieht die Entwicklung von Führungspersönlichkeiten als seine wichtigste Aufgabe. Er weiß, dass das Gesamtpotenzial einer Organisation vom Wachstum ihrer Leitung abhängt. Je mehr fähige Führungskräfte, desto größer die Erfolgsaussichten.

*Potentielle Führungskräfte anziehen*

Vielleicht kennen Sie den Spruch von Ross Perot: „Führungskräfte sind keine Herdentiere. Man findet sie immer einzeln." Sicherlich stimmt die Behauptung. Doch wie wir durch das Prinzip der Anziehungskraft wissen, können Sie Menschen mit Führungspotenzial anziehen, wenn Sie selbst Ihre Führungskompetenzen ausgebaut haben. Gewinnen Sie dabei auch deren Achtung, dann erhalten Sie damit die Gelegenheit, sie zu besseren Führungskräften heranzubilden.

*Eine Adlerumgebung schaffen*

Ein Umfeld zu schaffen, in dem Führungsarbeit nicht nur geschätzt, sondern auch gelernt werden kann, ist das große Ziel jedes Mentors. Solch ein Umfeld zieht junge „Adler" nicht nur an, sondern hilft ihnen auch flügge zu werden. In solch einem Umfeld entwirft die Führungspersönlichkeit eine Vision, bietet Anreize, fördert Kreativität, wagt Risiken und sorgt für Verantwortlichkeit. Tun Sie das nur lange genug für genügend Führungskräfte, und Sie schaffen damit eine Führungskultur, in der Adler sich zu Hause fühlen.

### Effektive Führungsarbeit zieht weite Kreise

Wenn man das Prinzip der Reproduktion verstanden hat, ist sein riesiges Entfaltungspotenzial für eine Firma oder Organisation unschwer zu erkennen. Hat eine Firma nur schwache Führungskräfte, wird diese geringe Führung nur noch schlechter. Hat sie aber starke Führungspersönlichkeiten, die sich auch noch reproduzieren, wird die gesamte Führung immer besser.

Ab und zu entsteht eine Firma mit einer derart guten Führungsstruktur, dass man die Auswirkungen davon nicht nur in dieser Organisation sieht, sogar andere Firmen profitieren davon. Das klassische Beispiel ist *General Electric* unter der Leitung von Jack Welch. *General Electric* entwickelte sich zu einer der bestgeführten Firmen der Welt, und auch eine Führungskraft nach der andern konnte herangebildet werden. Man kann sogar sagen, dass *General Electric* insgesamt mehr patente Führungskräfte durch Wechsel an andere Firmen *verloren* hat, als selbst gute Firmen während ihres Bestehens überhaupt produzieren.

Wodurch konnte man bei *General Electric* so viele herausragende Führungspersönlichkeiten heranbilden? Erstens hat die Entwicklung von Führungskräften hohe Priorität. Die Firma gibt jedes Jahr über 600 Millionen Euro für Mitarbeiterschulung aus, wobei viele spätere Führungskräfte am eigenen Institut in Corotonville, auch „das Harvard der amerikanischen Unternehmen" genannt, ausgebildet werden. Doch weitaus wichtiger ist die Tatsache, dass diese Firma von einer großartigen Führungspersönlichkeit geführt wird, nämlich von Jack Welch.

Alles beginnt an der Spitze, weil nur eine Führungspersönlichkeit andere Führungskräfte produzieren kann. Nachfolger können das nicht. Institutionalisierte Programme auch nicht. Man braucht dafür jemanden, der die verborgenen Fähigkeiten anderer erkennt und sie freilegt, ihnen einen neuen Horizont zeigt und ihre Persönlichkeit wachsen lässt. Das meint das Prinzip der Reproduktion.

# 14
# Das Prinzip des Vertrauens

*Man vertraut erst der Führungspersönlichkeit, dann der Vision*

Im Herbst 1997 reiste ich mit einigen Mitarbeitern nach Indien. Man hatte uns als Referenten zu mehreren Führungskräftekongressen eingeladen. Indien ist ein faszinierendes Land voller Gegensätze. Es beherbergt so viel Schönheit und so freundliche, warmherzige Menschen. Gleichzeitig leben dort Millionen und Abermillionen in schlimmster Armut. Genau dort holte mich das Prinzip des Vertrauens wieder ein.

Unsere Ankunft in Neu-Delhi bleibt mir unvergesslich. Ich fühlte mich wie auf einem anderen Stern. Überall waren Menschen, ungeheuer viele Menschen: auf Fahrrädern und in Autos, auf Kamelen und Elefanten, auf der Straße – manche schliefen direkt auf dem Gehweg. Tiere rannten überall frei herum, alles war in Bewegung. Auf der Fahrt zu unserm Hotel sah ich an der Hauptstraße noch etwas anderes: Fahnen. Überall wehten Fahnen, die 50 Jahre Demokratie in Indien feierten, und riesige Transparente hingen über uns mit dem Gesicht eines Mannes: Mahatma Gandhi.

Heutzutage ist das Wissen um Gandhi als Führer einer friedlich-revolutionären Bewegung Teil unserer Allgemeinbildung. Doch gerade seine Lebens- und Führungsgeschichte ist eine gute Studie für das Prinzip des Vertrauens. Mohandas K. Gandhi, Mahatma genannt (was „große Seele“ bedeutet), studierte Jura in London. Nach dem Examen ging er zuerst nach Indien zurück, später dann nach Südafrika. Dort arbeitete er zwanzig Jahre lang als Rechtsanwalt und war politisch aktiv. In dieser Zeit kam seine Führungspersönlichkeit mehr und mehr zum Vorschein. Unermüdlich kämpfte er für die Rechte der Inder und weiterer Minderheiten im Land, die durch die Apartheid-Politik der weißen Regierung radikal unterdrückt wurden.

Als Gandhi schließlich 1914 nach Indien zurückkehrte, hatte er sich bereits einen Namen gemacht und wurde von seinen Landsleuten hoch geachtet. In den folgenden Jahren setzten die Leute auf ihn, als es zu von Gandhi angeregten Protesten und zu Streiks kam, und sie stellten sich hinter seine Führung. 1920, nur sechs Jahre nach seiner Rückkehr, wählte man ihn zum Präsidenten der Indischen Unabhängigkeitsbewegung.

Das Besondere an Gandhi ist nicht seine Wahl zum Führer der Unabhängigkeitsbewegung, sondern dass er das Denken der Menschen verändern konnte. Vor seiner Amtsübernahme gebrauchten sie Gewalt, um die Ziele der Bewegung zu erreichen. Jahrelang waren Aufstände gegen die britische Krone die Regel. Gandhis Vision jedoch basierte auf dem gewaltlosen Widerstand der Bevölkerung, um das Gesicht Indiens zu verändern. Er argumentierte: „Der passive Widerstand ist die mächtigste Waffe, die der Menschheit zur Verfügung steht. Sie hat mehr Sprengkraft als die stärkste Zerstörungswaffe, die ein Mensch erfinden kann."

Mahatma Gandhi forderte seine Landsleute auf, der Unterdrückung mit zivilem Ungehorsam und passivem Widerstand zu begegnen. Selbst als 1919 das britische Militär bei einem Massaker in Amritsar über tausend Menschen tötete, rief Gandhi weiterhin zum gewaltlosen Widerstand auf. Die Menschen von seiner Vision zu überzeugen, war nicht leicht. Aber weil die Inder ihm einmal als Führungspersönlichkeit vertrauten, stellten sie sich auch geschlossen hinter seine Vision. Und dann folgten sie ihm ergeben. Er bat sie, mit den gewalttätigen Aktionen aufzuhören, und sie hörten allmählich damit auf. Als er dazu aufrief, dass man importierte Kleider verbrennen und nur noch im eigenen Land hergestellte Kleidung anziehen solle, folgten Millionen Menschen seiner Idee. Als er zu dem Ergebnis kam, dass ein langer Marsch zum Meer das geeignetste Mittel sei, um zivilen Ungehorsam gegen das von den Briten eingeführte Salzgesetz zu demonstrieren,

*Ein Leiter hat einen Traum und findet dann die Leute dafür. Die Menschen finden den Leiter und erfassen dann den Traum.*

folgten ihm die nationalen Leiter die ganzen 350 km bis nach Dandi – wo sie schließlich von britischen Regierungsbeamten verhaftet wurden.

Der Kampf um die Unabhängigkeit war langwierig und leidvoll, aber unter Gandhis Führung erwies sich die indische Nation stark genug, um die verheißungsvolle Vision allmählich durchzusetzen. 1947 errang Indien seine Unabhängigkeit. Die Bevölkerung war Gandhi gefolgt, weil sie vertraute. Und als sie mit ihm unterwegs waren, konnten sie auch weitere Schritte tun. Das ist das Prinzip des Vertrauens. Ein Leiter hat einen Traum und findet dann Menschen, die mitträumen. Menschen finden eine Führungspersönlichkeit und folgen dann dem Traum.

*Die Leute folgen nicht in erster Linie einem guten Zweck. Sie folgen guten Leitern, die für gute Ziele eintreten.*

### Das Pferd nicht beim Schwanz aufzäumen

Auf Managementseminaren blocke ich regelmäßig Fragen zum Bereich Vision ab. Während der Pause kommt nämlich meist jemand auf mich zu, stellt mir ansatzweise eine Vision vor und fragt dann: „Meinen Sie, dass meine Mitarbeiter diese Vision annehmen werden?"

Und meine Standard-Antwort lautet: „Vertrauen die Mitarbeiter Ihnen denn?"

Geht es um Visionen, zäumen viele Führungskräfte das Pferd gern von hinten auf. Sie glauben, die andern Mitarbeiter werden die Idee schon schlucken und mitziehen, wenn die Vision stimmig erscheint. Aber so funktioniert Führung gerade nicht. Menschen folgen nicht in erster Linie einem guten Zweck oder beeindruckenden Ideen. Sie folgen guten Führungspersönlichkeiten, die für gute Ziele eintreten. Man vertraut zuerst dem Leiter, dann dessen Vision. Hat man das verstanden, verändert sich die gesamte Zusammenarbeit mit Menschen.

Für den, der an mich mit der Frage herantritt, ob seine Mitarbeiter mitziehen werden, heißt die eigentliche Frage: „Habe ich meinen Leuten genügend Anlass gegeben, mir zu vertrauen?"

Lautet die Antwort Ja, werden sie sich auch seiner Vision gerne anschließen. Wenn dieser Mensch aber seine Glaubwürdigkeit nicht gefestigt hat, spielt auch die Größe und Kraft seiner Vision keine Rolle.

Vor kurzem las ich einen Artikel in der Zeitschrift *Business Week*. Er berichtete von jungen Unternehmen aus der Computerbranche, die Kapitalgeber suchen. Das so genannte Silicon Valley in Kalifornien steckt anscheinend voller Kapazitäten, die eine Zeitlang in der Computerindustrie arbeiten, um eines Tages ihre eigene Firma zu gründen. Täglich suchen Hunderte davon nach Investoren, die ihnen für ihre Ideen und Geschäfte auf die Sprünge helfen sollen. Viele haben dabei keinen Erfolg. Doch wenn ein Jungunternehmer einmal erfolgreich ist, findet er auch beim zweiten Mal schnell die nötigen Finanzen, wenn es sein muss. Oft zeigen die Investoren dann noch nicht einmal gehobenes Interesse an seiner nächsten Erfindung. Haben sie ihm einmal vertraut, dann akzeptieren sie seine folgenden Ideen viel leichter.

*Menschen arbeiten nun mal gerne mit jemand zusammen, mit dem sie auch gut auskommen.*

Die Software-Entwicklerin Judy Estrim und ihr Partner haben inzwischen zwei Firmen gegründet. Sie berichtet, dass die Suche nach einem Kapitalgeber für ihre erste Firma über ein halbes Jahr dauerte, in dem sie das Projekt unzählige Male vorstellen musste, obwohl sie eine recht brauchbare Idee hatte, an die sie hundertprozentig glaubte. Der Start für ihre zweite Firma geschah praktisch über Nacht. Sie musste nur zwei kurze Telefonate führen, um sechs Millionen Euro an Investitionen zu erhalten. Als dann die Gründung ihres zweiten Unternehmens bekannt wurde, bot man ihr von anderer Seite weiteres Geld an. Judy Estrim: „Investoren meldeten sich von selbst und flehten regelrecht, ihr Geld doch anzunehmen."

Wie hatte sich die Lage so schnell geändert? Es lag am Prinzip des Vertrauens. Leute hatten ihr schon einmal erfolgreich vertraut, also war man auch bereit, das wieder zu tun.

## Die Botschaft sind Sie

Jede Nachricht, die man erhält, wird durch den Nachrichtenüberbringer gefiltert. Wenn Sie den Nachrichtenüberbringer für glaubwürdig halten, dann betrachten Sie auch seine Nachricht mit anderen Augen. Aus diesem Grund engagiert man beliebte Schauspieler oder Sportler, für ein bestimmtes Produkt zu werben. Die buchen bei einem Internet-Anbieter, weil Boris Becker „schon drin" ist und nicht unbedingt wegen der Qualität des Produkts. Dasselbe gilt, wenn Prominente für eine gute Sache eintreten. Sind sie denn plötzlich Fachleute auf jenem Gebiet geworden? Gewöhnlich nicht. Aber das spielt gar keine Rolle. Man hört Peter Ustinov einfach gerne zu, wenn er für das Kinderhilfswerk UNICEF spricht – nicht etwa, weil er ein Experte für Kinderarbeit in Indien ist, sondern weil man ihn als Person mag und er Glaubwürdigkeit als Schauspieler besitzt. Wenn man jemand einmal schätzen gelernt hat, gibt man auch seinem Anliegen eine Chance. Menschen verbinden sich nun mal gerne mit jemand, den sie schätzen.

### Keine Entweder-Oder-Entscheidung

Man kann die Sache schlecht von der Person trennen, die für sie eintritt. Das geht einfach nicht, auch wenn man es gutgläubig versucht. Es ist eben keine Entweder-Oder-Entscheidung, da beide Faktoren – Leiter und Vision – immer zusammen auftreten. In der folgenden Tabelle sehen wir, wie Menschen auf eine Führungspersönlichkeit und ihre Vision unter verschiedenen Umständen reagieren:

| LEITER | + | VISION | = | ERGEBNIS |
|---|---|---|---|---|
| Kein Vertrauen | | Kein Vertrauen | | Finden anderen Leiter |
| Kein Vertrauen | | Vertrauen | | Finden anderen Leiter |
| Vertrauen | | Kein Vertrauen | | Finden andere Vision |
| Vertrauen | | Vertrauen | | Stellen sich hinter den Leiter |

*Ist man nicht von der Führungsperson oder deren Vision überzeugt, sucht man jemand anderen*

Man kann die Reaktion der Leute gut verstehen, wenn sie von der Führungsperson oder deren Zielvorgabe nicht überzeugt sind. Sie arbeiten dann einfach nicht mehr mit. Aber sie tun noch etwas anderes: Sie halten in der Regel Ausschau nach einer anderen Führungspersönlichkeit. In dieser Lage kann man nicht mehr gewinnen.

*Sind andere nicht mit der Führungsperson, wohl aber mit der Vision einverstanden, suchen sie dennoch eine andere Führungspersönlichkeit*

Darüber mag man überrascht sein. Selbst wenn Menschen eine Sache für richtig halten, versuchen sie doch eine andere Führungspersönlichkeit zu finden, wenn sie die jetzige für inkompetent halten. Deshalb kommt es im Profisport so häufig zu Trainerwechseln. Die Vision, die Zielvorgabe für eine Mannschaft bleibt ja dieselbe: Jeder will gerne den Sieg erringen. Aber die Spieler glauben nicht immer an ihren Coach. Und was passiert dann? Der Verein kündigt nicht all den betroffenen Spielern. Er kündigt dem Trainer, dem Leiter, und sucht einen andern, dem die Spieler hoffentlich vertrauen.

*Sind andere mit der Führungspersönlichkeit, aber nicht mit der Vision einverstanden, ändern sie die Vision*

Selbst wenn Menschen sich nicht mit der Zielvorgabe der Führungspersönlichkeit anfreunden können, werden sie doch innerlich mitgehen, wenn sie ansonsten ein Vertrauensverhältnis zu ihm haben. Man sieht das oft in der Politik. In Deutschland zum Beispiel haben sich „Die Grünen" immer kompromisslos für die sofortige Abschaltung der Atomkraftwerke und für eine pazifistische Grundhaltung ausgesprochen. Als „Die Grünen" Koalitionspartner der SPD wurden, waren die Standpunkte plötzlich verhandelbar. Und die Basis der Grünen stützte ihre Parteiführung. Wie kommt so etwas zustande?

Sicher nicht dadurch, dass „Die Grünen“ plötzlich anders denken. Sie haben nur ihre Sichtweise vorläufig zurückgestellt, um ihrer Parteiführung nicht die Unterstützung zu versagen.

Wenn Mitarbeiter oder Untergebene nicht mit der Sicht ihres Vorgesetzten harmonieren, sind ihre Reaktionen oft ganz verschieden. Manchmal versuchen sie, ihren Vorgesetzten von seiner Meinung abzubringen. Manchmal geben sie ihre Vision auf zugunsten seiner Sichtweise. Oder man kommt zu einem Kompromiss. Solange sie jedenfalls ihrem Vorgesetzten und seiner Integrität vertrauen, werden sie ihn nicht rundheraus ablehnen, sondern an seiner Sache mitarbeiten.

### *Sind andere mit der Führungsperson und deren Vision einverstanden, ziehen sie mit*

Überzeugte Menschen vertrauen selbst dann und engagieren sich mit aller Kraft, auch wenn die allgemeine Lage sich verschlechtert oder es viele Hindernisse zu überwinden gilt. Deswegen haben die Inder unter Gandhi nicht zurückgeschlagen, als die Soldaten sie niedermähten. Das ließ die Berliner unter ihrem regierenden Bürgermeister Willy Brandt die Stadt lebendig halten, als überraschend die Mauer gebaut wurde. Aus diesem Grund hatten die Menschen Hoffnung und hielten Martin Luther Kings Traum am Leben, als er schon tot war. Und es hält Leute dazu an weiterzukämpfen, selbst wenn sie sich schon völlig verausgabt haben.

Für einen Leiter reicht es nicht aus, eine starke Vision und noch so gute Absichten zu haben, um andere zur Mitarbeit zu bewegen. Zuerst muss man selbst eine noch bessere Führungskraft werden, damit einem die Leute vertrauen können. Diesen Preis kostet es schon, wenn die eigene Vision eine Chance zur Verwirklichung haben soll.

### *Zeit lassen zur Vertrauensbildung*

Wer schon einmal erfolglos versucht hat, Menschen hinter sich und seine Vision zu bringen, hat vermutlich unwissend gegen das Prinzip des Vertrauens verstoßen. Mir persönlich wurde die Bedeutung dieses Prinzips erstmalig bewusst, als ich 1972 meine zweite Führungsposition antrat. Im Kapitel zum Prinzip des Lenkens habe ich bereits erwähnt, wie ich meine Gemeinde nach einigen Jahren durch den Bau des Gemeindezentrums gesteuert habe. Doch als ich dort anfing, war das längst nicht die allgemeine Marschrichtung der Gemeinde.

Genau in der Woche vor meiner Ankunft hatten zwei Drittel der Mitglieder dafür gestimmt, ein neues Gemeindezentrum mit Möglichkeiten für die unterschiedlichsten Aktivitäten zu bauen. Nun hatte ich mich aber vor meinem Arbeitsantritt daran gesetzt, die Bedürfnislage der Gemeinde näher zu erforschen. Ich war zu dem Schluss gekommen, dass man für die künftige Arbeit der wachsenden Gemeinde viel dringender einen größeren, schöneren Versammlungssaal als geplant bräuchte. Ich sah die Entwicklung der nächsten Jahre glasklar vor mir. Aber konnte ich jetzt kommen und sagen: „Vergessen Sie mal Ihren Beschluss und all die Mühe, die Sie sich dabei gemacht haben. Ich habe hier die bessere Idee."

Ich brauchte erst mehr Zeit zum Aufbau einer echten Vertrauensbasis mit allen Mitgliedern.

So organisierte ich zunächst einmal einen Ausschuss, der sich intensiv mit all den Themen rund um das ursprünglich geplante Gemeindezentrum befassen sollte. Dabei machte ich deutlich: „Wenn wir dafür so viel Kraft und Geld investieren wollen, müssen wir uns auch ganz sicher sein. Also brauchen wir zuerst ganz viele Informationen aus allen betreffenden Bereichen."

Den Ausschussmitgliedern erschien das plausibel und sie machten sich an die Arbeit. Im Laufe des folgenden Jahres traf ich mich jeden Monat mit ihnen, um über die gesammelten Ergebnisse zu beraten. Dann lobte ich ihre Arbeit und fragte hier und da nach, damit sie noch gezieltere Informationen dazu besorgten.

In der Zwischenzeit arbeitete ich an meiner Glaubwürdigkeit vor Ort. Ich bemühte mich um gute Beziehungen zu den leitenden Personen und beantwortete all ihre Fragen, damit man mich besser verstehen und meine Gedankengänge nachvollziehen konnte. Ich sprach über meine Ideen, Wünsche und Träume im Hinblick auf unsere

Ziele. Und ich trug zum Wachstum der gesamten Organisation bei. Besonders dieser letzte Punkt veranlasste die Mitglieder, mir und meinen Fähigkeiten mehr und mehr zu vertrauen.

Nach etwa einem halben Jahr spürte man die ersten positiven Veränderungen innerhalb der Gemeinde. Nach einem Jahr stellte der Bauausschuss fest, dass ein auf Aktivitäten ausgerichtetes Gemeindezentrum nicht im gegenwärtigen Interesse der Gemeinde liege und man vorschlage, es so nicht zu bauen. Ein weiteres Jahr später hatten wir einen allgemeinen Konsens: Der Schlüssel für die Zukunft lag im Neubau eines großen Gemeindesaals. Bei der Abstimmung zählten wir 98% Ja-Stimmen, und damit legten wir los.

Ich hätte beim Antritt meiner Stelle versuchen können, den Menschen meine Vision aufzudrängen. Von ihrer Richtigkeit war ich 1972 genau so überzeugt wie zwei Jahre später beim gemeinsamen Auftakt. Doch auf diese Art hätte ich niemandem geholfen, sein eigentliches Ziel zu erreichen. Und ich hätte meine eigene Führungskompetenz untergraben.

Als Führungspersönlichkeit bekommt man keine Gummipunkte, wenn man für eine gute Sache eintritt und dabei verliert. „Rechthaben“ allein schafft noch keine Anerkennung. Man wird Ihren Erfolg nämlich daran messen, wie gut Sie eine Gruppe von Menschen dahin führen, wo sie hingelangen sollte. Das können Sie aber erst, wenn die Menschen Ihnen und Ihrer Führungskompetenz vertrauen.

# 15

## Das Prinzip des Sieges

*Führungspersönlichkeiten finden den Weg zum Sieg*

Haben Sie schon mal darüber nachgedacht, was wohl eine erfolgreiche Führungspersönlichkeit von einer erfolglosen unterscheidet? Was macht einen zum Sieger? Die entsprechende Eigenschaft genau zu benennen, ist nicht leicht. Jede Führungsverantwortung mag etwas anders geprägt sein. Jede Krise stellt ihre eigenen Anforderungen. Doch ich habe den Eindruck, dass erfolgsorientierte Menschen mit Leitungsaufgaben es einfach unerträglich finden, eine Niederlage zu akzeptieren. Das Gegenteil von Gewinnen erscheint ihnen völlig untragbar. Daher suchen sie unbedingt einen Weg, doch noch zum Sieg zu gelangen, und den verfolgen sie mit allen zur Verfügung stehenden Mitteln.

Ich lese sehr gerne Literatur über den amerikanischen Bürgerkrieg. Und so entdeckte ich in einem alten Buch wieder dieses Prinzip des Sieges. In dem Buch wurden die Unterschiede zwischen beiden damaligen Präsidenten diskutiert, Abraham Lincoln für die Union und Jefferson Davis für die Konföderierten. Lincoln als herausragende Führungspersönlichkeit habe ich hier ja bereits öfter angeführt. Er vergaß nie, dass der Sieg der Nation die höchste Priorität hatte und vor persönlichem Stolz, Ruhm oder Bequemlichkeit rangierte. Lincoln umgab sich mit den bestmöglichen Führungskräften, übertrug seinen Generälen Vollmacht und hatte keine Scheu, andere den Ruhm für Erfolge einfahren zu lassen. Beispielsweise sandte er General Grant nach dessen Sieg bei Vicksburg folgende Botschaft: „Meine stille Hoffnung war, dass Sie es tatsächlich besser wüssten als ich ... Nun möchte ich ... erklären, dass Sie Recht und ich Unrecht hatte.“

Jefferson Davis andererseits schien den Sieg nicht an erste Stelle zu setzen. Wo er wie ein Revolutionär hätte denken sollen, da bewegte er sich wie ein Bürokrat. Wo er seinen Generälen – den besten im ganzen Land – Autorität übertragen und Entscheidungsfreiheit hätte lassen sollen, kontrollierte er lieber jedes Detail. Am schwerwiegendsten scheint mir seine Sorge, auf jeden Fall Recht zu behalten, statt den Krieg zu gewinnen.

*Für erfolgsorientierte Leiter scheint das Gegenteil von Gewinnen völlig untragbar zu sein. Daher suchen sie einen Weg, doch noch zum Sieg zu gelangen, und ihn mit allen ihnen zur Verfügung stehenden Mitteln zu verfolgen.*

Der Historiker David M. Potter schreibt über Davis: „Er verbrauchte einen überaus großen Anteil seiner Kraft in hitzigen Debatten, ja im Streit, nur um zu beweisen, dass er Recht habe. Er schien davon auszugehen, dass es durchaus genüge, wenn er Recht hatte; dass es wichtiger sei, seine eigene Rechtschaffenheit zu verteidigen, als Ergebnisse zu erhalten."

Jefferson Davis verletzte das Prinzip des Sieges, deshalb mussten seine Leute eine katastrophale Niederlage hinnehmen.

## Politische Führer auf der Siegerstrasse

Eine Krise bewirkt meist, dass die besten – oder auch die schlechtesten – Charaktereigenschaften einer leitenden Figur zu Tage treten. Während des Zweiten Weltkriegs standen zwei bemerkenswerte Führungspersönlichkeiten, die mit dem Prinzip des Sieges arbeiteten, auf Seiten der Alliierten: der britische Premierminister Winston Churchill und der amerikanische Präsident Franklin Roosevelt. Sie verhinderten, dass Hitler ganz Europa in den Ruin führte und es nach seinen Vorstellungen verwandelte.

Auf der einen Seite des Atlantiks motivierte Winston Churchill die britische Bevölkerung, Widerstand gegen Hitler zu leisten. Lange bevor er 1940 zum Premierminister gewählt wurde, sprach sich Churchill gegen die Nazis aus. 1932 war es noch die Stimme eines einsamen Kritikers, die warnte: „Lassen wir uns nichts vormachen ... Glauben Sie nicht, dass Deutschland hier nur nach Gleichberechtigung fragt ... Sie wollen die Wiederbewaffnung und werden, wenn sie

sie haben, für die Rückgabe der verlorenen Gebiete oder Kolonien eintreten, glauben Sie mir."

Churchill machte seine Haltung gegen die Nazis auch weiterhin deutlich. Als Hitler 1938 Österreich annektierte, sagte Churchill zu den Abgeordneten im britischen Unterhaus:

„Seit fünf Jahren rede ich hier über diese Dinge – doch mit wenig Erfolg. Ich habe beobachtet, wie diese großartige Insel unausweichlich, sinnlos herunterkommt, und dieser Weg führt zu einer dunklen tiefen Kluft ... Jetzt ist es an der Zeit, dass sich das Volk erhebt. Vielleicht ist dies die letzte Gelegenheit sich zu erheben, um einen Krieg zu verhindern, oder im anderen Fall, den anstehenden Krieg zu gewinnen."

Leider sahen Premierminister Neville Chamberlain und die anderen politischen Führer Großbritanniens in Hitler kaum die große Gefahr.

Mitte 1940 stand halb Europa unter deutscher Besatzung. Doch dann geschah etwas, das vielleicht die Geschichte der freien Welt veränderte. England stand jetzt unter Winston Churchills Führung. Und der weigerte sich, vor den Drohungen der Nazis einzuknicken. Über ein Jahr lang stand Großbritannien geschlossen, aber allein da und musste notgedrungen eine deutsche Invasion befürchten. Als Hitler andeutete, dass er mit England verhandeln wolle, wies Churchill ihn ab. Als die ersten Bomben auf England fielen, blieb man ebenfalls hart. Die ganze Zeit über suchte Churchill nach einem Weg zum Sieg.

### Churchill gibt sich nicht zufrieden

Immer wieder sprach Churchill zu seinem Volk und ermutigte es zum Durchhalten. Seine erste Rede als neuer Premierminister klang so:

„Wir stehen am Beginn einer sehr schweren Aufgabe. Wir haben viele endlose Monate voller Kampf und Leid vor uns. Sie fragen, wie unsere Strategie aussieht? Ich werde es Ihnen sagen: Wir müssen

Krieg führen auf dem Meer, auf dem Land und in der Luft – mit all der Macht und der Stärke, die Gott uns geben kann; Krieg führen gegen einen gewalttätigen Tyrann, wie es ihn in der dunklen, beklagenswerten Aufreihung menschlichen Verbrechens noch keinen gegeben hat. Das ist unsere Strategie. Sie fragen nach unserem Ziel? Das beantworte ich mit einem Wort: Sieg – Sieg um jeden Preis. Sieg trotz all der Schrecken. Sieg, auch wenn der Weg dahin lang und steinig sein mag. Denn ohne Sieg gibt es kein Überleben."

*„Was ist unser Ziel? Das beantworte ich mit einem Wort: Sieg – Sieg um jeden Preis. Sieg trotz all der Schrecken. Sieg, auch wenn der Weg dahin lang und steinig sein mag. Denn ohne Sieg gibt es kein Überleben."*
*Winston Churchill*

In der Zwischenzeit tat Churchill alles um durchzuhalten. Er sandte Truppen ans Mittelmeer, um gegen Mussolini zu kämpfen. Trotz seiner Ablehnung des Kommunismus verband er sich mit Stalin und den Sowjets und sorgte für humanitäre Hilfstransporte, obwohl die eigenen Ressourcen, das eigene Überleben dadurch gefährdet waren. Und er arbeitete an seiner persönlichen Beziehung zu Franklin Roosevelt.

Der amerikanische Präsident zögerte, in diesem Krieg Partei zu ergreifen, doch Churchill baute diese Beziehung aus. Er hoffte, dass über Freundschaft und gegenseitige Achtung hinaus ein hundertprozentiges Kriegsbündnis zustande käme. Seine Bemühungen trugen Früchte. An dem Tag, als japanische Bomben auf Pearl Harbor fielen und damit die USA in einen Krieg verwickelten, konnte Churchill sagen: „Also haben wir doch gewonnen."

## Roosevelt setzt auf Sieg

Für Franklin Roosevelt war das Prinzip des Sieges schon vor jenem Dezember 1941 nichts Neues. Vielleicht ist es sogar ein Symbol für sein ganzes Leben. Er erkämpfte sich seine politischen Siege auf dieselbe Art wie seinen Sieg über seine Polioerkrankung. Nach seiner Wahl als Präsident stand er vor der Aufgabe, das Land aus der wirtschaftlichen Depression zu führen – nur eine weitere scheinbar ausweglose Lage, aus der er sich herauskämpfen musste. Und Roosevelt kämpfte tatsächlich. Während der dreißiger Jahre erholten sich Land und Leute allmählich.

Als dann die Nationalsozialisten sich Europa Stück für Stück unter den Nagel rissen, ging es um etwas ganz Wesentliches. Arthur Schlesinger Jr., der namhafte Historiker und Gewinner des Pulitzerpreises, bemerkt dazu: „Im Zweiten Weltkrieg sah man die Demokratie um ihr Leben kämpfen. 1941 gab es nur noch etwa ein Dutzend demokratisch geführte Länder weltweit. Rechtzeitig fand sich jedoch eine begabte politische Führungsmannschaft, um die Sache der Demokratie neu voranzutreiben."

Roosevelt und Churchill bildeten dieses Führungsteam. Wie eine Einheit marschierten sie los. Und wie der britische Premier England für seine Sache gewonnen hatte, so brachte der Präsident jenseits des Atlantiks die amerikanische Bevölkerung zusammen und schwor sie auf ein gemeinsames Ziel ein, wie es zuvor oder danach keinem mehr gelungen ist.

Für beide gab es nur den Sieg, ohne Alternativen. Hätten sie etwas anderes akzeptiert, sähe die Welt heute ganz anders aus. Schlesinger meint sogar: „Schauen wir uns die Welt der Gegenwart einmal an. Das ist definitiv nicht Adolf Hitlers Welt. Sein Tausendjähriges Reich stellte sich als sehr kurzlebig heraus: eine Spanne von zwölf blutigen Jahren. Es ist offensichtlich auch nicht Josef Stalins Welt. Jene gespenstische Ära fiel vor unseren Augen in sich zusammen. Es ist auch nicht Winston Churchills Welt ... Die Welt, in der wir leben, ist Franklin Roosevelts Welt."

Ohne Churchill und Großbritannien wäre ganz Europa gefallen. Ohne Roosevelt und die Vereinigten Staaten wäre es vielleicht nie wieder für die Freiheit zurückerobert worden. Doch nicht einmal ein „Führer" und seine Reichsarmee konnten zwei starken Führungspersönlichkeiten, die das Prinzip des Sieges auslebten, standhalten.

## Starke Führungspersönlichkeiten finden einen Weg zum Sieg

Führungspersönlichkeiten zeigen vor allem dann ihre Stärke, wenn der äußere Druck zunimmt. Was in ihnen steckt, drängt nun nach außen und kommt entweder positiv oder negativ zum Tragen. Es ist noch nicht lange her, dass man Nelson Mandela zum Präsidenten in Südafrika wählte. Das war ein großer Gewinn für dieses zerrüttelte Land, doch der Weg bis dahin dauerte lange. Für Mandela selbst war der Weg zu diesem Sieg mit 27 langen Jahren im Gefängnis gepflastert. Während dieser Zeit versuchte er, Schritt um Schritt näher zum Ziel zu kommen. Er schloss sich dem Afrikanischen Nationalkongress (ANC) an und inszenierte gewaltfreie Proteste.

*Gute Führungskräfte zeigen vor allem dann ihre Stärke, wenn der äußere Druck zunimmt. Was in ihnen steckt, drängt nun nach außen.*

Als der ANC verboten wurde, ging Mandela in den Untergrund und reiste ins Ausland, um dort Unterstützung zu finden. Wenn nötig, stellte er sich einem Gerichtsverfahren und nahm mit Zivilcourage und Würde auch Haftstrafen auf sich. Und als die Zeit reif war, verhandelte er mit Präsident de Klerk über eine Regierungsreform. Selbst Präsident, machte er sich an die nicht gerade leichte Aufgabe, in der Bevölkerung die Wunden der Vergangenheit zu heilen.

Mandela betrachtet sich selbst als „gewöhnlicher Mensch, der aufgrund von außergewöhnlichen Umständen zur Führungskraft geworden ist“. Ich meine, er wurde zur außergewöhnlichen Führungspersönlichkeit, weil er Charakterstärke hat und das Prinzip des Sieges verfolgt.

## Ist Tag für Tag zu sehen

Das Prinzip des Sieges kann man bei Sportveranstaltungen ganz leicht beobachten. Meistens agieren Führungspersönlichkeiten sonst mehr hinter den Kulissen, was uns den Blick auf ihr Arbeiten verwehrt. Doch zum Beispiel beim Fußball können Sie förmlich zusehen, wie ein Trainer oder ein Spielmacher für den Sieg arbeitet. Und wenn das Spiel abgepfiffen wird, wissen Sie auch, wer gewonnen hat und warum. Sportwettkämpfe haben ein direktes, messbares Ergebnis.

Wenn ich das Prinzip des Sieges in Aktion sehen will, gehe ich zu einem Basketballspiel und beobachte jemand wie Michael Jordan. Dieser Superathlet ist auch eine besondere Führungspersönlichkeit. Er lebt und atmet mit dem Prinzip des Sieges. Immer wieder findet Michael Jordan einen neuen, unverbauten Weg zum Sieg für sein Team. Sein Biograf Mitchell Kruger stellt fest, dass man diesen hartnäckigen und leidenschaftlichen Siegeswillen in allen Fassetten von Jordans Leben sehen und erleben kann. Krugel schreibt anschaulich:

„Im Training der Bulls war die erste Sechs, das Anfangsteam, immer weiß angezogen, die anderen trugen Rot. (Der frühere Coach) Loughery ließ Jordan von Anfang an bei den Weißen mitspielen. Mit Jordan und (Teamkollege) Woolridge führte das weiße Team meist uneinholbar mit 8:1 oder 7:4 bei den Kurzspielen bis 11 erzielten Gesamtpunkten. Die Verlierer mussten nach dem Training dann immer ein paar Extrarunden laufen. Irgendwann hat Loughery dann Jordan in das andere Team versetzt. Darauf hat das rote Team immer häufiger gewonnen."

Zu Beginn seiner Karriere vertraute Michael Jordan vor allem auf sein natürliches Talent und sein persönliches Bemühen, den Sieg zu erringen. Doch mit der Zeit entwickelte er sich zum guten Teamleiter, der die gesamte Mannschaft mit besserem Spielen nach vorne bringen wollte. Jordan findet, dass dieser Eigenschaft zu wenig Beachtung geschenkt wird. Er bemerkte einmal: „Wenn ich einmal nicht mitspiele, fragt jeder: Können sie ohne mich gewinnen? ... Warum fragt man sich nicht mal, warum? Oder welchen Beitrag ich eigentlich bringe, der alles verändert? Ich wette, dass keiner darauf kommt, dass sie meine Führung vermissen oder die Fähigkeit, meine Teamkollegen besser spielen zu lassen."

Doch genau das ist der wesentliche Beitrag, den Jordan leistet. Führungspersönlichkeiten finden immer einen gangbaren Weg zum Sieg für ihr Team.

Vor ein paar Jahren trat Michael Jordan in einem Werbespot für Nike auf und zählte einige seiner Fehlleistungen auf: „Ich habe in meinem Leben über 9000 Fehlwürfe gemacht, über 300 Spiele verloren. 26 Mal machte ich den alles entscheidenden Wurf und verpasste den Korb."

Kurz nach der ersten Ausstrahlung des Spots las ich dann ein Interview mit Jordan. Der Journalist fragte, ob er tatsächlich so oft versagt habe. Sehr bezeichnend fand ich Jordans Antwort: „Keine Ahnung."

Man mag über diese Bemerkung enttäuscht sein, doch sie offenbart etwas über seine Persönlichkeit. Michael Jordan brütet nicht über den Fehlern der Vergangenheit. Ihn interessiert viel mehr die Frage, was er in diesem Moment tun kann, um sein Team zum Sieg zu führen.

### Es kommt nicht auf die Spielart an

Im Fußball findet man heute viele Superstars. Doch Superstars allein garantieren noch keinen Sieg. Vor allem braucht man Führungspersönlichkeiten. Die besten Spieler von früher hatten mehr als nur Naturtalent, obwohl das sicher auch vorhanden war. Ein Fritz Walter maß beispielsweise seine Spielleistung daran, ob sie seiner Mannschaft zu einem besseren Spiel verholfen hatte oder nicht. Ein Günther Netzer war nicht nur Mittelfeldstratege der Mönchengladbacher Fohlen, sein größter Beitrag war seine Führungsstärke im Team. Franz Beckenbauer ragt heraus, da er das Prinzip des Sieges nicht nur als Spieler, sondern danach auch als Trainer und zuletzt als Präsident von Bayern München verkörperte.

Führungspersönlichkeiten finden einen gangbaren Weg zum Sieg für ihr Team. Das ist das Prinzip des Sieges. Die Sportart spielt dabei keine Rolle. Michael Schumacher schaffte es in der Formel 1, Dirk Nowitzky im Basketball und Oliver Kahn bei den Fußballspielern. Führungspersönlichkeiten suchen und finden den Weg zum Erfolg.

## Drei Siegeskomponenten

Ob Sie nun eine Fußballmannschaft, eine Armee, ein Unternehmen oder eine Hilfsorganisation betrachten – Erfolg ist da möglich, wo die drei folgenden Komponenten zusammenkommen:

### *1. Gemeinsame Vision*

Ein Team gewinnt in der Regel nur, wenn die Spieler eine gemeinsame Vision, ein gemeinsames Ziel haben, auch wenn sonst noch so viel Talent oder Potenzial vorhanden sein mag. Für den Profi-Sport gilt das allemal. Doch es gilt nicht minder für die Geschäftswelt oder für den kirchlichen Bereich. Ein Meisterschaftssieg ist undenkbar, wenn die Spieler im Team mit unterschiedlichen Vorgaben loslegen.

*Eine Meisterschaft ist undenkbar, wenn die Spieler unterschiedliche Ziele haben.*

Mir wurde dies deutlich, als ich noch an der High School ins Basketballteam berufen wurde. Wir waren viele begabte Spieler und hatten uns für die Landesmeisterschaft qualifiziert. Aber es gab ein Problem. Die jüngeren und die älteren Spieler kamen nicht miteinander aus. Es wurde so schlimm, dass der Trainer sein Vorhaben, uns zusammen zu trainieren aufgab und uns auf zwei Übungsgruppen verteilte. Die Spiele waren dann entsprechend katastrophal. Und warum? Weil wir keine gemeinsame Vision hatten.

### *2. Unterschiedliche Begabungen*

Es ist selbstverständlich, dass es in einem Team unterschiedliche Begabungen geben muss. Oder wie stellen Sie sich eine Eishockeymannschaft vor, die nur aus Torhütern besteht? Oder ein Fußballteam mit lauter Stürmern? Das macht keinen Sinn. Entsprechend sind in einer Organisation unterschiedliche Begabungen für den Erfolg notwendig. Alle Mitarbeiter nehmen einen speziellen Aufgabenbereich wahr.

### *3. Dem Sieg und den Mitarbeitern verpflichtete Führungspersönlichkeit*

Natürlich braucht man gute „Mitspieler“ mit unterschiedlichen Begabungen. Wie schon Football-Trainer Lou Holtz meinte: „Man muss schon großartige Sportler im Team haben, um zu gewinnen. Ganz egal, wer der Coach ist: ohne gute Spieler kein Sieg. Aber man kann auch mit guten Spielern verlieren. Dann gerade kommt es auf das Coaching an.“ Spätestens beim gleichen Leistungspotential der Spieler liegt der Sieg am guten Coaching.

Eine gemeinsame Vision entsteht nicht von alleine. Die richtigen „Spieler“ mit den passenden jeweiligen Begabungen kommen nicht von selbst zusammen. Dafür benötigt man einen „Trainer“. Er sorgt für die nötige Motivation, Eigenverantwortung und Zielsetzung, die man zum „Siegen“ braucht.

## Das Prinzip des Sieges ist Chefsache

Eine der bemerkenswertesten Erfolgsgeschichten der letzten Jahre ist die von Southwest Airlines und Herbert Kelleher. Ich habe sie bereits im Kapitel vom Prinzip der Beziehungen erwähnt. Die Angestellten von Southwest arbeiten gern in der Firma, was an der geringen Mitarbeiterfluktuation sichtbar wird. Zugleich gelten die Mitarbeiter als die produktivsten in der gesamten Branche. Bei den Kunden ist die Fluglinie sehr beliebt – das kann man an der hochrangigen Bewertung bei Umfragen deutlich sehen.

*„Man muss schon großartige Sportler im Team haben, um zu gewinnen. Ganz egal, wer der Coach ist: Ohne gute Spieler kein Sieg. Aber man kann auch mit guten Spielern verlieren. Dann gerade kommt es auf das Coaching an.“*
Lou Holtz

Schaut man sich die heutige Marktposition von Southwest an, glaubt man kaum, dass ihr Auftakt alles andere als rosig war. Man kann es sogar dem Prinzip des Sieges zuschreiben, dass diese Firma heute noch am Markt ist. Southwest Airlines gründeten 1967 Rollin King, Besitzer einer kleinen Pendelverkehr-Fluglinie in Texas, John Parker, Bankier, sowie der Anwalt Herb Kelleher.

Doch es dauerte vier Jahre, bis das erste Flugzeug starten konnte. Direkt nach ihrer Eintragung als Aktiengesellschaft versuchten die bestehenden Konkurrenten Braniff, Trans Texas und Continental Airlines, sie vom Markt zu drängen. Beinahe wäre ihnen das auch gelungen. Ein Gerichtsverfahren folgte dem nächsten. Als das Anfangskapital verbraucht war und die Airline anscheinend für immer am Boden bleiben musste, wollte der Vorstand aufgeben. Kelleher meinte jedoch: „Lasst uns noch eine Runde kämpfen. Ich werde die Firma in Zukunft selbst vor Gericht vertreten, das Honorar dafür erst einmal aussetzen und die gesamten Gerichtskosten aus meiner Tasche bezahlen."

Als der Fall schließlich in letzter Instanz vor dem texanischen Oberlandesgericht gelandet war, gewann Southwest und konnte endlich mit einem geregelten Flugplan beginnen.

Als die Starterlaubnis vorlag, wurde der branchenerfahrene Lamar Muse als neuer Geschäftsführer angeworben. Er wiederum stellte die besten verfügbaren Manager ein. Und während andere Fluggesellschaften sie aus dem Geschäft zu drängen versuchten, kämpften Kelleher und Muse weiter – vor Gericht und an der Börse.

Als es Schwierigkeiten bei der Auslastung der Flüge von und nach Houston gab, flog Southwest nicht mehr den Hauptflughafen, sondern Hobby Airport an, der für Pendler wegen seiner zentraleren Lage besser erreichbar war. Als die größeren Airlines alle in den neu gebauten Dallas-Fort Worth-Airport umzogen, flog Southwest weiterhin das bequeme Dallas Love Field an. Als man eins der vier Flugzeuge aus Überlebensgründen verkaufen musste, fand die Geschäftsführung einen Weg, wie die Maschinen zwischen den Flügen nur noch ganze zehn Minuten am Boden stehen mussten, und die Firma konnte ihre Routen und Flugpläne beibehalten. Und als man keinen Ausweg zur Auslastung der Flugrouten mehr sah, erfand Southwest die unterschiedlichen Preise für Stoß- und Nebenzeiten, Freizeitreisende konnten so erheblich günstiger fliegen als Geschäftsreisende.

*Führungskräfte, die das Prinzip des Sieges praktizieren, haben keinen „Plan B in der Schublade". Das lässt sie weiter kämpfen.*

Herb Kelleher blieb während der ganzen Zeit am Ruder und war tragende Säule der Firma. 1978, sieben Jahre nach dem Jungfernflug der ersten Maschinen, wurde er Vorstandsvorsitzender von Southwest, 1982 auch geschäftsführender Direktor. Noch heute findet er den bestmöglichen Weg zum Erfolg für die Firma. Schauen Sie sich die Zahlen einmal an:

**Southwest Airlines 1971 und 26 Jahre später**

| | **1971** | **1997** |
|---|---|---|
| *Anzahl der Maschinen* | 4 | 262 |
| *Angestellte zum Jahresende* | 195 | 23.974 |
| *Fluggäste* | 108.000 | 50.399.960 |
| *Angeflogene Städte* | 3 | 51 |
| *Geleistete Flüge* | 6.051 | 786.288 |
| *Stammaktien* | 3,3 Mill. US $ | 2,0 Mrd. US $ |
| *Vermögenswerte* | 22 Mill. US $ | 4,2 Mrd. US $ |

Die heutige Direktorin Colleen Barrett fasst es so zusammen: „Die Kämpfermentalität, der buchstäbliche Kampf ums Überleben macht unsere Kultur eigentlich aus." Was Kelleher und Southwest haben, ist jedoch nicht nur der Wille zum Überleben, sondern der Wille zum Sieg. Führungspersönlichkeiten, die das Prinzip des Sieges praktizieren, halten alle Alternativen zum Erfolg für inakzeptabel. Sie haben keinen Plan B in der Schublade. Das lässt sie weiter kämpfen.

Wie hoch sind Ihre Erwartungen, wenn es um den Erfolg Ihrer Organisation geht? Wie sehr engagieren Sie sich, um Ihr „Spiel" zu gewinnen? Haben Sie beim Kampf das Prinzip des Sieges auf Ihre Fahne geschrieben oder werfen Sie, wenn es Probleme gibt, eher das Handtuch? Ihre Antwort auf diese Fragen kann darüber entscheiden, ob Sie als Führungspersönlichkeit versagen oder Erfolg haben werden.

# 16

# Das Prinzip des Anschubs

*Anschub ist der beste Freund der Führungskraft*

Alle Führungskräfte wissen, was es heißt, Veränderungen in einer Organisation vorzunehmen. Dabei geht es vor allem darum, die Sache in eine neue Richtung zu lenken – ich würde das den rechten *Anschub* nennen. Jeder Seemann weiß, dass man nur ein *fahrendes* Schiff steuern kann. Entsprechend sind sich Führungskräfte darüber im Klaren, dass man für eine Richtungsänderung alles zuerst in Bewegung setzen muss. Und das ist mit dem Prinzip des Anschubs gemeint.

Vor einigen Jahren sah ich mir einmal den Film *Stand and Deliver* an. Vielleicht kennen Sie den auch. Hier wurde die Geschichte des High-School-Lehrers Jaime Escalante verfilmt. Ich entdeckte darin jedoch vor allem eine Studie zum Prinzip des Anschubs.

Unterrichten, Motivieren und Führen lagen Jaime Escalante schon seit seiner Kindheit im Blut. Und schon vor seinem Examen an der Uni unterrichtete er als Physiklehrer. Bald ging ihm der Ruf als bester Lehrer voraus. Mit Mitte Dreißig emigrierte er mit seiner Familie von Bolivien in die Staaten. Sein Geld verdiente er sich erst einmal in einem Speiselokal, dann bei *Russell Electronics*. Obwohl ihm eine viel versprechende Karriere in dieser Firma möglich war, drückte er noch einmal die Schulbank im amerikanischen Lehrerseminar. Er wollte auch in Kalifornien unterrichten können. Escalante hatte das brennende Verlangen, im Leben junger Menschen Veränderungen zu bewirken.

Mit 43 Jahren wurde er an der *Garfield High School* als Informatiklehrer angestellt. Doch schon am ersten Unterrichtstag stellte er fest, dass es dort gar keine Computer gab. Und dass er als Lehrer mit Hauptfach Mathematik nun Grundlagen der Mathematik unterrichten sollte. Enttäuscht suchte er seine Klasse auf und konnte nur hoffen, dass sein Traum von Veränderungen ihm nicht ganz durch die Finger glitt.

## Kampf gegen die Flutwelle

Der Wechsel von Informatik zu Mathematik stellte sich noch als das geringste Problem heraus. Die Schule, im Sommer bei Escalantes Bewerbungsgespräch in verschlafener Ruhe, war jetzt ein einziges Chaos. Disziplin gab es keine. Immer wieder brachen regelrechte Kämpfe aus. Überall lag Müll herum, Graffiti bedeckten die Wände. Ständig wanderten während des Unterrichts Schüler und auch Außenstehende über das Schulgelände. Escalante entdeckte, dass der liberale Schulleiter, Alex Avilez, sogar die Anerkennung von Gangs an der Schule *unterstützte*. Avilez vertrat nämlich die Meinung, dass Mitglieder von Schülerbanden mehr Bestätigung brauchten sowie Möglichkeiten, sich mit der Schule zu identifizieren. Also ließ er achtzehn Gangs ihre *placas*, ihre Bandenwappen, an unterschiedlichen Stellen auf dem Gelände anbringen, damit sie sich dort treffen konnten – ein wahrer Alptraum für die Lehrer. Wie sollte Escalante sich unter diesen Bedingungen überhaupt positiv einbringen?

Nahezu täglich dachte er an Kündigung. Doch seine Begeisterung zu unterrichten und seine Vision, im Leben seiner Schüler Veränderungen zu bewirken, ließen ihn weitermachen. Klar war ihm allerdings, dass den Jugendlichen nur zu helfen war, wenn die Schule sich wandelte. Denn sie sackten alle miteinander ab und brauchten definitiv einen neuen Impuls, um voran zu kommen. Was dann zuerst wie ein Rückschlag aussah, brachte die Sache ins Rollen: Das Oberschulamt war nahe daran, der High School die Akkreditierung zu entziehen, und ersetzte erst einmal Avilez durch einen besseren Rektor, Paul Possemato. Der räumte sofort auf, machte Schluss mit Gangaktivitäten an der Schule und untersagte Unbefugten den Zutritt. Zwar war er dort nur zwei Jahre als Schulleiter tätig, aber er bewahrte die

Schule vor der Schließung und stoppte jene Welle, die *Garfield High* zu fluten drohte.

### Veränderung braucht eine Führungspersönlichkeit

Im Film sieht es so aus, als ob Escalante die Idee hatte, die Oberschüler mit einer vorgezogenen Prüfung auf die Aufnahme am College vorzubereiten. In Wirklichkeit hatte es in ein paar Fächern schon vorher solche Prüfungen gegeben. So legten regelmäßig mehrere Schüler pro Jahrgang die Prüfung in Spanisch ab. Ab und zu versuchte es auch einer in Physik oder Geschichte. Aber nirgendwo gab es einen direkt verantwortlichen Lehrer, der eine Vision für die Sache hatte.

Hier kam Jaime Escalante ins Spiel. Er glaubte daran, dass die Schule und er als Projektleiter einen positiven Wandel bei den Kids einläuten könnten. Der Weg dahin sollte damit beginnen, dass man die besten Schüler zur vorgezogenen Prüfung in Mathematik herausforderte.

### Kleine Anfänge

Im Herbst 1978 organisierte Escalante einen ersten Kurs mit Schwerpunkt Differenzial- und Integralrechnung. Bei der gezielten Überlegung, wer von all den 3500 möglichen Schülern für diesen Kurs denkbar wäre, kam er auf bloß 14 Kandidaten. In den ersten Stunden legte er ihnen den Kursplan dar. Sie sollten wissen, was Ende des Jahres auf sie zukam und wie sie sich am besten auf die Prüfung vorbereiteten. Nach der zweiten Woche saß nur noch die Hälfte der Schüler da. Und selbst die zeigten sich noch nicht genügend für diese Art Rechnungen gerüstet. Als das Examen dann im Mai kam, nahmen fünf Schüler daran Teil, doch nur zwei bestanden.

Jaime Escalante war enttäuscht, aber er gab nicht auf. Immerhin konnte er einen leichten, „noch nie dagewesenen“ Erfolg verzeichnen. Und er wusste, dass er ein paar motivierte Schüler auch weiter führen konnte, wenn er ihnen Hoffnung vermittelte, ihr Selbstvertrauen steigerte und kleine Erfolge eintraten. Mit noch ein bisschen mehr Anschub könnte der Schule eine neue Richtung gegeben werden.

### Motivieren und vorbereiten

Escalante erkannte, dass der einzige Weg zum Erfolg in der effektiven Begeisterung und angemessenen Vorbereitung der Schüler lag. In punkto Motivation brauchte er sich keine Sorgen zu machen, da war er Spezialist. Er kannte seine Pappenheimer und wusste ganz genau, was er mit ihnen machen konnte. Wenn sie mehr Antrieb brauchten, gab er ihnen besondere Hausaufgaben mit oder forderte einen sportlich Begabten zum Handballduell auf. (Darin verlor er nie!) Mussten sie persönlich ein wenig aufgebaut werden, lud er sie zu McDonald's ein. Wenn sie sich auf die faule Haut legten, versuchte er sie zu begeistern, zu überraschen, zu erheitern oder, je nachdem, auch das Fürchten zu lehren. Und die ganze Zeit über zeigte er ihnen durch sein persönliches Beispiel, wie man schwer arbeitet, nach Erfolg strebt und ein Verlangen – er nannte es spanisch *ganas* – nach wirklichem Leben hat.

*Führungspersönlichkeiten finden immer einen Weg, Dinge möglich zu machen.*

Den Lehrplan umzustellen war da schon schwieriger. Er führte mehr Algebra und Trigonometrie in den unteren Jahrgangsstufen ein und gewann dafür auch seine Kollegen. Darüber hinaus stellte er ein Sommerlernprogramm für Höhere Mathematik auf die Beine. Und mit der Zeit wurden die Schüler besser.

### Auftakt mit ein wenig Fortschritt

Im nächsten Herbst bot Escalante wieder einen Prüfungsvorbereitungskurs an. Dieses Mal kamen neun Schüler zusammen. Zum Schuljahrsende legten acht die Prüfung ab und sechs kamen durch. Die Idee machte Fortschritte. Und der Erfolg sprach sich herum, sodass der Kurs im Herbst 1980 mit 15 Schülern besetzt war. Bei der nächsten Prüfung vor dem Sommer bestanden fast alle, nämlich

14 Schüler. Groß war der Fortschritt zwar nicht, doch Escalante merkte, wie das Lernprogramm immer mehr in Schwung kam.

In der Verfilmung beobachteten wir die darauf folgende Lerngruppe, 18 an der Zahl. Wie ihre Vorgänger knieten sie sich mächtig in die Arbeit. Viele fingen täglich schon um 7 Uhr morgens mit dem Mathekurs an, also 90 Minuten vor Schulbeginn, und blieben oft bis in den späten Nachmittag dort. Bei ihrer Prüfung im Mai konnten sie dann wirklich stolz auf sich sein.

### Wird die Bremse gezogen?

Doch plötzlich trat ein Problem auf und drohte das noch schwache Pflänzlein zu vernichten. Sollte Escalantes Bemühen der vergangenen Jahre doch vergeblich sein? Ein Prüfer vom Oberschulamt, der die Prüfung beaufsichtigte, fand gewisse Ähnlichkeiten bei einigen ausgefüllten Prüfungsbögen der Schüler vor. 14 der 18 Prüflinge wurde Betrug vorgeworfen.

Die Untersuchung erwies sich als bürokratischer Albtraum. Die einzige Lösung des Problems bestand darin, die Prüfung für die ersehnte College-Anerkennung zu wiederholen. Doch die Schüler waren empört – diese Antwort fanden sie überhaupt nicht gut, da sie wie ein Schuldgeständnis aussah. Escalante versuchte zu intervenieren, aber die Schulamtsvertreter wollten ihn gar nicht sprechen. Auch der amtierende Schulleiter Henry Gradillas setzte sich für die Anerkennung des Prüfungsergebnisses ein, doch vergeblich. Man steckte in einer Sackgasse.

Schließlich gaben die Schüler nach und wiederholten die Prüfung, obwohl sie zu dem Zeitpunkt schon nicht mehr an der Schule waren und den Stoff drei Monate lang nicht mehr geübt hatten. Und was war das Ergebnis? Alle Kandidaten bestanden! Escalante konnte einen 100prozentigen Erfolg verzeichnen.

### Nein, Gas geben!

Was leicht ein Bremsklotz für die Bewegung hätte sein können, entwickelte sich zu einem wahren Beschleuniger an der Garfield High

School. Die Schüler bekamen mehr Selbstvertrauen, ja sie sammelten sich regelrecht um Escalante und sein Lernprogramm. Auch all die Publicity um die Prüfung trug das Ihre bei. Jetzt bot das East Los Angeles College selbst jene Sommerkurse an, die sich Escalante für seine Schüler längst gewünscht hatte.

*Wenn du nicht kochen kannst, dann gehe aus der Küche.*

Das Mathematikprogramm weitete sich regelrecht aus. 1983 verdoppelte sich die Anzahl der bestandenen AP-Prüfungen in Mathe beinahe und stieg von 18 auf 31. Im Jahr darauf waren es dann schon 63, und jedes Jahr gab es weitere Zuwächse. 1987 legten 129 Schüler die Prüfung ab, von denen 85 die Collegeaufnahme erhielten. Die Garfield High School im Ostteil von Los Angeles, einst das „letzte Loch“ im ganzen Schulbezirk, hatte jetzt einen Anteil von 27% aller bestandenen APE's in Mathematik durch mexikanische Immigrantenkinder in den gesamten USA.

## Achtung – Explosive Bewegung!

Die positiven Auswirkungen des Prinzips vom Anschub waren überall bei den Schülern zu spüren. *Garfield High* bot nun in neun weiteren Fächern Kurse zur Vorbereitung auf Universitätsniveau an.

1987, neun Jahre nach Escalantes Anfängen als Projektleiter, wurden 325 verschiedene AP-Prüfungen von Schülern dieser Schule geschrieben. Und es gab lange Wartelisten für Schüler, die nicht im Einzugsgebiet der Schule wohnten und trotzdem an den Zusatzkursen teilnehmen wollten. Aus der Schule, die einmal das Gespött des ganzen Bezirks darstellte und fast geschlossen worden wäre, wurde eine der drei besten innerstädtischen Schulen in den USA! Diese Kraft steckt im Prinzip des Anschubs.

## Nur eine Führungspersönlichkeit kann Anschub erzeugen

Nur eine Führungspersönlichkeit kann Anschub erzeugen. Nachfolgende oder Mitarbeiter übernehmen ihn. Und Manager können ihn weiter tragen, wenn er erst einmal zu spüren ist. Um Schwung zu *erzeugen*, braucht man jedoch jemand, der andere motivieren kann und nicht selbst noch anzustoßen ist. Harry Truman sagte trocken: „Wenn du die Hitze nicht ertragen kannst, dann geh aus der Küche." Für Führungskräfte sollte dieser Satz heißen: „Wenn du Hitze nicht *erzeugen* kannst, dann geh aus der Küche."

## Basiswissen zum Anschub

Anschub ist tatsächlich der beste Freund einer Führungspersönlichkeit. Manchmal liegt genau hier der entscheidende Unterschied zwischen Sieg und Niederlage. Gewitzte Trainer nehmen deshalb häufig eine Auszeit, um den Spielfluss der gegnerischen Mannschaft zu unterbrechen, den Schwung aus der Mannschaft zu nehmen.

In Bewegung sein macht auch für Organisationen viel aus. Wenn „nichts läuft", steht oft die kleinste Aufgabe wie ein Berg vor einem. Doch wenn alles gut läuft – unsere Sprache drückt den Sachverhalt bildlich aus –, sieht man zuversichtlich nach vorne und hat den Eindruck, dass die Hindernisse zu überwinden und Probleme eher temporärer Natur sind.

### *Schwung lässt Führungskräfte in besserem Licht erscheinen*

Schwung und Begeisterung lassen die Menschen auch Ihre kleinen Schwächen übersehen. Sie vergessen dann selbst die schon begangenen Fehler von Führungskräften. Anhaltende Bewegung im Betrieb verändert die Einstellung der Mitarbeiter den Verantwortlichen gegenüber.

### *Schwung lässt Mitarbeiter bessere Leistungen erbringen*

Wenn die Führung wirklich führt und Bewegung in die Organisation bringt, fühlen sich die Mitarbeiter motiviert und leisten meist viel mehr. Sie können effektiv arbeiten und übertreffen ihre eigenen Erwartungen.

Vielleicht erinnern Sie sich an die Olympiade von 1980 und an das amerikanische Eishockey-Team. Die Mannschaft spielte gut, aber nicht gut genug für die Goldmedaille. Und doch bekamen sie eine. Warum wohl? Vor dem Finalspiel hangelten sie sich gegen ziemlich starke Gegner von einem Sieg zum andern. Das motivierte sie so sehr, dass sie über ihr eigentliches Können hinaus wuchsen. Als es dann gegen den russischen Goldfavoriten ging, konnte sie nichts und niemand mehr daran hindern, die Goldmedaille zu erkämpfen.

*Schwung ist leichter zu steuern als der Start*

Sind Sie schon mal Wasserski gelaufen? Schon allein vom Zugucken weiß man, dass es viel schwerer zu sein scheint, zuerst einmal an die Oberfläche zu kommen, als zu steuern, wenn man dann oben ist. Bevor man hoch kommt, zieht einen das Boot mit und man denkt, die Arme würden dem Wasserdruck gegen Brust und Gesicht nicht Stand halten. Am liebsten würde man das Schleppseil los lassen. Doch dann werden durch die Vorwärtsbewegung die schräg angestellten Skier nach oben gedrückt und ab geht's. Jetzt ist es leicht, einzig durch die sanfte Verlagerung des Gewichts von einem Bein aufs andere eine Kurve zu fahren. Genau so ist es auch bei Führungsaufgaben. Man kämpft beim Neubeginn, doch ist man erst einmal in Bewegung, kann man tatsächlich Erstaunliches schaffen.

*Schwung ist der wesentliche Faktor für Veränderung*

Mit genügend Schwung ist so gut wie jede Veränderung möglich. Das gilt für die *Garfield High School*, von vielen als hoffnungslos eingestuft, wie für jede andere Organisation auch. Mit Anschub und Schwung sind der Sieg oder das sonst angestrebte Ziel greifbar nah.

## Zum Schwung herausgefordert

Persönlich stellte sich mir die Frage nach dem Schwung 1981 in San Diego. Ich hatte gerade meine Stelle als Hauptpastor in der *Skyline Church* angetreten und stellte nun fest, dass wir als Gemeinde in ein größeres Gebäude umziehen sollten, um dem ständigen Mitgliederwachstum gerecht zu werden.

Anfangs meinte ich, nur vor einem kleinen Problem zu stehen. Ein Umzug bei der gegebenen Größe ist zwar allgemein nicht ohne, doch standen wir zu dem Zeitpunkt gar nicht schlecht da. Die Gemeindearbeit lief gut, was man auch an den Zahlen ablesen konnte: Wir waren von 1 000 auf über 2 000 Besucher gewachsen. Dank der Anwendung des Prinzips vom Inneren Kreis hatte ich ein fabelhaftes Mitarbeiterteam. Die Mitglieder waren hoch motiviert. Außerdem konnte ich den Vorteil verbuchen, schon meine beiden früheren Gemeinden durch einen Bauprozess geleitet zu haben. Nur die ausgedehnte Bürokratie in San Diego und die strengen kalifornischen Umweltgesetze berücksichtigte ich bei meinen Überlegungen nicht genügend ...

Bei meiner ersten Gemeinde in Indiana gingen wir durch eine rapide ansteigende Wachstumsperiode und beschlossen in ein neues Gebäude umzuziehen. Nachdem die Entscheidung dafür gefallen war, spendete ein Gemeindeglied ein Stück Land und wir begannen nach wenigen Wochen mit dem Bau. Nicht einmal ein Dreiviertel Jahr später stand das neue Gebäude und wir konnten einziehen. In Kalifornien jedoch war alles ganz anders. Wir begannen 1984 mit den Bauvorbereitungen. Was aber wie ein Drei-Jahres-Projekt aussah, gestaltete sich aus lokalpolitischen Gründen, Nachbarschaftsinteressen und umweltpolitischen Faktoren als drei Mal so langer Prozess. Schließlich sollten allein elf Jahre vergangen sein, bis allein die Vermessungsarbeiten und das Genehmigungsverfahren abgeschlossen waren! Zu dem Zeitpunkt war ich bereits nicht mehr dort tätig.

Doch vorher war ich herausgefordert, den anfänglichen Schwung, die Begeisterung für die Baumaßnahme in meinen folgenden fünf Jahren bei *Skyline* in der Gemeinde am Leben zu halten. In den meisten Fällen geben die Leute angesichts ähnlicher Umstände auf und die Mitgliederzahl der Gemeinde nimmt allmählich ab. Bei *Skyline* geschah das nicht. Was hat uns denn gerettet?

Eine Antwort gibt das Prinzip des Anschubs. Ich tat das Menschenmögliche, um den Schwung durch die Jahre des Wartens zu erhalten. Ich sprach wiederholt von unserer Vision, als Gemeinde in ein größeres Gebäude zu ziehen. Wir konzentrierten uns immer wieder auf unsere jeweiligen *Möglichkeiten*, statt uns mit dem nicht Realisierbaren auseinanderzusetzen, und feierten unsere Siege – selbst die kleinen. In der Zwischenzeit gingen wir voran, wo es uns möglich war. Wir verbesserten unsere Hauskreis-Struktur und stärkten die einzelnen Kreise, wobei wir auch Wert darauf legten, neue Führungskräfte aufzubauen. Das hielt uns immer in Bewegung. Der dabei entstehende Schwung war so groß, dass auch die Hürde von elf Jahren uns nicht bremste.

Wenn Sie gerne Großes in Ihrer Organisation bewirken möchten, dann beachten Sie bitte die Bedeutung des Anschubs. Er ist wirklich der beste Freund einer Führungspersönlichkeit. Wenn Sie ihn erzeugen können, dann können Sie fast alles erreichen. Darin liegt das Geheimnis.

# 17

# Das Prinzip der Prioritäten

*Führungspersönlichkeiten erkennen den Unterschied zwischen Aktivität und Leistung*

Eine Führungspersönlichkeit wird niemals darauf verzichten, Prioritäten zu setzen, egal ob es um Gruppenleitung, Gemeindeleitung, Unternehmensführung oder um die Leitung eines Milliardenkonzerns geht. Das kam mir wieder in den Sinn, als ich meine Firmen von San Diego nach Atlanta verlegte.

Ich war immer davon ausgegangen, dass ich mein Lebensende in Kalifornien verbringen würde. San Diego ist eine wunderbare Großstadt mit angenehmem Klima. In nur zehn Minuten ist man mit dem Auto am Strand und in zwei Stunden auf der Skipiste. Es ist reich an kulturellem Leben, zahlreiche erstklassige Sportmannschaften sind hier ebenso zu finden wie exzellente Feinschmeckerlokale. Selbst Golf kann man das ganze Jahr durch spielen. Warum also sollte ich diesen herrlichen Ort verlassen?

*Eine Führungspersönlichkeit klettert auf den höchsten Baum, überblickt die Gesamtlage und ruft dann: „Falscher Dschungel!"*

Trotzdem setzte ich mich eines Tages hin und ging meine Prioritätenliste noch einmal genau durch. Wegen meiner umfassenden Vortrags- und Beratungstätigkeit verbrachte ich viel Zeit mit Reisen. Ich hatte den Eindruck, dass ich durch meinen relativ abgelegenen Wohnort ausgesprochen viel Zeit mit Warten auf die nächste Flugverbindung verlor. Deshalb ließ ich meine Sachbearbeiterin Linda diese Zeiten einmal genau ausrechnen. Wir kamen dabei auf eine Zahl, die mich wirklich schockierte: 1996 hatte ich allein 27 Tage damit verbracht, von San Diego nach Dallas zu fliegen, um dort den passenden

Anschluss zu bekommen. Das war ausschlaggebend für meinen Entschluss, meine Firma INJOY und die anderen an einen Verkehrsknotenpunkt zu verlagern. Stephen Covey bemerkte einmal: „Eine Führungspersönlichkeit ist jemand, der auf den höchsten Baum klettert, die gesamte Lage überblickt und dann erkennt: ‚Falscher Dschungel!‘“

So ähnlich fühlte ich mich auch, als ich über die Konsequenzen meiner Analyse nachdachte.

Wir entschieden uns schließlich für Atlanta. Erstens kamen dort viele Fluglinien zusammen – innerhalb von zwei Stunden konnte ich nun 80% aller Ziele innerhalb der USA erreichen, was mir in Zukunft viel Zeit für andere Dinge ließ. Zweitens ist auch Georgia schön und bietet ein reichhaltiges Angebot an Kultur, Erholung und Unterhaltung. Außerdem würden die Mitarbeiter aus dem (teureren) Kalifornien einen relativ hohen Lebensstandard genießen können. Der Umzug war schon ein Unternehmen für sich, aber alles klappte ganz gut, da meine Mitarbeiter sich entsprechend ins Zeug legten und die Sache prima anleiteten.

## Die drei *E*

Gleich nach unserem Umzug nach Atlanta nahm ich mir auch Zeit, meine persönlichen Prioritäten zu überprüfen. Mein Arbeitspensum war immer größer geworden, genau wie meine Firmen. Vier Jahre zuvor beschäftigten wir weniger als zwanzig Angestellte, inzwischen waren es über hundert. Doch mehr tun heißt ja nicht unbedingt, leistungsfähiger zu sein und seine Ziele zu erreichen. Dafür muss man sich das Prinzip der Prioritäten vornehmen.

In den vergangenen zehn Jahren habe ich zur Bemessung meiner Aktivitäten und zur Bestimmung meiner Prioritäten zwei Leitgedanken benutzt. Der erste ist die Pareto-Idee. Sie ist auch Teil meiner Führungsseminare und in meinem Buch *Developing the Leader Within You* näher beschrieben. Ihr Grundgedanke: Wenn Sie sich vor allem auf die 20 % Ihrer wichtigsten Aktivitäten konzentrieren, werden Sie allein dadurch 80 % Ihres Umsatzes verbuchen können. Haben Sie beispielsweise zehn Angestellte, dann sollten Sie 80 %

Ihrer Zeit und Aufmerksamkeit auf die beiden besten Mitarbeiter verwenden. Bei 100 Kunden werden Sie 80 % Ihres Geschäfts mit den 20 Top-Käufern machen. Und stehen 10 Punkte auf Ihrer persönlichen To-Do-Liste, wird Ihnen die Erledigung der beiden wichtigsten schon 80 % Ihrer Zeit wieder wettmachen. Falls Sie dieses Phänomen noch nicht kennen, probieren Sie es doch mal aus, und Sie werden sehen, wie es funktioniert.

*„Viele Dinge fallen mir ins Auge, doch nur wenig landen in meinem Herzen."*
*Tim Redmond*

Der zweite Leitgedanke lässt sich mit drei E beschreiben – nein, nicht wie Eselsbrücke, Elefantenhaut und Engelsgeduld. Meine drei E heißen Erwartung, Ergebnis und Ernte. Um effektiv zu arbeiten, müssen Führungskräfte ihr Leben an diesen drei Fragen ausrichten:

*1. Was sind die Erwartungen?*

Wir alle müssen irgendjemand gegenüber Rechenschaft abgeben – einem Arbeitgeber, einem Vorstand, unseren Aktionären oder irgend einem andern. Daher muss Ihre Prioritätenliste sich zunächst einmal danach richten, welche Erwartungen an Sie gestellt werden. All die Dinge, die nicht direkt auf Ihren Aufgabenbereich entfallen, sollten daher delegiert oder ganz gestrichen werden.

*2. Was bringt das beste Ergebnis?*

Als Führungsperson sollten Sie Ihre Zeit und Kraft vor allem auf Ihre Stärken konzentrieren. Wenn etwas zu 80% genau so gut von jemand anders innerhalb der Organisation getan werden kann, sollten Sie diese Aufgabe delegieren. Wenn jemand potenziell für eine leitende Aufgabe in Frage kommt, dann bauen Sie doch diese Person dafür auf.

*3. Was ergibt die größte Ernte?*

Tim Redmond sagt selbst: „Viele Dinge fallen mir ins Auge, doch nur wenige landen in meinem Herzen." Die größte persönliche Ernte fahren wir da ein, wo wir selbst für die Sache brennen. Es gibt nichts, was uns mehr beflügelt als brennende Leidenschaft.

### Prioritäten neu ordnen

Für mich hatte nach dem Umzug nach Atlanta meine Familie die höchste Priorität. Hier plante ich die meiste Zeit ein. Mit meiner Frau Margaret kam ich überein, wie unsere gemeinsame Zeitplanung aussehen sollte. Dann setzte ich mich mit meinen vier Firmendirektoren und weiteren Schlüsselpersonen zusammen, um meine anderen Prioritäten mit ihnen durchzugehen und zu entscheiden, wie ich meine Zeit im folgenden Jahr am besten aufteilen solle. Dabei sprachen wir wichtige Punkte durch, wobei sie mir ihre Anliegen nannten und ich ihnen meine Vision mitteilte. Gemeinsam kamen wir zu folgendem Ergebnis, wie ich meine Zeit für die wichtigsten vier Prioritäten im Beruf richtig einteilen würde:

| **Bereich** | **Zeitplanung** |
|---|---|
| *1. Führen* | *19 Prozent* |
| *2. Kommunizieren* | *38 Prozent* |
| *3. Kreativ sein* | *31 Prozent* |
| *4. Netzwerk schaffen* | *12 Prozent* |

Jeder dieser vier Bereiche kann mich begeistern. Alle sind absolut notwendig, wenn meine Firmen sich gesund entwickeln sollen. In allem kann ich meine Zeit höchst effektiv einsetzen. Bisher scheint diese Aufteilung mir und meinen Firmen auch gut zu bekommen. Wir überprüfen sie jedoch jedes Jahr sehr genau und schauen uns an, wie effektiv wir dabei sind. Aktivität ist nicht gleichzusetzen mit Ergebnis. Wenn wir weiterhin effektiv bleiben wollen, müssen wir unsere Arbeit am Prinzip der Prioritäten ausrichten.

## Prioritäten setzen heisst das Spiel

Wenn wir uns das Leben großer Führungspersönlichkeiten ansehen, findet man immer wieder, wie Prioritäten in Handlung umgesetzt werden. Jedes Mal, wenn Norman Schwarzkopf ein neues Kommando übernahm, vertraute er nicht nur seiner Führungsintuition, sondern er überprüfte auch die bisher gesetzten Prioritäten seiner Einheit. Als Lee Iacocca die Firma Chrysler übernahm, analysierte er als Erstes seine Prioritäten. Roald Amundsens erfolgreiche Expedition zum Südpol und zurück gelang unter anderem, weil er für sein Team die richtigen Prioritäten setzen konnte.

Erfolgreiche Führungskräfte richten sich nach dem Prinzip der Prioritäten. Sie alle kennen den Unterschied zwischen purer Aktivität und tatsächlicher Leistung. Doch lassen die Topleute das Prinzip der Prioritäten scheinbar für sich arbeiten, indem sie mit jeder Aktivität mehrere Prioritäten verbinden können. Die Reduktion auf weniger Aufgaben gibt ihnen mehr Freiraum, sich auf ihre Hauptziele zu konzentrieren.

Wer das meisterhaft verstand, war eins meiner Idole: John Wooden, ehemaliger Kopf der Bruins, dem Basketballteam der Universität von Kalifornien in Los Angeles. Man nannte ihn „Zauberer von Westwood“, weil seine Erfolge im College-Sport schier unglaublich waren. Seine Fähigkeit, das Prinzip der Prioritäten für sich arbeiten zu lassen, ließ sich bereits im Training beobachten. Wooden berief sich dabei auf Frank Leahy, den großen Coach des Notre Dame Football-Teams: „Ich habe ihn (Leahy) oft beim Training beobachtet und mir gemerkt, wie er die Zeit gezielt eingeteilt hat, auch die Pausen. Zu Hause habe ich dann versucht zu analysieren, warum er das so macht. Denn ich fand, wir vergeuden im Training reichlich Zeit. Sein Konzept überzeugte mich und ist die Grundlage für meinen jetzigen Leistungsstand.“

## Alles was Zweck macht beruht auf Prioritäten

Oft habe ich von Freunden beim Militär gehört, dass sie sich immer wieder furchtbar beeilen mussten, nur um dann elendlange warten zu müssen. So scheinen mir auch einige Trainer im Sport zu arbeiten. Erst müssen sich die Spieler die Lunge aus dem Leib rennen, um im nächsten Moment nur herum zu stehen. Aber John Wooden machte das anders. Er inszenierte jede Trainingsminute und plante jede Übung und jede Auszeit mit einem bestimmten Ziel.

Jedes Jahr machte Wooden sich eine neue Prioritätenliste für seine Mannschaft, wobei er die Erfahrungen der vorigen Saison mit einbezog. Darauf standen Dinge wie: „Selbstvertrauen bei Drollinger und Irgowitsch stärken", oder „Mindestens drei Mal die Woche Ausdauer-Übung 3:2 machen". Meist hatte er etwa ein Dutzend Posten niedergeschrieben, an denen er im Laufe der Saison arbeiten wollte. Aber er prüfte seinen Trainingsplan auch täglich und revidierte das eine oder andere. Jeden Morgen ging er mit seinem Assistenten das Tagestraining der Mannschaften genau durch. Normalerweise planten sie an dem Training – das gewöhnlich kürzer war – bis zu zwei Stunden lang. Auf Karteikärtchen trug er ständig Notizen bei sich, die er gerne für Trainingsideen heranzog. Jede einzelne Übung war durchgeplant und stand noch vor dem Training in seinem Notizbuch. Wooden erzählte einmal, dass er auf eine entsprechende Frage genau sagen könne, welche Übung sein Team an einem bestimmten Nachmittag, im Jahr 1963 zum Beispiel, um 15 Uhr gerade gemacht habe.

John Wooden behielt immer sein Ziel vor Augen – und das übertrug sich auch auf seine Spieler. Besonders gut gelang es ihm, mehrere Prioritätsfelder auf einmal abzudecken. Um beispielsweise an den Korbwürfen der Spieler zu arbeiten – was viele eher langweilig fanden –, ließ er die Reservespieler vom Spielfeldrand Körbe werfen, während die erste Sechs einen Spielzug probte. Sobald ein Reservespieler genug Körbe geworfen hatte, wurde er in die erste Sechs eingewechselt. Dabei änderte Wooden die erforderliche Anzahl an Würfen für die einzelnen Positionen ständig, so dass die Leute im Team unterschiedlich lange auf allen Positionen spielten. Auf diese Weise holten sich alle Spieler intensiv und unabhängig von Position oder Können Erfahrung, was Wooden ganz wesentlich fand im Blick auf das gesamte Teamwork.

Was ich an John Wooden überaus bemerkenswert finde – und am aussagekräftigsten bezüglich seiner Konzentration auf Prioritäten –, ist seine Ablehnung, gegnerische Teams vorab zu beobachten. Ihm war wichtiger, das eigene Potenzial seiner Spieler auszubauen. Und daran arbeitete er während des Trainings wie auch persönlich mit den Einzelnen. Nie setzte er sich das Ziel, eine Meisterschaft zu holen oder gar ein anderes Team zu schlagen. Sein Ziel war, jeden Spieler zu seiner persönlichen Höchstleistung zu führen und das bestmögliche Team zu formen. Und natürlich kam es zu überragenden Ergebnissen.

In über vierzig Trainingsjahren als Coach schloss Wooden nur eine einzige Saison mit negativem Punktstand ab – und zwar die allererste. Seine Bruins führte er durch vier Jahre ohne Niederlagen und zu einer Rekordzahl von zehn Siegen bei den Nationalen College-Meisterschaften. Das hat kein anderes College-Team auch nur annähernd erreicht.

Wooden ist eine großartige Führungspersönlichkeit. Er könnte wahrscheinlich in jeder Sportart als Spitzentrainer arbeiten. Und warum? Weil er jeden Tag nach dem Prinzip der Prioritäten handelte.

### Einen Blick fürs Globale bekommen

Kaum eine andere Führungspersönlichkeit setzt so sehr Prioritäten wie Jack Welch, der langjährige Vorsitzende und CEO von General Electric, den ich bereits beim Prinzip der Reproduktion erwähnte. Als er 1981 die Leitung bei GE übernahm, stand die Firma gut im Futter. Sie blickte auf eine 90-jährige Geschichte zurück und war, bei einem Börsenwert von 4 US $ pro Aktie, etwa 12 Milliarden US $ schwer, Platz 11 an der amerikanischen Börse. Es war ein Riesenbetrieb mit vielen verschiedenen Unterfirmen, inklusive 350 eigenständigen Abteilungen. Jack Welch aber ging davon aus, man könne GE weiter optimieren. Was war nun seine Strategie? Er wandte das Prinzip der Prioritäten an.

Nach einigen Monaten begann er mit der sogenannten Hardware-Revolution. Sie veränderte das gesamte Profil und die Ausrichtung des Betriebs. Welch sagt:

„Bei den Hunderten von Unternehmen und Produktlinien, aus denen die Firma bestand, wandten wir ein einziges Kriterium an:

Können sie die Nummer 1 oder Nummer 2 auf dem Markt bleiben, egal wie der sich entwickelt? Von den 348 Unternehmen oder Produktlinien, die dem nicht gewachsen waren, verkauften wir einige und nahmen andere vom Markt. Ihr Verkauf brachte fast zehn Milliarden Dollar ein. Nun investierten wir 18 Milliarden Dollar in die substantielle Weiterentwicklung und weitere 17 Milliarden Dollar in nützliche Zukäufe.

Was uns (1989) außer ein paar relativ kleinen Zulieferbetrieben noch blieb, waren 14 Weltklasse-Unternehmen ... die alle gut in die '90er starten konnten ... jedes an erster oder zweiter Stelle in seinem Segment auf dem Weltmarkt."

Seine starke Führung und klare Konzentration haben eine große Dividende gebracht. Seit er an der Führungsspitze steht, hat sich der Börsenwert von GE bereits vier Mal verdoppelt. Und ihre Aktien werden zur Zeit mit 80 US $ das Stück gehandelt. Nach dem Magazin Fortune nimmt General Electric bei einem Marktkapital von über 250 Milliarden US-Dollar den Platz als wertvollstes Unternehmen der Welt ein.

Was hat General Electric zu einer der weltbesten Firmen gemacht? Ich meine, das war Jack Welch und seine Anwendung des Prinzips der Prioritäten in seiner Führung. Er verwechselte Aktivität nie mit Leistung. Ihm war bewusst, dass sich Erfolg nur dann einstellt, wenn man seine Leute auf das wirklich Wichtige konzentriert.

Nehmen Sie sich zur Bestimmung Ihrer Führungsprioritäten wieder etwas Zeit. Haben Sie sich, wie General Electric Anfang der achtziger Jahre, nach allen Seiten ausgebreitet? Oder haben Sie sich auf die wenigen Dinge beschränkt, die den größten Erfolg einbringen? Handeln Sie nämlich nicht entsprechend dem Prinzip der Prioritäten, dann drehen Sie wahrscheinlich schon am Rad.

# 18

# Das Prinzip der Zugeständnisse

*Erfolgreich werden durch Verzicht*

Eine der spektakulärsten Veränderungen in der Geschichte der amerikanischen Industrie zeigt deutlich, was mit dem Prinzip der Zugeständnisse gemeint ist. Es ging um den Chrysler Konzern Anfang der achtziger Jahre. Chrysler steckte in einer Krise, obwohl man auf eine erfolgreiche Unternehmensentwicklung zurückschauen konnte. Ursprünglich als Maxwell und Chalmers Motor Car Company bekannt, übernahm Walter Chrysler das Unternehmen Anfang der zwanziger Jahre und änderte den Namen. 1928 übernahm er zusätzlich noch das Unternehmen Dodge und Plymouth. Bevor er 1940 verstarb, galt er weltweit nach General Motors als der zweitgrößte Automobilhersteller und rangierte noch vor Ford, dem Pionier der Automobilbranche. Eine einzigartige Geschichte des Erfolgs. Zeitweise war Chrysler mit 25 Prozent am gesamten amerikanischen Automobilmarkt beteiligt.

Bis Ende der sechziger Jahre blieb das Unternehmen relativ stabil. Typisch für das Unternehmen waren die regelmäßigen technischen Neuerungen. Die erste elektronische Autozündung, die ersten hydraulischen Bremsen und der erste computergesteuerte Motor entstanden in den Forschungslaboratorien von Chrysler. Ebenso waren die Autos von Chrysler für ihre hohe Leistungsfähigkeit bekannt, wie beispielsweise der Barracuda, der Dodge Daytona und der Plymouth Road Runner, der manchen als der ultimative Sportwagen galt.

## Ein verheerender Umsatzrückgang

Doch in den siebziger Jahren ging es rapide bergab mit dem Unternehmen. 1978 sank der Marktanteil von 25 Prozent auf 11 Prozent. Aber es kam noch schlimmer. Man sprach schon von Konkurs. Dann jedoch traf man im November 1978 bei Chrysler eine wichtige Entscheidung: eine neue Führungskraft sollte eingestellt werden. Ihr Name war Lee Iacocca. Er war schon seit langem in der Automobilbranche tätig und hatte bei Ford Karriere gemacht. Eigentlich als Ingenieur ausgebildet, begann er seine berufliche Laufbahn in den vierziger Jahren im Verkauf bei Ford in Pennsylvanien. Die dortigen Leistungen katapultierten ihn bald auf die Leitungsebene am Hauptsitz des Unternehmens in Dearborn, Michigan. Dort leitete er die Entwicklungsteams, die für so grundlegende neue Autos wie den Lincoln Continental Mark III und den legendären Mustang, eines der meist gekauften Autos in der Geschichte der USA, verantwortlich waren.

1970 wurde Iacocca zum Geschäftsführer der Ford Motorenwerke befördert, die höchstmögliche Position unter dem Vorstandsvorsitzenden Henry Ford II. Insgesamt 32 Arbeitsjahre war Iacocca bei Ford beschäftigt gewesen. Als er seinen Abschied bei Ford nahm, verzeichnete das Unternehmen schon seit zwei Jahren Rekordgewinne von jährlich 1,8 Milliarden Dollar. Auch wenn die Trennung nicht sehr glücklich verlief, erhielt er eine hohe Abfindung, und durch die Aktienbeteiligung am Unternehmen war Iacocca in der Lage, finanziell unabhängig zu leben. Doch er war erst fünfundfünfzig Jahre alt und davon überzeugt, beruflich noch einiges leisten zu können.

## Die letzte Rettung

Das Angebot von Chrysler kam ihm daher wie gerufen und bot ihm eine echte Herausforderung. Der Vorstandsvorsitzende von Chrysler, John Riccardo, war davon überzeugt, dass das Unternehmen jemanden mit ausgeprägten Führungsqualitäten benötigte, um überhaupt zu überleben. Nach Gesprächen mit Iacocca war es Riccardo klar, dass Iacocca nur unter der Voraussetzung kommen würde, leitender Geschäftsführer zu werden. Daher plante Riccardo, innerhalb der nächsten zwei Jahre seinen eigenen Vorsitz im Vorstand aufzugeben und ihn an Iacocca zu übertragen. Er war bereit, zum Wohle des Unternehmens zu verzichten. Nun konnte Iacocca sich einen lebenslangen Traum verwirklichen: der erste Mann in einem der drei Spitzenunternehmen seiner Branche werden.

### Aufstieg ist mit Zugeständnissen verbunden

Obwohl es ihm persönliche Nachteile brachte, nahm Iacocca die neue berufliche Herausforderung an. Das erste Opfer war finanzieller Art. Sein neues Gehalt bei Chrysler betrug etwas mehr als die Hälfte von dem, was er als Geschäftsführer bei den Fordwerken erhalten hatte. Ein weiteres Opfer betraf sein Familienleben. Bei Ford hatte er eine regelmäßige Arbeitszeit von Montag bis Freitag, so dass er das gesamte Wochenende und meist auch den Freitag abend bei seiner Familie verbringen konnte. Zudem war er damals noch in der Lage gewesen, nach der Arbeit abzuschalten und sich ganz seiner Familie zu widmen.

Doch nach dem Einstieg bei Chrysler war er rund um die Uhr beschäftigt. Um dem Ganzen noch die Krone aufzusetzen, musste er sich mit schlaflosen Nächten herumschlagen. Später einmal beschrieb Iacocca diese Zeit als ein geschäftiges Herumlaufen wie in einem Tante Emmalädchen, die Größe des Unternehmens nicht mit eingerechnet. Es gab kein tragfähiges Finanz- oder Kontrollsystem vor Ort. Die Produktion und die Lieferungsbedingungen waren in einem chaotischen Zustand. Die Autos wurden mit Produktionsfehlern ausgeliefert und fast alle Abteilungen kontrollierte ein kündigungswütiger 2. Geschäftsführer, der sich weigerte, in einem Team zu arbeiten. Die Unternehmensmoral war absolut auf dem Tiefpunkt. Das Ansehen des Unternehmens lag weit unter dem der Mitbewerber, und Chryslers Aktienkurs sackte Tag um Tag ab.

## Wenn nichts funktioniert, weiteren Verzicht üben

Iacocca war es klar, dass erfolgreiche Führungspersönlichkeiten manchmal Opfer bringen müssen, um ein Unternehmen wieder auf die Beine zu stellen. Die Bereitschaft, das Notwendige zu tun, bildete die Grundlage für den nächsten Schritt. Er kündigte 33 von 35 der stellvertretenden Geschäftsführer während der ersten drei Jahre, da die Talfahrt nicht zu stoppen war. Das ganze Land befand sich in einer Rezession und die Leitzinsen waren so hoch wie nie zuvor. Die Ölpreise schossen durch den Sturz des Schahs von Persien Anfang 1975 in die Höhe. Trotz Iacoccas Einsatz schien es so, als würde das Prinzip der Zugeständnisse nicht funktionieren.

*Das Prinzip des Zugeständnisses zeigt, dass ein Opfer meist nicht reicht, um den Erfolg zu bringen.*

Doch unbeirrt arbeitete Iacocca verstärkt daran, das Unternehmen wieder aufzubauen. Er stellte die Spitzenführungskräfte der Branche ein. Viele von ihnen waren pensionierte ehemalige Mitarbeiter von Ford. Er begrenzte die Ausgaben. Doch die Maßnahmen griffen nicht schnell genug. Chrysler musste Konkurs anmelden. Da entschied sich Iacocca zu seinem größten persönlichen Opfer: Er wollte die amerikanische Regierung um Unterstützung bitten.

Als er noch bei Ford arbeitete, war er bekannt für seine kritische Haltung gegenüber jeglicher Einmischung seitens der Regierung in das Wirtschaftssystem. Daher war ihm niemand im Kongress freundlich gesonnen, als er um Unterstützung bat. Später erwähnte Iacocca folgende Episode: „Der Kongress meinte, wir hätten gesündigt. Wir hatten den Anschluss auf dem Automobilmarkt verpasst und deshalb eine Strafe verdient.

Und gestraft waren wir wirklich. Während der Anhörung im Kongress standen wir vor der ganzen Welt als lebendiges Beispiel für die Misswirtschaft in der amerikanischen Wirtschaft da. Die Presse nagelte uns an die Wand, weil wir nicht den Anstand hatten, den Hut zu ziehen und den Gnadentod zu sterben ... Unsere Frauen und Kinder wurden in den Einkaufsläden und Schulen verspottet. Wir zahlten einen weitaus höheren Preis, als wenn wir den Laden dicht gemacht hätten. Es betraf jeden persönlich. Es war für jeden offensichtlich. Und es war schmerzvoll."

Iacocca musste seinen ganzen Stolz herunterschlucken, und das war ein harter Brocken. Nur wenige Leute in Leitungsfunktion würden dazu wirklich bereit sein. Aber wollte Iacocca das Unternehmen retten, musste er dieses persönliche Zugeständnis bringen. Ein letztes Opfer brachte ihm wieder eine gute Presse: Er verzichtete auf den Großteil seines Gehaltes und setzte es auf einen symbolischen Dollar im Jahr fest. Gleichzeitig sagte er: „Führungsverantwortung bedeutet auch, ein Beispiel zu geben. Man ist Vorbild. Als Verantwortungsträger sollte man sich dessen bewusst sein."

Er wusste, dass sein Handeln andere herausfordern würde, ebenfalls Zugeständnisse zu bringen. Die Topmanager von Chrysler bat er, ihr Gehalt um 10 Prozent senken zu lassen. Dann bat er die zuständigen Gewerkschaften und Banken um Zugeständnisse – und erhielt sie! 1982 erzielte Chrysler einen Betriebsgewinn von 925 Millionen Dollar, der höchste Gewinn in der Geschichte von Chrysler. 1983 war das Unternehmen in der Lage, alle Schulden zu tilgen!

*„Führungsverantwortung bedeutet auch Beispiel geben. Man ist Vorbild."*
*Lee Iacocca*

Chrysler wuchs erfolgreich und beständig. Das Unternehmen hatte es geschafft und besitzt heute einen Marktanteil in den USA und Kanada von mehr als 16 Prozent. Das ist doppelt soviel wie vorher, bevor Iacocca den Vorsitz übernahm. Jetzt ist er im Ruhestand, aber unter seiner Leitung ist Chrysler wieder mitten ins Marktgeschehen gekommen. Warum? Weil er das Prinzip des Zugeständnisses aufstellte. Seine Nachfolger haben es schnell vergessen.

## Das Kernstück der Führungsverantwortung

Was für Iacocca ausschlaggebend war, kann auch für andere Verantwortungsträger wichtig sein. Weiterkommen ist mit Verzicht verbunden. Heute wollen viele Leute Karriere machen, hohe Posten besetzen und sind der Meinung, da wartet auf sie nun die große Freiheit und Macht. Sie verstehen nicht, dass echte Führungsverantwortung immer mit Zugeständnissen verbunden ist.

Jedoch werden die meisten bestätigen, dass ein gewisser Verzicht zu Beginn der Karriere notwendig ist. Zunächst gibt man vieles auf, um anschließend größere Möglichkeiten nutzen zu können. Tom Murphy beispielsweise begann 1937 bei General Motors zu arbeiten. Auf der ersten Stelle, die ihm angeboten wurde, war er zunächst mit seinem Gehalt sehr unzufrieden, da es nur die Kosten für seinen Lebensunterhalt deckte. Abgesehen von diesem Einwand akzeptierte er die Arbeit. Er meinte, die Sache sei es wert. Und er hatte Recht. Letztendlich wurde er Vorstandsvorsitzender bei General Motors.

## Die Kosten überschlagen

Zugeständnisse machen können, ist ein wichtiger Aspekt der Führungsfähigkeit. Und das ist ein fortlaufender Prozess und kein einmaliger Vorgang. Wenn ich auf meinen beruflichen Werdegang zurückblicke, stelle ich fest, das es bei jedem Stellenwechsel in finanzieller Sicht zutraf. Bei meiner ersten Stelle verringerte sich unser Familieneinkommen, weil meine Arbeit schlecht bezahlt wurde und meine Frau ihre Arbeit als Lehrerin aufgeben musste, damit ich meiner Arbeit nachgehen konnte. Als ich die Direktorenstelle der kirchlichen Hauptverwaltung in Marion in Indiana annahm, erhöhte sich unser Einkommen nicht, aber die Ausgaben. Als ich mich um eine dritte Stelle im kirchlichen Bereich bewarb, nahm ich die Arbeit an, ohne mir bewusst zu sein, dass das Einkommen noch niedriger war. Als mir Kirchenvorstandsmitglieder ihre Überraschung darüber mitteilten, sagte ich ihnen, dass mir die Arbeit wichtiger als das Geld wäre. Als ich 1995 schließlich nach sechsundzwanzigjähriger Tätigkeit in der Kirche meine Arbeit beendete, um hauptberuflich Vorträge über Führungsverantwortung zu halten, erhielt ich gar kein Gehalt mehr.

Man sollte grundsätzlich davon überzeugt sein, den richtigen Schritt zu tun, und nicht zögern, auch Opfer zu bringen.

## Zugeständnisse machen, um vorwärts zu kommen

Führungskräfte, die beruflich weiterkommen wollen, müssen mehr tun, als nur Gehaltskürzungen zu akzeptieren. Sie müssen zunächst ihre Vorrechte aufgeben. Wie schon mein Freund Gerald Brooks sagte: „Von dem Zeitpunkt an, wo man eine Führungsposition einnimmt, verliert man seine persönlichen Rechte."

*„Von dem Zeitpunkt an, wo man eine Führungsposition einnimmt, verliert man seine persönlichen Rechte." Gerald Brooks*

Nicht für jeden ist es leicht, Verzicht zu üben. Beispielsweise musste Iacocca sein großes Opfer relativ spät in seiner Karriere bringen. Den Südafrikanischen Präsidenten F. W. de Klerk, der half, das Apartheidssystem in seinem Land abzubauen, kostete es sein Amt. Es hängt von den persönlichen Lebensumständen ab, aber das Prinzip bleibt das Gleiche. Führungsverantwortung bedeutet Opfer bringen, Verzicht üben.

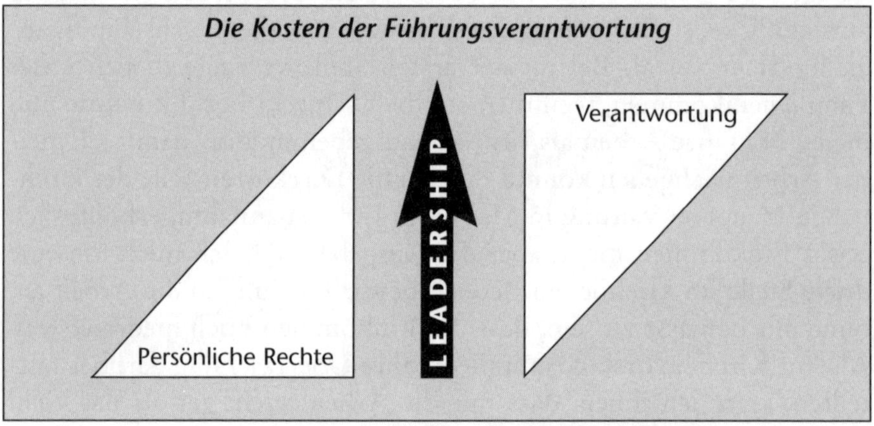


In dem Maße, wie man Führungsverantwortung übernimmt, wächst die Verantwortung, und die persönlichen Rechte nehmen ab.

Führungskräfte müssen persönlich zurückstecken, um beruflich weiterzukommen. Das ist die Realität, unabhängig vom Beruf. Sprechen Sie mit Menschen aus Leitungspositionen und Sie stellen fest, dass sie im Laufe der Zeit immer wieder Zugeständnisse machen mussten. Je höher die Position, desto größere Opfer müssen gebracht werden.

Erfolgreiche Führungskräfte üben häufig Verzicht, um herauszufinden, was wichtig ist. Darauf beruht das Prinzip der Zugeständnisse. Digital-Vorstandssprecher Robert Palmer meinte in einem Interview: „In meiner Vorstellung von Management gibt es sehr wenig Spielraum. Wenn jemand Manager sein will, dann muss er den Anspruch und die Verantwortung, die der Job mit sich bringt, in Kauf nehmen."

Gemeint ist damit, dass Führungsverantwortung nicht auf die leichte Schulter zu nehmen ist.

Wenn Führungskräfte gelernt haben, Verzicht zu üben, dann haben sie mehr erreicht als nur das übliche Weiterkommen. Haben Sie jemals darüber nachgedacht, wie selten ein Sportteam zweimal hintereinander eine Meisterschaft gewinnt? Der Grund liegt auf der Hand. Gewinnt ein Trainer mit seiner Mannschaft die Meisterschaft, geht er davon aus, mit demselben Einsatz das Gleiche wiederholen zu können. Er wird kaum bereit sein, größere Opfer als zuvor in der Saison-Vorbereitung zu bringen. Aber was führt eine Mannschaft zum Erfolg? Der einzige Weg zum Erfolg führt nur über weitere Opfer. Erfolgreiche Führungsverantwortung erfordert beständige Veränderungen, Verbesserungen und Opfer. Der Philosoph Ralph Waldo Emerson machte folgende Aussage: „Für das was man vermisst, wird man etwas anderes bekommen. Für alles was man bekommt, wird man auch etwas abgeben müssen."

*Wenn man viel aufgeben muss, um vorwärts zu kommen, dann muss man sehr viel aufgeben, um ganz weit zu kommen.*

## Je höher der Aufstieg, desto grösser der Verzicht

Wer hat die mächtigste Führungsposition der Welt inne? Ich denke, es ist der Präsident der Vereinigten Staaten. Mehr als bei jedem anderen hinterlassen sein Handeln und seine Worte Folgen für die Menschen, nicht nur in den Vereinigten Staaten, sondern auf der ganzen Welt. Überlegen Sie, auf was er alles verzichten muss, um dieses Amt zu bekommen und es dann auch zu behalten. Er ist nicht mehr Herr seiner Zeit. Er wird ständig kontrolliert. Seine Familie steht unter einem enormen Druck. Er muss Entscheidungen treffen, die Tausenden von Menschen das Leben kosten könnten. Auch wenn er nicht mehr im Amt ist, wird er beständig von Leuten aus dem Sicherheitsdienst begleitet, um geschützt zu bleiben.

Das Prinzip der Zugeständnisse sagt aus, dass man im Verhältnis zur Höhe der Führungsposition verzichten üben muss. Denken Sie an Martin Luther King Jr. Seine Frau Coretta Scott King erinnert sich in ihrem Buch „Mein Leben mit Martin Luther King" daran, dass „Tag und Nacht das Telefon klingelte und irgendjemand endlos wüste Beschimpfungen von sich gab. Häufig erhielten wir Morddrohungen mit der Aufforderung, die Stadt zu verlassen. Aber trotz aller Gefahr, dem Chaos in unserem Leben, fühlte ich mich inspiriert, war total überzeugt von der Sache."

Während er als Führer für die Menschenrechte der schwarzen Bevölkerung kämpfte, wurde er häufig verhaftet und ins Gefängnis gesperrt. Er wurde mit Steinen beworfen, durch Messerstiche verletzt und auch sonst körperlich angegriffen. Sein Haus wurde zerstört. Trotzdem behielt er seine Vision, und sein Einfluss nahm beständig zu. Letzten Endes opferte er alles, was er besaß. Aber er verzichtete bereitwillig. In seiner letzten Rede, die vor dem Attentat in Memphis aufgezeichnet wurde, sagte er:

„Ich weiß nicht, was mit mir passieren wird. Es ist eine schwierige Zeit. Aber das ist nicht so wichtig, weil ich mich auf der Bergspitze befinde. Ich würde es gar nicht anders haben wollen. Ich erwarte nicht ein übliches, langes Leben, obwohl das auch seine Berechtigung hat. Aber ich habe nicht meinen Blick darauf gerichtet. Ich will das tun, was Gott von mir will. Und Er begleitete mich auf dem Weg zur Bergspitze. Ich habe umhergeschaut und das verheißene Land gesehen. Vielleicht werde ich nicht mit euch dorthin gehen, aber es ist mir wichtig, dass ihr heute Nacht wisst, das wir gemeinsam als ein Volk ins gelobte Land kommen werden. Daher bin ich heute Abend glücklich. Ich fürchte niemanden. Meine Augen haben die Herrlichkeit des kommenden Herrn gesehen."

Am nächsten Tag bezahlte er den Höchstpreis, sein Leben. Kings

Einfluss war sehr weitreichend. Er beeinflusste Millionen von Menschen durch seinen friedlichen Widerstand gegen ein menschenunwürdiges System in der Gesellschaft, die alles daran setzte, dies zu verteidigen.

*Je höher die Führungsposition, die man erreichen will, desto größer wird der zu leistende Verzicht sein.*

Was erfolgreiche Menschen für wichtig befinden, wird dann deutlich, wenn sie eine Führungsposition übernehmen. Es gibt keinen Erfolg ohne Verzicht. Je höher die Führungsposition ist, die man erreichen will, desto größer wird der zu leistende Verzicht sein. Ohne Verzicht kein Weiterkommen. Das ist die wahre Natur der Führungsverantwortung. Das ist das Prinzip der Zugeständnisse.

# 19

## Das Prinzip des richtigen Zeitpunkts

*Führungsverantwortung benötigt den richtigen Zeitpunkt genauso wie das Handeln und die Zielsetzung*

Das Prinzip des richtigen Zeitpunkts sorgte dafür, dass er tatsächlich Präsident der Vereinigten Staaten werden konnte. Damals war es eine besonders schwierige Situation. Der Krieg in Vietnam und die Watergate-Affäre hatte allen sehr zugesetzt. Die Menschen waren entmutigt und die allgemeine Moral war entsprechend. Jeder, der irgendwelche Beziehungen zum Weißen Haus hatte, wurde besonders kritisch beobachtet. Während des Präsidentenwahlkampfs machte einer der Kandidaten, der völlig unbekannt in Washington war, die Erfahrung: „Ich wurde als Außenseiter behandelt, der ich natürlich auch war. Andererseits sind die meisten Amerikaner ... auch Außenseiter."

Der Mann war Jimmy Carter.

### Der richtige Zeitpunkt für einen Aussenseiter

Die Wahl von Jimmy Carter zum Präsidenten der Vereinigten Staaten im Jahr 1976 macht deutlich, wie das Prinzip des richtigen Zeitpunktes funktioniert. Viel in Carters Leben und beruflichem Werdegang ist davon gekennzeichnet, dass zum richtigen Zeitpunkt die richtigen Schritte unternommen wurden. Als Absolvent der Universität von Annapolis wollte Carter ursprünglich eine militärische Laufbahn in der US-Marine antreten. Doch als sein Vater 1953 unerwartet verstarb, kehrte er nach Plains, Georgia, zurück und übernahm dort das Familienunternehmen. Innerhalb weniger Jahre erwarb er den Ruf eines leistungsfähigen, geachteten Geschäftsmanns, und einer Führungspersönlichkeit.

1962 gab es große Veränderungen in der politischen Szene Georgias. Das alte korrupte Machtsystem griff nicht mehr, und Carter nutzte die Chance, sich für die Senatswahlen aufstellen zu lassen. Carter erkannte, dass zum ersten Mal in der Geschichte auch Quereinsteiger die Möglichkeit hatten, sich in den Senat wählen zu lassen. Aber er war sich einer harten Auseinandersetzung bewusst.

Die alteingesessenen Machthaber gaben nicht kampflos ihre angestammten Rechte preis. Einer versuchte durch Einschüchterung das Wahlergebnis zu bestimmen, so dass Carter zunächst die Vorwahlen verlor. Aber er weigerte sich, ohne weiteres aufzugeben. Vor Gericht ließ er das Wahlergebnis anfechten, gewann die Klage und ließ sich erneut zur Wahl aufstellen, die er dann gewann. 1970 schaffte er es tatsächlich, zum Gouverneur gewählt zu werden. Wieder einmal hatte er den richtigen Zeitpunkt erkannt, an dem auch politische Seiteneinsteiger das alte politische System in Frage stellen konnten.

## Den Weitblick haben

Was dann geschah, war zunächst undenkbar. Carter war entschlossen, sich zum Präsidenten der Vereinigten Staaten wählen zu lassen – ein Kandidat, dessen bisherige politische Laufbahn lediglich aus einer Amtsperiode als Senator und dann als Gouverneur bestand. Seine politische Erfahrung war gering und beschränkte sich auf die landespolitische Ebene. Carter war während seiner Amtszeit als Gouverneur so unbekannt, dass 1973 bei einem Auftritt im amerikanischen Gegenstück zur deutschen Show „Was bin ich?" das Rateteam „den Prominenten" nicht erkannte und seinen Beruf nicht angeben konnte.

Als er die politische Arena betrat, ignorierten ihn selbst die Medien. Diesem so unbekannten ehemaligen Gouverneur aus dem Süden wurden keine Chancen ausgerechnet. Jemand ohne Washingtonerfahrung würde keine Chance haben, durch die Demokraten aufgestellt zu werden, geschweige denn, die Präsidentenwahlen zu gewinnen. Aber Carter blieb hart. Mit seinen Beratern hatte er sich nach einer Situationsanalyse gute Chancen für die Wahlen 1976 ausgerechnet. Er wäre der rechte Mann zum richtigen Zeitpunkt. Carters Biograph Peter G. Bourne, der an dem Treffen teilnahm, erinnert sich, dass er „eine einmalige Gelegenheit für einen Außenseiter", sich für die Präsidentschaftswahlen aufstellen zu lassen, sah. Carter teilte diese Meinung und war von dieser Jetzt-oder-Nie-Gelegenheit überzeugt.

Ein Jahr nach seiner Amtszeit als Gouverneur ließ er seine Kandidatur für das Präsidentenamt im Dezember 1975 offiziell bekannt werden. Die Reaktion der Menschen im ganzen Land war sehr unterschiedlich. Bourne berichtet:

„Der größte Teil der Presse begriff die tiefgreifenden sozialen und politischen Veränderungen im Land nicht. Die Folgen von Vietnam und Watergate, die Aufhebung der Rassentrennung und insbesondere die grundlegende Öffnung auf politischer Ebene wurde größtenteils ignoriert. So wurden die Kandidaten nur nach dem alten politischen System eingeordnet."

Das Prinzip des richtigen Zeitpunktes bewahrheitete sich im Fall Carter. Es war tatsächlich der richtige Zeitpunkt für einen Außenseiter, sich um das Amt das Präsidenten zu bewerben. Carter repräsentierte all das, was unüblich war für einen Präsidentschaftskandidaten: Er bekleidete kein öffentliches Amt, da seine Amtszeit als Gouverneur 1974 abgelaufen war. Er hatte nicht Jura studiert. Er bekannte sich öffentlich zu seinem christlichen Glauben. Im Gegensatz zu seinen Vorgängern war er bisher weder Abgeordneter, Senator, Vizepräsident noch Kabinettsmitglied gewesen. Ein völlig neues Gesicht mit einer anderen Sicht der Dinge, jemand, wonach sich das amerikanische Volk verzweifelt sehnte. Ich bin überzeugt, dass zu keiner anderen Zeit, weder vorher noch nachher, Jimmy Carter gewählt worden wäre. So fand am 20. Januar 1977 eine außergewöhnliche Amtseinführung statt. James Earl Carter wurde tatsächlich als 39. Präsident der Vereinigten Staaten vereidigt.

Dennoch war die Wahl des richtigen Zeitpunktes nicht für den weiteren Erfolg maßgebend. Für die Wiederwahl 1980 standen seine Chancen schlecht. Das Land befand sich in einer denkbar schlechten Stimmung. Die Wirtschaft war, bedingt durch eine zweistellige Inflationsrate, Höchstpreise für Öl und eine explosionsartige Zinssteigerung, in einem chaotischen Zustand. Es gab unzählige Probleme in der Außenpolitik, unter anderem den Einmarsch der Sowjetunion in Afghanistan und, ganz entscheidend, die lange Gefangenschaft der amerikanischen Geiseln im Iran. Der misslungene Versuch, die Geiseln zu befreien, hatte verheerende Folgen für Carter. So erzielte Carter lediglich 49 Stimmen der Wahlmänner, während Ronald Reagan 489 Stimmen erhielt. Das war eine gewaltige Niederlage. Das Prinzip des richtigen Zeitpunktes ist ein zweischneidiges Schwert. So wie es Carter zum Wahlsieg verhalf, wandte es sich vier Jahre später gegen ihn.

## Gutes Timing ist entscheidend

Erfolgreiche Führungskräfte erkennen, was wann mit welcher Zielsetzung zu tun ist. Wird ein Vorhaben durchgeführt, ist immer mit einem der vier folgenden Ergebnisse zu rechnen:

### *1. Das falsche Vorhaben zum falschen Zeitpunkt führt zum Misserfolg*

Eine Führungskraft, die zum falschen Zeitpunkt die falsche Sache anpackt, wird keinen Erfolg haben. Was das bedeutet, kann man am missglückten Befreiungsversuch der vom Iran gefangenen Geiseln durch die amerikanischen Truppen feststellen. Hier stimmten Sache und Zeitpunkt einfach nicht zusammen. Schon vor der Entscheidung für die Aktion äußerte Außenminister Cyrus Vance grundsätzlich Bedenken gegen die Ausführung des Plans, da er ihn für unausgereift hielt. Er war überzeugt, dass etwas schief gehen würde.

Leider behielt Vance Recht. Bei mehreren Hubschraubern traten technische Probleme auf, einer ging im Sandsturm verloren und ein weiterer stieß mit einem Transportflugzeug zusammen, wobei acht Serviceleute starben. Peter Bourne beschrieb dies noch zurückhaltend als „ein Zusammentreffen unglücklicher Umstände mit militärischer Inkompetenz“. Es war schlichtweg eine einzige Katastrophe, ein Beispiel für völlig falsches Timing, und ließ die Chancen von Carters Wiederwahl endgültig in den Keller rutschen.

### *2. Handeln zum falschen Zeitpunkt erzeugt Widerstand*

Es ist eine Sache, herauszufinden, *was* getan werden muss. Eine ganz andere Sache ist die Entscheidung, *wann* der notwendige *3.* Schritt getan werden sollte. Mir selbst ist es auch schon passiert, dass ich einen falschen Zeitpunkt für eine Aktion festgelegt hatte. Anfang der achtziger Jahre wollte ich unbedingt ein Programm für Kleingruppen in meiner Kirchengemeinde Skyline in San Diego starten. Die Idee als solche war in Ordnung, aber sie ging völlig schief. Warum? Der Zeitpunkt war falsch gewählt. Wir hatten nicht beachtet, dass wir zu wenig Leiter für die Kleingruppen zur Verfügung hatten. Sechs Jahre später starteten wir erneut einen Versuch, und diesmal hatten wir Erfolg. Es ist alles eine Frage des richtigen Zeitpunktes.

> *Versagt eine Führungskraft wiederholt bei Kleinigkeiten, kommt schnell das Gefühl auf, diese Führungskraft in Leitungsfunktion zu haben, könnte das kommende große Problem sein.*

### *Falsches Handeln zum richtigen Zeitpunkt führt nur zu Fehlern*

Mindestens zehn Jahre lang versuchten mich verschiedene Kollegen davon zu überzeugen, dass ich doch ein Radioprogramm aufziehen sollte. Lange Zeit war ich da anderer Meinung. Aber vor ein paar Jahren schien mir der richtige Zeitpunkt gekommen zu sein. So entwickelten wir eine Sendung mit dem Titel „Heute erfolgreich sein“. Allerdings gab es ein Problem mit der Verfahrensweise. Ich wollte den Leuten gutes Arbeitsmaterial zur Verfügung stellen, ohne gleichzeitig zum Spenden aufzurufen. Die Finanzierung der Sendung plante ich durch den Verkauf der Arbeitsmaterialien zu sichern. Das war ein Fehler. Bei den Zuhörern kam das überhaupt nicht gut an. Radio an sich mag eine gute Sache sein, aber unsere Form der Sendung entsprach nicht den Bedürfnissen. Das Prinzip des richtigen Zeitpunktes hatte sich dagegen ausgesprochen.

### *4. Erfolg entsteht durch richtiges Handeln zum rechten Zeitpunkt*

Wenn die richtige Sache zum rechten Zeitpunkt angepackt wird, ist der Erfolg meist nicht fern. Wenn Menschen, Grundlagen und Abläufe zusammenpassen, erzeugt das eine unglaubliche Sogwirkung. Und das spüren nicht nur die Führungskräfte, sondern alle Mitarbeiter und damit das gesamte Unternehmen.

***Das Ergebnis des richtigen Zeitpunkts***

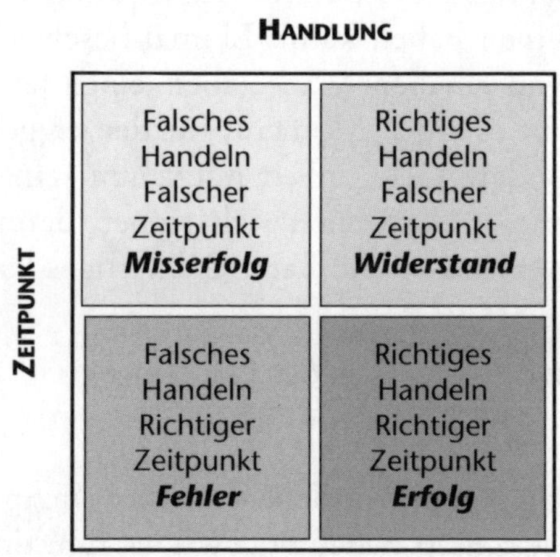


Wenn die richtigen Leute zum richtigen Zeitpunkt Entscheidungen treffen, kann Unglaubliches geschehen. Denken Sie an Winston Churchill. Erst mit sechzig Jahren wurde er britischer Premierminister. Als Soldat, Schriftsteller und Staatsmann hatte er schon lange das Leben anderer begleitet und beeinflusst. Doch erst während des 2. Weltkrieges zeigte sich, welch eine herausragende Führungspersönlichkeit er war. Nach Beendigung des Krieges war seine Zeit vorüber. Die Leute, die ihn in jener Zeit unterstützt hatten, ließen ihn nun wieder fallen.

Anlässlich seines achtzigsten Geburtstages am 30. November 1954 hielt Churchill vor dem britischen Parlament noch einmal eine Rückschau: „Ich habe niemals verstanden, dass viele freundliche Leute mir gesagt haben, wie wichtig meine Person für das ganze Land gewesen war. Denn damals waren alle entschlossen und ohne Furcht, und wie es sich dann zeigte, unbezwingbar. Meine Aufgabe war nur, es zu formulieren. Es war unser Volk und die gesamte menschliche Rasse, die diesen Löwenmut aufbrachten. Ich war lediglich derjenige, der das Gebrüll anstimmen durfte."

*Wenn die richtigen Leute zum richtigen Zeitpunkt Entscheidungen treffen, kann Unglaubliches passieren.*

Churchills Beitrag hatte wirklich nichts mit Glück zu tun, sondern mit der Auswahl des richtiges Zeitpunktes. Ihm war klar, dass die Wahl des richtigen Zeitpunkts Auswirkungen auf den Einzelnen haben kann. Einmal beschrieb er dies folgendermaßen: „Im Leben eines jeden Menschen gibt es einen Moment, für den er geboren wurde. Wenn er diese besondere Gelegenheit nutzt, um seinen Auftrag zu erfüllen, zu dem nur er persönlich sich eignet, dann hat er seine wahre Bestimmung gefunden und kann Großartiges leisten."

## Der Schmelztiegel des Krieges verzerrt das Prinzip des richtiges Zeitpunktes

Churchills Erfahrung macht deutlich, was das Prinzip des richtigen Zeitpunktes in Kriegszeiten bedeutete. Wie es funktionierte, zeigte sich 1991 im Golfkrieg. Zu Beginn der Aktion „Desert Shield" war es wichtig, genügend Truppen und Ausrüstung zusammen zu bekommen, um Saudi Arabien erfolgreich schützen zu können. Falls der Irak angriff, bevor alle Truppen eintrafen, würde ein weiteres Land von dem Aggressor Saddam Hussein überrannt werden.

Als nächstes galt es, die Luftstreitkräfte zu stärken, um einen entscheidenden Sieg über die Iraki herbeiführen zu können. Der Zusammenschluss mehrerer Luftstreitkräfte erforderte einige Zeit. Aber so konnte man den Irak erfolgreich aus der Luft bekämpfen, bevor die Bodentruppen ihr „Desert Storm" genanntes Landeunternehmen durchzogen und Kuweit von der irakischen Besatzungsmacht befreiten. Der Beweis für ihr perfektes Timing wird im Ergebnis sichtbar: Während der Irak 10 000 Soldaten verlor und mehr als

60 000 irakische Soldaten in Gefangenschaft gerieten, verloren die Vereinigten Staaten und die Alliierten weniger als 150 Soldaten und nur 41 Soldaten wurden von den Iraki gefangen genommen.

Das zeigt deutlich, wie wichtig die Wahl des richtigen Zeitpunktes ist, und wie dramatisch und ohne Verzögerung die Konsequenzen sein können. Wer sich die großen Schlachten der Weltgeschichte vor Augen führt, stellt fest, dass der entscheidende Wendepunkt jeweils der genau getimte Zeitpunkt der Schlacht war. Die Schlacht von Gettysburg im amerikanischen Bürgerkrieg ist ein klassisches Beispiel.

Auslöser war die Verlegung der Konföderiertenarmee von Nordvirginia nach Pennsylvania durch General Robert E. Lee.

Im dritten Kriegsjahr wurden die Auseinandersetzungen immer härter geführt. Lee hatte nun drei Ziele: erstens, die Nordstaaten-Armee aus Virginia herauszuziehen, zweitens, mit seinen Truppen auf die Ressourcen von Pennsylvania zurückgreifen zu können, drittens, den Krieg mitten ins Feindesland zu verlagern. Er hoffte, dadurch den Bürgerkrieg schneller beenden zu können.

Die strategischen Überlegungen des Generals waren, mit der Konföderiertenarmee mitten ins Herz von Pennsylvania zu ziehen, vor Harrisburg. Er hoffte, mit seinem überraschenden Schachzug die Nordstaatenarmee zu einer vorschnellen, überhasteten Reaktion zu bewegen. Einige Tage vor der Schlacht teilte Lee General Trimple mit:

„Unsere Armee ist bester Stimmung und in guter körperlicher Verfassung. Sie kann jederzeit innerhalb von 24 Stunden oder weniger marschbereit sein. Bisher habe ich noch nicht gehört, dass der Feind den Potomac überquert hat, und erwarte, von General Stuart Näheres zu hören. Wenn sie wissen, dass wir hier sind, werden sie einen schnellen Marsch einlegen ... Sie werden kommen ... erschöpft vom Hunger und vom langen Marschieren, hintereinander in langen Reihen, demoralisiert, wenn sie Pennsylvania erreichen. Ich werde mit aller Macht ihr Vorrücken unterbinden, ein Korps in das andere zurückdrängen. Durch die ausgesuchten, überraschenden Angriffe werden sie kopflos in Panik geraten und es wird praktisch keine Armee mehr geben."

Lee versuchte, die Chance auf einen überwältigenden Sieg zu nutzen. Bis zum frühen Morgen des 1. Juli wusste er nicht, dass die Unionstruppen bereits in nördlicher Richtung losmarschiert waren. Diese Truppen kamen nun frühzeitig mit konföderierten Vorauskommandos auf der Chambersburg Road westlich von Gettysburg in Kontakt. Diese Entwicklung zerstörte Lees Strategie und ließ seinen Zeitplan platzen. Lees erster Instinkt war, sich zurückzuziehen, auf die Verstärkung zu warten, um dann den großen Angriff zu starten. Aber da ihm das Prinzip des richtigen Zeitpunktes immer gegenwärtig war, stellte er fest, dass sich seine Truppen plötzlich im Vorteil befanden.

Von einem nahegelegenen Höhenzug aus beobachtete Lee, dass die Unionstruppen geschlagen und zum Rückzug gedrängt wurden. Die konföderierten Truppen hatten überraschend die Möglichkeit, die alles beherrschende Hochebene des Cemetery Hill zu besetzen, da dort nur eine Handvoll Infanteriereserven und wenig Artillerie der Unionstruppen zur Verteidigung bereit standen. Würde es ihnen gelingen, analysierte Lee, diese Stellung zu nehmen und zu halten, könnten sie das ganze Gebiet kontrollieren. Es konnte der Schlüssel zum Sieg der Konföderierten sein, und damit der Schlüssel zum Sieg im ganzen Krieg.

### Den Zeitpunkt verpasst und die Gelegenheit vertan

Aber die Südstaaten sicherten den Hügel nicht. Es war sehr früh am Morgen, die Zeit war reif, einen erfolgversprechenden Angriff zu starten. Doch General R.S. Ewell, der die konföderierten Einheiten vor dem Hügel befehligte, gab sich mit dem Beobachten zufrieden, statt den Feind anzugreifen. Und dann war die Gelegenheit vorbei. Über Nacht hatten die Unionstruppen ihre Stellungen ausgebaut und die Chance der Konföderierten war vertan. Die Nord- und Südstaatler kämpften mehr als zwei Tage, aber am Ende erlitt Lees Heer eine Niederlage und verlor mehr als die Hälfte seiner 76 300 Soldaten durch Tod und Verwundung. Der Rückzug nach Virginia war ihre einzige Möglichkeit.

### Eine weitere Gelegenheit verpasst

Nach der Niederlage der Südstaatler erwartete Lee, dass die Unionstruppen unter General Meade sofort zu Gegenangriffen antreten würden, um seine restliche Armee aufzureiben. Genau das erwartete auch Abraham Lincoln, als er die Nachrichten über den Sieg der Unionstruppen erhielt. Die Wichtigkeit des Prinzips des richtigen Zeitpunktes im Kopf, schickte Lincoln am 7. Juli 1863 durch General Halleck Meade eine Nachricht aus Washington DC zu:

„Ich habe folgende Nachricht vom Präsidenten erhalten, die ich achtungsvoll weitergebe: ‚Wir haben sichere Informationen darüber, dass Vicksburg zu General Grant übergelaufen ist. Jetzt könnte General Meade sein siegreiches Unternehmen fortführen. Sobald Lees Armee vernichtet ist, ist die Rebellion beendet.' "

Lincoln hatte festgestellt, dass der richtige Zeitpunkt gekommen war, den Krieg zu beenden. Aber wie die Südstaatler den Zeitpunkt des greifbaren Sieges nicht nutzten, ließen die Nordstaatler die Chance auf ein Kriegsende verstreichen. Meade feierte lieber seinen Sieg in Gettysburg, als Lee aggressiv zu verfolgen. Als er seine Zielsetzung dem Präsidenten nannte – „Ich werde jede Spur verfolgen, die auf die Gegenwart des Angreifers hinweist" –, konnte Lincoln nur staunend antworten: „Mein Gott, ist das alles?"

Hier wurde eindeutig gegen das Prinzip des richtigen Zeitpunktes verstoßen. Am 14. Juli überquerten die ziemlich aufgelösten Reste der Armee den Potomac. Lincoln war verärgert, dass die Unionstruppen ihre Chance nicht genutzt hatten, den Krieg zu beenden. Später sagte er, dass Meades Leistung ihn an „ein altes Weib, das versuchte, eine Gänseschar über einen Bach zu führen", erinnert habe.

Am Ende hatten beide Armeen ihre besten Chancen zum möglichen Sieg nicht genutzt. Stattdessen wurden die Kämpfe über mehr als zwei Jahre fortgesetzt. Hunderttausende verloren dabei ihr Leben. Führer beider Seiten wussten, dass ein Sieg möglich war, aber sie versagten im entscheidenden Moment.

Eine Situation war zu überblicken und zu analysieren. Das zu tun, reicht nicht für eine erfolgreiche Führungsverantwortung. Einzig das richtige Handeln zum richtigen Zeitpunkt führt zum Erfolg. Alles andere kostet einen hohen Preis. Das ist das Prinzip des richtigen Zeitpunktes.

# 20

## Das Prinzip des schnellen Wachstums

*Wachstum vervielfachen erfordert die Schulung der Führungskräfte*

Mit 22 Jahren gründete John Schnatter 1984 seine erste Firma. Er verkaufte Pizza aus einem Besenschrank vor Micks Taverne, dem Restaurant seines Vaters. Der dynamische junge Mann steckte voller Ideen. Und mit hohem persönlichen Einsatz wurde seine Besenschrank-Pizza zum Erfolg. Im nächsten Jahr eröffnete er Papa John's, seine erste Pizzeria direkt neben Micks Taverne in Jefferson, Indiana. In den folgenden Jahren baute Schnatter ein Unternehmen auf. Er eröffnete weitere Filialen und verkaufte auch Franchise-Lizenzen. Anfang 1991 besaß er 46 Filialen. Das ist eine unglaubliche Erfolgsgeschichte. Aber was in den darauffolgenden Jahren geschah, übertraf alles.

*Es ist meine ureigene Aufgabe, die Mitarbeiter zu fördern, die ihrerseits alles daran setzen, das Unternehmen weiter auszubauen.*

Zwischen 1991 und 1992 entwickelte sich Papa John's zu einem absoluten Geheimtip. Ende 1991 verdoppelte sich die Anzahl der Filialen auf 110 Pizza-Restaurants. Bis Ende 1992 verdoppelten sie sich erneut auf 220 Lokale. Es war eine rasante Wachstumsentwicklung. Anfang 1998 wurde die Zahl von 1600 Pizzerias überschritten. Wie kam es zu dieser unglaublich schnellen Expansion? Welche Erfahrungen machte das Unternehmen in dieser Zeit? Die Antwort darauf liegt im Prinzip des schnellen Wachstums.

Schnatter hatte schon immer erfahrene, gute Mitarbeiter eingestellt, aber in den ersten Jahren war er letztlich der einzige Chef und die treibende Kraft des Unternehmens. Am Ende der 80er Jahre fand er nicht mehr die Zeit, seine Führungskräfte gut zu fördern. „Das hat

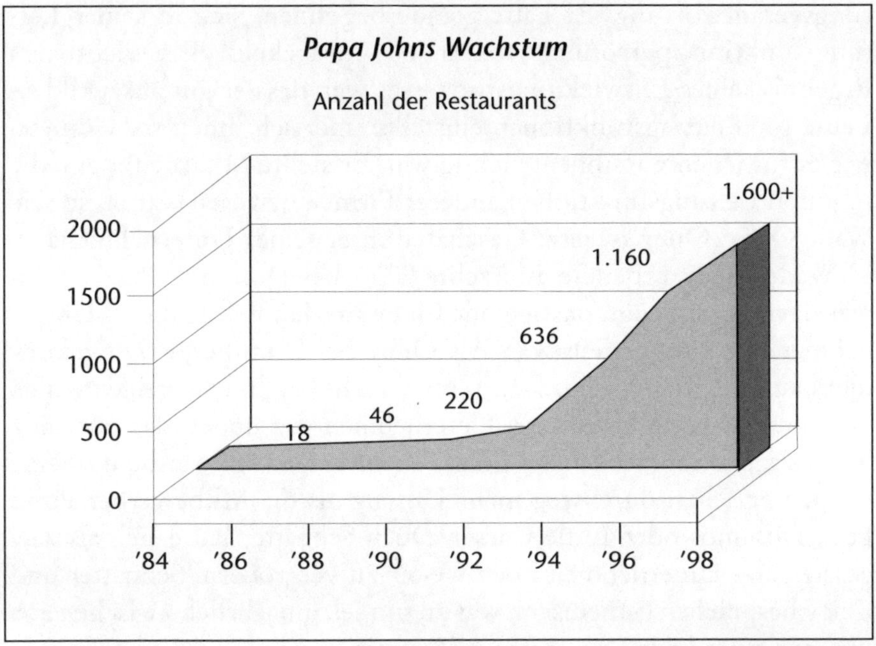


mich viel gekostet", sagte Schnatter zu seinem geschäftlichen Erfolg. „Als ich zwischen 26 und 32 Jahre alt war, hatte ich beständig lauter John Schnatters um mich herum, Leute mit großen Fähigkeiten, die aber noch Unterstützung brauchten. Das war eine schwierige Sache. Sie benötigten noch Förderung und ich selbst war so stark mit meiner eigenen Weiterentwicklung beschäftigt, dass ich nicht in der Lage war, diese Leute zu betreuen. Also kündigten die guten Mitarbeiter. Dabei ist es eigentlich meine Aufgabe, die Mitarbeiter zu fördern, die dann ihrerseits alles daran setzen, das Unternehmen weiter aufzubauen. Das war für mich viel schwieriger, als die ersten 1200 Geschäfte zu eröffnen."

## Der Schlüssel des Wachstums liegt in der Führungsverantwortung

Anfang 1990 beschäftigte sich Schnatter damit, wie Wachstum eines Unternehmens stattfindet. Den Schlüssel dazu fand er in der Führungsverantwortung. Er hatte gerade begonnen, sich in seiner Leitungsfunktion persönlich weiter zu entwickeln. Ein sichtbares Ergebnis seines Entwicklungsprozesses war, dass er gut ausgebildete Leute für Leitungsfunktionen einstellte und sich ihnen so widmete, wie es für jeden von ihnen wichtig war. Er stellte Mitarbeiter ein, die schon in Leitungsfunktionen anderer Firmen gewesen waren, so wie Wade Oney. Oney ist jetzt Geschäftsführer seines Unternehmens.

Wade Oney arbeitete fünfzehn Jahre bei Dominos Pizza. John war davon überzeugt, dass gerade Oney für den Erfolg dieses Unternehmens verantwortlich war. Als Oney bei Dominos Pizza gekündigt hatte, fragte John ihn sofort, ob er nicht bei ihm einsteigen wolle.

Schnatter hatte bereits ein Unternehmen gegründet, das mit ganz hervorragend schmeckenden Pizzas eine Menge Geld verdiente. Seine Filialen erzielten durchweg mehr Umsatz als die Mitbewerber Pizza Hut, Dominos oder Little Caesar. Doch Schnatter hatte sich als Ziel gesetzt, das Unternehmen noch weiter zu vergrößern. Schnatter und Oney besprachen gemeinsam, was zu tun sei, um jährlich zwischen 400 und 500 neue Läden zu eröffnen. Wichtig war ihnen daher, sich ganz der Betreuung ihrer Führungskräfte widmen zu können, damit diese für die kommenden Veränderungen vorbereitet waren. Oney sagte: „Wir sind deshalb so erfolgreich, weil wir Wert auf Qualität und einfache Handhabung legen. Ein weiterer Grund für den Erfolg unseres Unternehmens sind unsere guten Mitarbeiter."

Seit Anfang 1990 hatten Schnatter und Oney systematisch ein Team von Spitzenleuten im Management zusammengestellt, mit denen sie das unglaublich schnelle Wachstum der Firma gefördert haben.

Papa John's Wachstum in einem Geschäftsbereich, der seit einem Jahrzehnt von Konkurrenzunternehmen überschwemmt wird, ist phänomenal. Kurz vor dem Millennium eröffneten sie im Schnitt 400 Restaurants im Jahr. Zur Zeit planen sie, weltweit Papa John's Restaurants einzuführen. Ziel ist, die weltweit größte Pizzeriakette zu werden.

„Die Herausforderung besteht jetzt darin", erklärte Oney, „die kommenden Führungskräfte auszubilden. Das Unternehmen steht finanziell hervorragend da. Der Konkurrenzkampf ist hart, aber wir können es schaffen. Wirtschaftlich gesehen brauchen wir nichts zu fürchten, wenn wir dem Kunden für sein Geld ein gutes Angebot machen. Einzig wichtig ist die Förderung von Führungskräften, indem man sie ausbildet."

## Die Mathematik der Führungskräfte bewirkt schnelles Wachstum

John Schnatter und Wade Oney sind erfolgreich, weil sie das Prinzip des schnellen Wachstums praktizieren. Einige Führungspersönlichkeiten können umschalten von der Mathematik für Mitarbeiter zu dem, was ich die Mathematik für Führungskräfte nenne. Und so funktioniert es: Führungsverantwortliche, die ihre Mitarbeiter schulen, können immer nur eine Person für Leitungsaufgaben in ihrem Unternehmen aufbauen. Führungsverantwortliche, die Führungskräfte fördern, können damit den Erfolg des Unternehmens vervielfachen. Jede betreute Führungskraft ist wiederum verantwortlich für ihre Mitarbeiter. Stellen Sie zehn Mitarbeiter zusätzlich in Ihre Firma ein, dann erhalten Sie die Arbeitskraft von zehn Leuten. Stellen Sie jedoch zehn Führungspersönlichkeiten ein, dann bekommen Sie deren Arbeitskraft plus deren Einflussmöglichkeiten auf die anderen Mitarbeiter.

Das ist der Unterschied zwischen Addition und Multiplikation. Es ist sinnvoller, Wachstum durch Teams als durch Einzelne zu erzielen. Je besser die Führungskräfte gefördert werden, desto höher ist die Qualität und Anzahl der Mitarbeiter.

Um ein möglichst hohes Niveau zu erreichen, ist es wichtig, die Vorgesetzten der Führungskräfte zu schulen. Mein Freund Dale Calloway versicherte, dass „einige Führungskräfte nur ihre Mitarbeiter als *Mit*arbeiter fördern wollen. Ich will jedoch die Leute in den und in die Leitungsfunktionen hinein fördern und dann die Vorgesetzten der Vorgesetzten von Führungskräften."

Folgt man diesem System, gibt es eigentlich keine Wachstumsgrenze in einem Unternehmen. Daher sage ich, um das Wachstum zu fördern, sollte man Mitarbeiter schulen. Aber für die Vervielfachung des Wachstums ist es notwendig, die Führungskräfte zu fördern. Das ist das Prinzip des schnellen Wachstums.

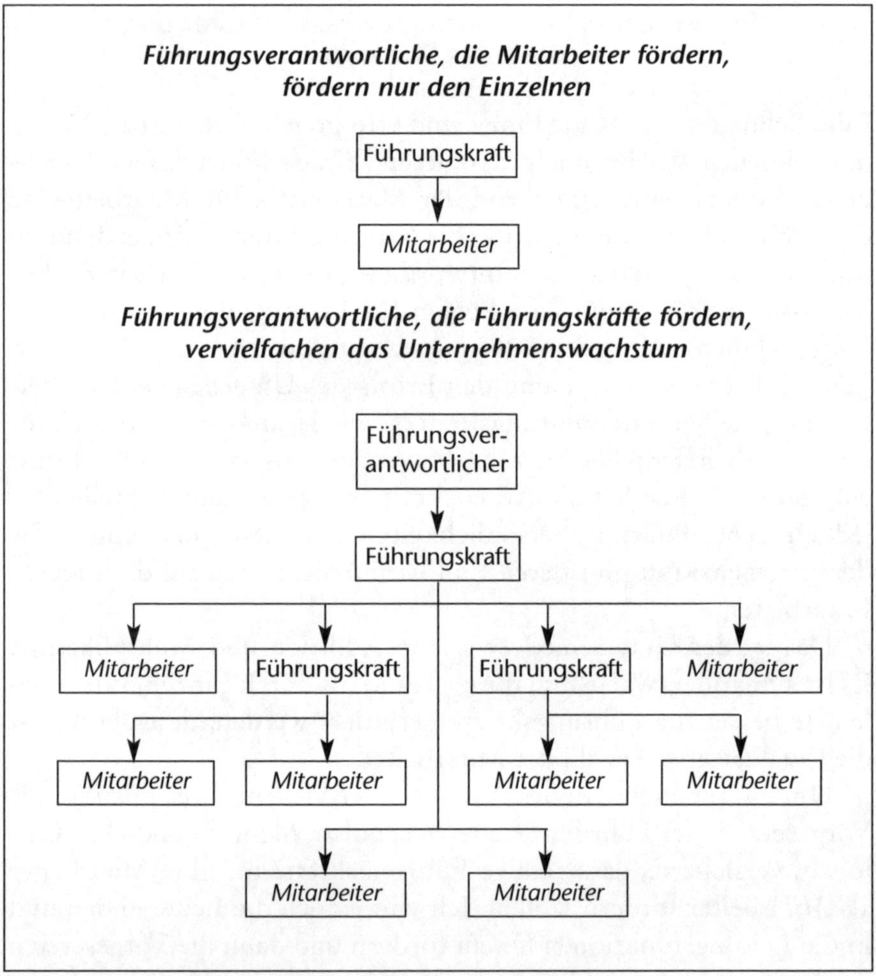

## Ein anderer Blickwinkel

Eine Führungspersönlichkeit zu werden, die Führungskräfte fördert, benötigt einen differenzierteren Weitblick und eine andere Einstellung als die, nur Mitarbeiter fördern zu wollen. Schauen Sie sich einige dieser Unterschiede an:

| **Führungsverantwortliche, die Mitarbeiter fördern** | **Führungspersönlichkeiten, die Führungskräfte fördern** |
|---|---|
| *Tun das Erforderliche* | *Wollen erfolgreich sein* |
| *Haben offene Augen und Ohren* | *Schärfen die Blickweise* |
| *Steigern die Durchschnittsleistung um 20 %* | *Steigern die Spitzenleistung um 20%* |
| *Behandeln Mitarbeiter mit Fairness* | *Behandeln Führungskräfte als Einzelperson mit Einfluss* |
| *Speichern Energie Verbringen Zeit mit anderen* | *Investieren Zeit in andere, geben Energie weiter* |
| *Fördern Wachstum durch Addition* | *Fördern Wachstum durch Multiplikation* |
| *Haben Einfluss auf andere durch Kontakte* | *Haben Einfluss auf andere durch persönliche Unterstützung* |

Führungskräfte zu fördern ist nicht leicht, weil fähige Führungskräfte schwer zu finden und zu bekommen sind.

Wenn man sie gefunden hat, ist es noch schwieriger sie zu halten, weil sie anders als andere Mitarbeiter sind. Sie sind voller Energie und unternehmerisch aktiv. Am liebsten gehen sie ihren eigenen Weg. Führungskräfte fördern ist daher eine schwierige Arbeit. Die Verantwortung dafür bedeutet nicht, „einfach nur Wasser dazu geben und umrühren". Es erfordert Zeit, Energie und Rückhalt.

## Fördern aus der Entfernung

Seit zwanzig Jahren sehe ich es als meine Hauptaufgabe, Führungskräfte zu fördern. Das hat sich auch auf meine eigenen Unternehmen positiv ausgewirkt. Aber in den letzten Jahren konnte ich feststellen, welche Auswirkungen es auf andere Führungskräfte und deren Unternehmen hat. Viele Firmenleiter besuchten meine Schulungsseminare, auf die ich mehr Zeit verwandte als auf meine eigenen Firmen. Überrascht war ich aber, als ich jemanden traf, der mit meinem System arbeitete, ohne jemals an einem Seminar teilgenommen zu haben.

Ab und zu halte ich auch außerhalb der USA Vorträge über Führungsverantwortung. Im Laufe der Jahre war ich in Australien, Brasilien, Kanada, Indien, Indonesien, Korea, Neuseeland, Nigeria und Südafrika. Zusätzlich wurden meine Bücher in mehr als zwanzig Sprachen übersetzt, und die Mitschnitte der Vorträge wurden in alle Welt verkauft. Mir war bewusst, dass meine Prinzipien der Führungsverantwortung schon weit gereist sind. Trotzdem war ich freudig überrascht, als ich im Herbst auf meiner Reise nach Indien zum ersten Mal David Mohan traf und seine beeindruckende Geschichte hörte.

Pastor Mohan leitet die größte christliche Kirche in ganz Indien. Ich reiste dorthin, um vor einer Gruppe von etwa 2000 Pastoren Vorträge über Führungsverantwortung zu halten. Als ich dort ankam, wurde ich wie ein alter Freund begrüßt. Ich kam nicht rechtzeitig an, da unser Flug fünf Stunden Verspätung hatte. Daher hatten wir nicht viel Zeit, vor Beginn der Konferenz miteinander zu reden. Während des Vortrages saß er in der ersten Reihe und schien jedes Wort aufzusaugen. Als ich über das Prinzip der Prioritäten und das Pareto-Prinzip sprach, sah ich, wie er seinen leitenden Mitarbeitern Zeichen machte, um sicher zu gehen, dass sie nun ganz aufmerksam sind, mir mit voller Aufmerksamkeit zuzuhören. Gelegentlich, wenn ich ein weiteres Führungsprinzip anführte, schien er das, was ich sagte, erwartet zu haben.

Nach Abschluss der Konferenz dankte er mir herzlich und brachte mich persönlich zum Flughafen. Auf der langen Autofahrt erzählte er mir seine Geschichte. Ursprünglich wäre er während meines Vortrags in den USA gewesen. Aber als er hörte, dass ich kommen sollte, änderte er seine Pläne, um mich zu treffen.

Vor sieben Jahren gab es in seiner Kirchengemeinde etwa 700 Besucher – ein für indische Verhältnisse guter Besuch. Aber Mohan wollte auch die Menschen aus dem Gemeindeumfeld erreichen. Dabei stellte er fest, dass zunächst die Leiter der einzelnen Arbeitszweige geschult und besser betreut werden mussten. Gleichzeitig erzählte ihm jemand von meinen Büchern. In den nächsten sieben Jahren saugte er alles wie ein Schwamm auf, was er in meinen Büchern las und in meinen Vortragsmitschnitten hörte. Was es an Wissenswertem über Führungsverantwortung gab, wollte er lernen. Und was er herausfand, gab er an seine Mitarbeiter weiter und schulte sie zu fähigen Führungskräften.

In dem Maße, wie Mohan sich persönlich entwickelte, wuchs auch die Zahl seiner Mitarbeiter. Und da sich deren Anzahl vermehrte, vergrößerte sich wiederum seine Gemeinde. Im Herbst 1997, während ich in Indien war, besuchten 14 000 Menschen regelmäßig die Gottesdienste. Jeder Zehnte aus seiner Gemeinde wird geschult und betreut wie ein Leitungsverantwortlicher. Er bedankte sich bei mir für die unbekannterweise gegebene Hilfestellung.

Ich fühlte mich einfach nur beschenkt durch das, was er mir sagte, und gleichzeitig unglaublich ermutigt. Es wunderte mich nur, dass es möglich ist, dass Menschen von mir etwas über Führungsverantwortung erfahren und solch großartige Erfahrungen damit machen, die ich nie getroffen hatte. Das ist der Grund für mich, diese Arbeit fortzusetzen.

Ich weiß nicht, wo Sie sich gerade auf dieser Reise, mit dem Ziel Führungsverantwortung zu leben, befinden. Vielleicht arbeiten Sie an Ihrer persönlichen Entwicklung zur Führungskraft oder Sie sind schon einen Schritt weiter. Es ist nicht wichtig, wo Sie stehen, sondern eins ist entscheidend: Sie werden die höchste Stufe der Führungsverantwortung erreichen, wenn Sie damit beginnen, Führungskräfte statt Mitarbeiter zu fördern. Menschen in Führungsposition, die Führungskräfte schulen, erfahren ein unglaubliches Maß an Multiplikation in ihrem Unternehmen. Einzig auf diesem Weg kann das erreicht werden, nicht durch Erhöhung der finanziellen Rücklagen, durch Kostenreduzierung oder Durchführung sinnvoller Veränderungen im Management oder durch ähnliches. Der einzige Weg zum schnellen Wachstum ist die Anwendung der Mathematik für Führungskräfte. Darin liegt die unglaubliche Kraft des Prinzips des schnellen Wachstums.

# 21
# Das Prinzip des Weitervererbens

*Der entscheidende Wert einer Führungskraft wird letztlich am Erfolg gemessen*

Eine der herausragendsten Führungspersönlichkeiten der Welt starb 1997. Sein Name ist Roberto Goizueta, und er war der Vorstandsvorsitzende und Geschäftsführer von Coca Cola. In einer seiner letzten Reden sagte er einige Monate vor seinem Tod Folgendes: „Vor Milliarden von Stunden entstand menschliches Leben auf der Erde. Vor Milliarden von Minuten entstand das Christentum. Vor Milliarden von Sekunden traten die Beatles in der Ed-Sullivan-Show auf. Vor Milliarden von Coca-Cola-Flaschen ... das war gestern Morgen. Und die Frage an uns ist nun: ‚Wie schaffen wir es heute Morgen, eine Milliarde Coca-Colas zu produzieren?'"

Coca Cola zum bedeutendsten Unternehmen der Welt zu machen, war Goizuetas Lebensziel. Und er arbeitete beständig, mit offenen Augen, bis er plötzlich und unerwartet verstarb. Unternehmen, die ihren Chef verlieren, rutschen oft ins Chaos ab, vor allem, wenn es, wie in Goizuetas Fall, plötzlich und unerwartet geschieht. Kurz vor seinem Tod sagte Goizueta in einem Interview mit dem Atlanta Journal, dass ein Rückzug aus dem Geschäftsleben „nicht auf meinem Radar gesichtet worden ist". „So lange ich Spaß daran habe, so lange ich ausreichend Energie besitze, so lange, wie ich Menschen nicht ihren Tag versauere, und so lange der Vorstand mich haben will, werde ich bleiben."

Einige Monate nach dem Interview wurde bei ihm Krebs diagnostiziert. Sechs Wochen später starb er.

Nach Goizuetas Tod stellte der Farmer und ehemalige US-Präsident Jimmy Carter fest: „Wahrscheinlich gibt es keine so aufgeschlossene Führungspersönlichkeit mehr in der heutigen Zeit, die so wunderbar beispielhaft den Amerikanischen Traum gelebt hat. Er glaubte fest daran, dass alles in Amerika möglich ist. Er lebte diesen Traum, und aufgrund seiner herausragenden Führungsfähigkeiten verhalf er Tausenden dazu, ihren eigenen Traum zu verwirklichen."

## Goizuetas Vermächtnis

Goizuetas Vermächtnis ist unglaublich. Als er 1981 Coca Cola übernahm, besaß das Unternehmen einen Wert von 4 Milliarden US $. Unter Goizuetas Leitung stieg der Unternehmenswert auf 150 Milliarden $ – eine Wertsteigerung von mehr als 3 500 Prozent. Coca Cola wurde zum zweitgrößten Unternehmen in Amerika, noch vor den Automobilherstellern und der Ölindustrie, Microsoft, Wal Mart und allen anderen. Das einzig größere Unternehmen ist General Electric. Über eine lange Zeit wurden viele Aktionäre durch Coca Cola zu Millionären. Die Emory Universität von Atlanta, die einen großen Teil der Coca Cola-Aktien hält, besitzt jetzt eine eigene Stiftung, ähnlich wie die Harvard Universität.

Der hohe Börsenwert ist jedoch nicht das Einzige, was Goizueta für Coca Cola getan hat. Eigentlich entscheidend war die Art und Weise, wie er das Prinzip des Vererbens praktizierte. Als der Tod des CEO bekannt wurde, brach keine Panik unter den Aktionären von Coca Cola aus. Der Analytiker Emanuel Goldman von Paine Webber sagte, dass Goizueta „das Unternehmen so gut darauf vorbereitet hatte, wenn er nicht mehr da ist, wie ich es bisher noch nirgendwo erlebt habe".

Wie hat er das geschafft? Zunächst hat er das Unternehmen von Grund auf neu aufgebaut und stark gemacht. Zweitens sorgte er frühzeitig für einen Nachfolger. Sein Name ist Douglas Ivester. Mickey H. Gramig, Reporter beim Atlanta Constitution, berichtete darüber: „Anders als andere Unternehmen, die in eine Krise geraten, wenn die Topführungskraft das Unternehmen verlässt oder stirbt, wird von Coca Cola erwartet, den Status als eines der weltgrößten, angesehendsten Unternehmen bewahren zu können. Goizueta hat seinen Nachfolger Ivester so aufgebaut, dass dieser seinen Fußstapfen folgen kann. Ein Zeichen dafür, wie stark die Wall Street die wirtschaftliche Lage von Coca Cola einschätzt, wird daran deutlich, dass sich die Unternehmensaktien in den sechs Wochen nach Bekanntgabe der tödlichen Erkrankung Goizuetas nicht verändert haben."

Noch während seiner Ausbildung zum Wirtschaftsprüfer 1979 bewarb sich damals Doug Ivester bei Coca Cola um eine Stelle als Assistent für das Controlling. Vier Jahre später wurde er Leiter des Rechnungswesens. Er war bekannt für seine einfallsreiche Art der Finanzverwaltung. So wurde er eine treibende Kraft in Goizuetas Neukonzeption der internen Unternehmenspolitik im Bereich der Investition und Begleichung von Schulden.

1989 entschied sich Goizueta, die bisher kaum wirklich genutzte Leistungsfähigkeit Ivesters zu verwenden, und holte ihn aus dem doch starr geregelten Bereich der Finanzverwaltung heraus. Er schickte ihn nach Europa, um ihn dort Berufserfahrung im internationalen Geschäft sammeln zu lassen. Ein Jahr später holte er ihn zurück und ernannte ihn zum Geschäftsführer des Coca Cola-Gesamtunternehmens in den USA. Dort beaufsichtigte er die Ausgaben und den Marketing-Bereich. Von da an baute Goizueta Ivester kontinuierlich auf, und 1994 war es allen klar, dass Ivester der Nachfolger von Goizueta werden würde. Goizueta ernannte ihn zum Gesamtgeschäftsführer und CEO.

Was Roberto Goizueta tat, war sehr ungewöhnlich. Nur wenige Topführungskräfte fördern intensiv ihren Nachfolger. John S. Wood, ein Berater von Egon Zehnder International Inc, bemerkte dazu, dass „Unternehmen in der Vergangenheit nicht viel investiert haben, um ihre Mitarbeiter zu fördern. Falls sie das in Zukunft nicht lernen, gehen ihnen diese Leute verloren."

Wieso handelte Goizueta anders? Er selbst hatte erfahren, was das Prinzip des Vererbens bedeutet.

Roberto Goizueta wurde in Kuba geboren und studierte an der

Yale Universität. Dort machte er seinen Abschluss als Chemieingenieur. Als er 1954 nach Havanna zurückkehrte, bewarb er sich auf eine Zeitungsanzeige um eine Stelle als Chemiker mit Fremdsprachenkenntnissen. Das Unternehmen war von Coca Cola übernommen worden. 1966 wurde er zweiter Geschäftsführer der Abteilung Technische Kontrolle und Weiterentwicklung in der Hauptverwaltung in Atlanta. Er war der jüngste Vorgesetzte in der Geschichte des Unternehmens.

*Führungsverantwortung kann man nicht delegieren. Man muss sie entweder selbst wahrnehmen oder darauf verzichten.*

Aber Anfang der siebziger Jahre passierte noch Entscheidenderes. Robert W. Woodroff, der alte Patriarch von Coca Cola, nahm Goizueta unter seine Fittiche und begann, ihn zu fördern. 1975 wurde Goizueta der zweite Geschäftsführer für die gesamte technische Abteilung des Unternehmens und übernahm weitere Verantwortung wie z.B. die Angelegenheiten in Übersee. 1980 wurde Goizueta mit Woodroffs Unterstützung erster Geschäftsführer und CEO. Ein Jahr später gehörte er zum Vorstand und war leitender Geschäftsführer. Aufgrund seiner eigenen Erfahrung war es Goizueta wichtig, in den neunziger Jahren sich selbst sehr stark darum zu bemühen, einen Nachfolger zu finden, ihn zu fördern und aufzubauen.

### Führungskräfte, die das Erbe der Nachfolgesuche nicht beachten ...

Einmal sagte Goizueta: „Führungsverantwortung kann man nicht delegieren. Man muss sie entweder selbst wahrnehmen oder darauf verzichten." Ich denke, es gibt noch eine dritte Möglichkeit: „Man kann sie an seinen Nachfolger weitergeben."

Diese Möglichkeit nahm Goizueta wahr. Es gibt nicht viele Führungskräfte, die das Prinzip des Weitervererbens praktizieren. Aber diejenigen, die dieses Prinzip in ihrem Unternehmen anwenden möchten, sollten sich Folgendes merken:

### *Führen Sie Ihr Unternehmen mit Weitblick*

Viele sind in der Lage, eine gewisse Zeit erfolgreich ein Unternehmen zu führen. Beispielsweise indem man ein aufregend neues Programm oder Produkt einführt, eine Großveranstaltung durchführt oder das Budget einfach zusammenstreicht, um am Ende den gewünschten Gewinn zu erzielen. Aber Führungskräfte, die ein Erbe antreten, haben einen anderen Zugang dazu. Sie führen vorausschauend, soweit es möglich ist. Dasselbe tat Goizueta. Sein Ziel war es, die Führungsverantwortung so lange wahrzunehmen, bis sein Nachfolger in jeder Hinsicht darauf vorbereitet war. Er war beständig damit beschäftigt, das Bestmögliche für sein Unternehmen und für die Aktionäre zu tun.

### *Eine Kultur der Führungsverantwortung schaffen*

Die meisten stabilen Firmen haben starke Führungspersönlichkeiten auf jeder Ebene und für jeden Arbeitsbereich des Unternehmens. Der einzige Weg, diese verbreitete Form der Führungsverantwortung weiter zu entwickeln, ist, die Förderung von Führungskräften als Kulturform einzuführen. Das ist eine Stärke des Coca Cola-Erbes. Wie viel andere Firmen kennen Sie, die Führungsnachfolge in ihre Unternehmenspolitik aufgenommen haben?

### *Heute den Preis zahlen, um den Erfolg für morgen zu sichern*

Es gibt keinen Erfolg ohne Opfer. Jedes Unternehmen ist einzigartig und das bestimmt auch den zu zahlenden Preis. Aber jede Führungskraft, die das Unternehmen stärken will, muss bereit sein, den Preis für den letztendlichen Erfolg zu zahlen.

### *Teamarbeit unter Führungskräften ist wichtiger als Einzelkämpfertum*

Egal, wie gut man ist, niemand kann alles alleine machen. Genauso wie im Sport ein Trainer eine gute Mannschaft braucht, um zu gewinnen, benötigt ein Unternehmen ein Team von guten Führungskräften, um erfolgreich zu sein. Je größer ein Unternehmen ist, desto stärker, größer und durchgreifender sollte ein Führungsteam sein.

*Egal, wie gut man ist, niemand kann alles alleine machen. Genauso wie im Sport ein Trainer eine gute Mannschaft braucht, um zu gewinnen, benötigt ein Unternehmen ein Team von guten Führungskräften, um erfolgreich zu sein.*

*Das Unternehmen in geordneten Verhältnissen verlassen*

Bei Coca Cola hatte der Leitungsverantwortliche keine Wahl, aus eigener Entscheidung heraus das Unternehmen zu verlassen, da er vorzeitig verstarb. Hätte er weitergelebt, so meine Überzeugung, wäre diese Entscheidung gefallen. Wenn die Zeit reif ist, ein Unternehmen zu verlassen, sollte man dazu bereit sein und seinem Nachfolger die Arbeit überlassen. Weitere Einmischung schadet ihm und dem Unternehmen nur.

## Das Erbe des Nachfolgers

In dem Kapitel über das Prinzip des Vertrauens habe ich erwähnt, dass ich im Herbst 1997 mit einer Handvoll Führungskräften aus meiner gemeinnützigen Organisation nach Indien reiste. Dort besuchte ich die Zentrale von Mutter Teresas Orden der kleinen Schwestern. Es ist ein einfach gebauter Betonblockbau in Kalkutta. Man nennt es dort das Mutterhaus.

Vor dem Eingang dachte ich darüber nach, dass niemand diesem bescheidenen Gebäude ansehen konnte, dass es sich um die Zentrale einer starken Führungspersönlichkeit handelt. Wir gingen durch das Foyer in einen in der Mitte gelegenen Innenhof unter freiem Himmel. Unser Ziel war das Grabmal von Mutter Teresa, das sich im Eßsaal befindet. Aber als wir dort anlangten, stellten wir fest, dass der Raum für eine Veranstaltung genutzt wurde.

Wir sahen eine Gruppe von vierzig bis fünfzig Nonnen, die genauso gekleidet waren wie früher Mutter Teresa.

„Was ist hier los?“, fragte ich eine vorübergehende Nonne.

Sie lächelte. „Heute nehmen wir fünfundvierzig neue Schwestern in unseren Orden auf“, sagte sie und verschwand dann eilig in einem anderen Teil des Gebäudes.

Wir schauten uns kurz alles an und gingen dann. Als ich durch die Ansiedlung lief, durch eine Allee schritt, dachte ich daran, dass Mutter Teresa sicherlich sehr stolz sein würde. Sie lebte nicht mehr, aber ihre Arbeit ging weiter. Sie hatte jedoch nicht nur die Welt bewegt. Sie förderte ihre Führungskräfte, so dass sie in der Lage sind, ihre Visionen Wirklichkeit werden zu lassen. Man hat den Eindruck, das folgende Generationen sich von diesem Geist auch weiterhin beeinflussen lassen werden und diese Arbeit weiterführen werden. Mutter Teresas Leben ist ein großartiges Beispiel für das Prinzip des Vererbens.

## Wozu nur wenige Führungskräfte in der Lage sind

Max Dupree, der Autor des Buches *Leadership Is an Art,* erklärte: „Nachfolger aufbauen ist einer der Schlüssel der Führungsverantwortung.“ Von allen Prinzipien der Führungsverantwortung scheint das Prinzip des Vererbens dasjenige zu sein, das die wenigsten Führungskräfte praktizieren. Ziele erreichen kann man nur, wenn man bereit ist, wichtige Dinge für sich selbst zu tun. Erfolg stellt sich dann ein, wenn man seine Mitarbeiter dazu motiviert, gemeinsam große Vorhaben durchzuziehen. Wirklich Prägendes entsteht, wenn man die Führungskräfte darauf einschwören kann, große Dinge für einen selbst zu leisten. Aber einen Nachfolger erhält man nur, wenn man denjenigen so in dem Unternehmen einsetzt, dass er selbstständig wichtige Projekte durchführen kann.

*Einen wirklichen Nachfolger hat man erst, wenn er wesentliche Dinge eigenständig in Bewegung setzen kann.*

Das Prinzip des Weitervererbens habe ich auf schwierige Art und Weise gelernt. Während meiner ersten Leitungsposition in Hillham, Indiana, wuchs meine Kirchengemeinde derart, dass ich von meinem Erfolg fest überzeugt war. Als ich dort anfing, besuchten gerade mal drei Leute regelmäßig den Gottesdienst. In den folgenden drei Jahren baute ich die Kirchengemeinde so auf, dass es eine richtige Gemeinde wurde. Als ich die Gemeinde verließ, besuchten im Schnitt 200 Gemeindeglieder den Gottesdienst. Zeitweise lag unser Rekord bei mehr als dreihundert Besuchern. Ich hatte mir Verschiedenes vorgenommen und alles sah glänzend aus. Ich war fest davon überzeugt, etwas Bedeutendes geschaffen zu haben.

Achtzehn Monate später aß ich in meiner neuen Gemeinde mit einem Freund, den ich eine ganze Weile nicht gesehen hatte, zu Mittag. Er hatte einige Zeit die Kirchengemeinde von Hillham besucht. Erwartungsvoll fragte ich ihn, wie es jetzt in der Gemeinde aussehe. Seine Antwort versetzte mich in Erstaunen.

„Nicht besonders gut", meinte er.

„Wirklich?", fragte ich zurück. „Warum denn? Als ich dort weg ging, war doch alles in bester Ordnung. Was ist denn falsch gelaufen?"

„Nun", sagte er, „es ist alles in sich zusammengebrochen. Einige Gruppen, die du dort begonnen hast, haben sich totgelaufen. Die Kirche wird nur noch von ungefähr hundert Leuten besucht. Es sieht alles kümmerlicher aus als vorher."

Das machte mir wirklich zu schaffen. Für einen Leitungsverantwortlichen ist es erschreckend festzustellen, dass dort, wo er vorher viel investiert hat, Blut und Wasser geschwitzt hat, nun, alles ist problematisch. Zunächst begann ich, auf meinen Nachfolger zu schimpfen, dann auf mich. Hätte ich nur meine Arbeit richtig gemacht, wäre es mir doch nicht egal gewesen, wie mein Nachfolger arbeitet. Der Fehler lag bei mir. Ich hatte nicht für ein erfolgreiches Weiterleben der Gemeinde gesorgt, als ich sie verließ.

Da habe ich zum ersten Mal verstanden, wie wichtig das Prinzip des Vererbens ist.

### Ein Beispiel geben

Danach begann ich, Führungsverantwortung mit anderen Augen zu sehen. Denn irgendwann verlässt jede Führungskraft aus unterschiedlichen Gründen ein Unternehmen. Entweder will man die Arbeit wechseln, man wird befördert oder man geht in den Ruhestand. Wer nicht in den Ruhestand geht, verlässt das Unternehmen spätestens mit dem Tod. Und das zeigte mir, dass ich einen Teil meiner Arbeitszeit dazu verwenden sollte, das Unternehmen und die Mitarbeiter auf das Unvermeidliche vorzubereiten. Für mich bedeutet diese Erkenntnis, dass ich nun nicht mehr nur Mitarbeiter, sondern auch Führungskräfte schule. Mein letztendlicher Wert für das Unternehmen – das gilt für jede andere Führungskraft auch – würde daran gemessen werden, inwieweit ich dazu in der Lage war, im Unternehmen einen fließenden Übergang zum Nachfolger zu schaffen.

Meine persönlich eindrücklichste Nachfolgerstory spielt bei meinem Abschied von der Skyline Church. Als ich dort 1981 mit meiner Arbeit begann, setzte ich mir als vorrangigstes Ziel, Führungskräfte herauszufiltern und zu fördern. Mir war bewusst, dass davon der Erfolg meiner Arbeit abhing. Über fünfzehn Jahre war ich dort. Meine Mitarbeiter und ich schulten buchstäblich hunderte von externen Führungskräften, Anfänger wie gestandene Führungskräfte.

Die Gemeinde profitierte von so manchem weitergeschulten Leiter, aber das reichte nicht aus. In vielen Unternehmen und gemeinnützigen Organisationen ist der Leitungsverantwortliche in der Lage, einen Nachfolger zu fördern und aufzubauen. Das war eigentlich nicht das, was ich in der Skyline Gemeinde machen wollte. Der örtliche Kirchenvorstand würde jemanden finden, der meine Nachfolge antreten konnte, und darauf hatte ich keinen Einfluss. Ich konnte ihnen jedoch jede erdenklich wichtige Information über eventuell geeignete Kandidaten geben. Aber es gab noch andere Dinge, die ich tun konnte, z.B. die Gemeindemitglieder auf die Ankunft ihres neuen Gemeindeleiters vorzubereiten. Mir war es wichtig, dass dort jemand hinkam, der die erfolgreiche Arbeit weiterführen konnte.

## Den Erfolg fortsetzen

Eines der schönsten Dinge in meinem Leben ist, dass die Skyline Gemeinde seit meinem Fortgang 1995 weitergewachsen ist. Jim Garlow, der mein Nachfolger wurde, macht seine Arbeit wirklich hervorragend. Der Kirchenbesuch hat sich erhöht, die Finanzen haben sich verbessert und das Allerbeste ist, dass, nach einer langen Verzögerung, der Neubau fertig gestellt worden ist und der Umzug bereits stattgefunden hat. Im Herbst 1997 bat mich Jim, für die Skyline Gemeinde eine Spendenveranstaltung durchzuführen, um das nächste Bauvorhaben zu finanzieren. Gerne habe ich seinen Wunsch erfüllt.

Die Gemeinde plante, die Veranstaltung im San Diego Convention Center, das in der schönsten Ecke von San Diego liegt, stattfinden zu lassen. Sie leisteten erstklassige Arbeit und es wurden über 4000 Gäste erwartet. Meine Frau Margaret und ich freuten uns auf die Gelegenheit, viele unserer alten Freunde wiederzusehen und mit ihnen reden zu können. Natürlich fühlte ich mich auch geehrt, der Hauptredner des Abends zu sein. Das großartige Fest war ein voller Erfolg. Die Gäste spendeten mehr als 7,8 Millionen US $ für den Bau der neuen Gemeinderäumlichkeiten.

Kurz nachdem ich meine Rede beendet hatte, wanderten Margaret und ich zum Tanzsaal hinüber. Wir wollten den Abend mit Jim verbringen, da er jetzt der Gemeindeleiter war. Daher dachten wir, es wäre jetzt, bevor das Programm zu Ende war, die beste Gelegenheit für einen kurzen Spaziergang. Während wir die Treppe hinunter gingen, nahm ich Margarets Hand und drückte sie.

*„Erfolg ist nicht messbar an dem, was du getan hast, sondern daran, was davon übrig bleibt." Chris Musgrove*

„Margaret", sagte ich, „ist es nicht eine wunderbare Nacht?"

„Oh ja, das ist es", erwiderte sie. „Ich denke, Jim hat sich sehr gefreut."

„Der Meinung bin ich auch", bejahte ich. „Weißt du, was das Beste ist? Zu wissen, was wir vor Jahren angefangen haben, geht jetzt weiter."

Als wir das Convention Center hinter uns gelassen hatten, spürte ich, dass nun das letzte Kapitel mit der Skyline Gemeinde abgeschlossen war, und es hatte ein gutes Ende gefunden. Es ist so, wie mein Freund Chris Musgrove sagte: „Erfolg ist nicht messbar an dem, was du getan hast, sondern daran, was davon übrig bleibt."

Wenn alles gesagt und getan ist, wird Ihre Fähigkeit als Führungskraft nicht danach beurteilt werden, was Sie persönlich erreicht haben, oder in welchem Maße Ihre Mitarbeiter Sie unterstützt haben. Ausschlaggebend wird sein, inwieweit Sie das Prinzip des Vererbens befolgt haben. Ihr letztendlicher Wert als Führungskraft wird an Ihrem Nachfolger gemessen.

# Ein Wort zum Schluss

*Alles steht und fällt mit der Führungsverantwortung*

Nun, das waren die 21 Prinzipien der Führungsverantwortung. Nehmen Sie sich die Prinzipien zu Herzen, ja, leben Sie danach. Sie werden feststellen, dass man sich Ihnen gerne anvertraut.

Seit zweieinhalb Jahrzehnten referiere ich über Führungsverantwortung. Im Laufe dieser Jahre habe ich dies zu vielen Menschen gesagt und möchte es auch Ihnen mit auf den Weg geben: Alles steht und fällt mit dem Ernstnehmen der Führungsverantwortung. Viele mögen das bezweifeln, aber ich bin davon überzeugt. Je mehr Sie das in Ihrem Leben ernst nehmen, desto eher werden Sie feststellen, dass gelebte Führungsverantwortung den Unterschied ausmacht. Jede Unternehmung, an der auch andere beteiligt sind, lebt davon, wie sehr Sie Führungsverantwortung wahrnehmen. Wenn Sie Ihr Unternehmen, ihre Organisation nach vorne bringen wollen, dann denken Sie daran:

- Die Persönlichkeit bestimmt die Möglichkeiten des Unternehmens
- Beziehungen bestimmen die Unternehmensmoral
- Strukturen bestimmen die Größe des Unternehmens
- Visionen bestimmen die Zielrichtung des Unternehmens
- Führungsverantwortung bestimmt den Erfolg des Unternehmens

Ich wünsche Ihnen viel Erfolg. Lassen Sie Ihre Träume Wirklichkeit werden. Werden Sie die Persönlichkeit, zu der Sie geschaffen sind.

Geben Sie Ihr Bestes. Nehmen Sie das mit auf Ihren Weg. *Leadership* wird Sie darin unterstützen. Andere führen lernen ist nicht nur für sich persönlich wichtig, sondern auch entscheidend für die Leute, die mit Ihnen zusammenarbeiten. Und wenn Sie bereits mitten in der Arbeit stecken, dann vergessen Sie nicht, andere auf diesem Weg mitzunehmen, damit sie die Führungskräfte von morgen werden können.

John C. Maxwell

# Charakter und Charisma

Die 21 wichtigsten Qualitäten
erfolgreicher Führungspersönlichkeiten

140 Seiten, fester Einband, Gießen 2002,
Bestell-Nummer 3-7655-1809-3

„Wissen Sie, ob Ihre Führungseigenschaften Vertrauen bei Menschen wecken und Dinge in Bewegung setzen? Ich meine mit dieser Frage, ob Sie sich schon einmal Zeit genommen haben, sich mit diesem Thema auseinander zu setzen. Haben Sie feststellen können, ob Sie in der Lage sind, Ihre kühnsten Träume zu verwirklichen, ohne dabei auf andere angewiesen zu sein?
Sich der Frage nach der persönlichen Leistungsfähigkeit nicht nur zu stellen, sondern sie auch zu beantworten, setzt einigen Mut voraus. Ich habe *Charakter und Charisma* geschrieben, um Sie darin zu unterstützen, Ihr persönliches Leistungspotenzial und jene Eigenschaften zu entdecken und zu fördern, die Sie für erfolgreiche Führung benötigen."

John C. Maxwell